上海市期刊协会 编

砥砺奋进
上海学术期刊发展报告
2018

Striving Ahead　　Annual Report of Shanghai Academic Journals

上海大学出版社

编撰人员名单

编委会主任： 王兴康

副 主 任： 秦 钠 杨 蕾 冯 晖

编 委：（按姓氏笔画为序）

丁嘉羽 王兴康 宁 笔 冯 晖 刘志强
杨 蕾 吴新林 郑红华 赵 毅 姜佑福
秦 钠 倪力强

编委会秘书： 顾 青

撰写人员：（按姓氏笔画为序）

丁 译 丁嘉羽 王 婧 冯莹莹 李孝弟
张芳英 赵 毅 顾 青

编校人员： 莫淑江 郑芳蕊 张佳妮

序

学术期刊是科学评价、学术交流、文化传承的主要载体,也是国家创新成果积累和科技竞争力的重要标志。相比学术著作,学术期刊出版周期更短,传播最新学术成果更快,反映最新学科动向更具有优势。在创新驱动成为国家发展战略的大背景下,推动高端学术期刊走向国际是上海市新闻出版局近年来期刊建设工作的重要抓手,我们会同上海市期刊协会,在政策、经费、人才等各方面做了诸多特别安排,如持续开展学术期刊综合质量评估;开展学术期刊编校质量和其他专业方面的培训;争取新闻出版、文教结合等各种专项资金支持学术期刊提升国内外的影响力;组织参加中国期刊交易博览会、全国图书博览会等各类专业展会,为上海学术期刊提供学习与交流的平台等等;通过举办上海期刊论坛和专题讲座等,检查和分析学术期刊发展中的问题,把脉期刊发展的前景和趋势。

经过努力,上海学术期刊近年来发展迅猛,成绩斐然,已经成为上海文化发展的"金名片"之一,也为上海国际经济、金融、贸易、航

作者徐炯,上海市新闻出版局党组书记、局长,上海市版权局局长。

运和科创中心的建设发挥了重要的作用。在"中国出版政府奖"、"中国百强期刊"等各类全国奖项的入选数量上,上海学术期刊一直位列各省、自治区、直辖市之首;一些上海学术期刊已经达到国内领先、国际一流的水平,不仅实现了"走出去",而且已经能够"走进去"——走进了世界主要发达国家的学术评价体系。

为了能及时反映上海学术期刊每年的发展情况,深入研究和分析其发展规律,总结经验,剖析问题,寻找对策,上海市期刊协会自2018年起将每年的研究和分析成果形成报告进行发布并出版,我认为非常有意义。上海的学术期刊已经有了非常好的发展态势,但仍然需要对自身的整体实力和提升空间及外部环境有清醒的认识和判断,因此年度的分析报告不仅是一份成绩单,更是一份诊断书,也是一份经验交流书和发展建议书。希望通过年度分析报告,上海学术期刊能更加客观地认清努力目标,坚定追求卓越的发展方向,在新时代、新征程中找准新坐标,站上新高地,擦亮老品牌,创建新品牌。

2018 年 8 月

目录 | Contents

序　　　　　　　　　　　　　　　　　　　　徐　炯 / 001

上　编
上海学术期刊发展报告(2018)

第 1 章　上海学术期刊取得的主要成绩　　　　　　　　　　　/ 004
　　1.1　多种上海学术期刊进入国际顶尖评价体系,在多个领域
　　　　 领跑全国学术期刊　　　　　　　　　　　　　　　　/ 004
　　1.2　多种上海学术期刊进入国内顶尖评价体系　　　　　　/ 005
　　1.3　在国家各重大期刊奖项评比中,上海学术期刊屡获佳绩　/ 006
　　1.4　在国家和上海市期刊资助项目中,上海学术期刊表现出色　/ 007
　　1.5　上海学术期刊借助时代东风,屡屡突破自我,刷新纪录　/ 010

第 2 章　上海学术期刊基本信息统计与分析　　　　　　　　　/ 011
　　2.1　期刊基本信息　　　　　　　　　　　　　　　　　　/ 011
　　　　2.1.1　学科分布　　　　　　　　　　　　　　　　　/ 011
　　　　2.1.2　文种分布　　　　　　　　　　　　　　　　　/ 012
　　　　2.1.3　出版周期统计　　　　　　　　　　　　　　　/ 014
　　　　2.1.4　创刊时间　　　　　　　　　　　　　　　　　/ 015
　　　　2.1.5　主管单位分布　　　　　　　　　　　　　　　/ 015

	2.1.6	第一主办单位	/ 022
	2.1.7	网址	/ 023
	2.1.8	微博/微信	/ 023
	2.1.9	出版单位性质	/ 023
2.2	期刊经营状况		/ 023
	2.2.1	资金来源	/ 023
	2.2.2	发行方式	/ 024
	2.2.3	平均期发行量	/ 024
	2.2.4	海外发行量	/ 027

第3章 上海科技类学术期刊影响力概况 / 031

3.1 国内外权威科技期刊核心数据库及期刊评价指标 / 032
    3.1.1 国际权威数据库及期刊评价指标 / 032
    3.1.2 国内权威数据库及期刊评价指标 / 034
    3.1.3 常用的期刊评价指标 / 035
3.2 上海科技类学术期刊被数据库收录情况 / 037
    3.2.1 上海被SCI收录的学术期刊 / 037
    3.2.2 EI收录情况 / 048
    3.2.3 Scopus收录情况 / 048
    3.2.4 Medline收录情况 / 055
    3.2.5 北大核心收录情况 / 056
    3.2.6 CSCD收录情况 / 061
    3.2.7 上海科技类学术期刊在《中国科技期刊引证报告（扩刊版）》中的概况 / 067
    3.2.8 入选"最具国际影响力"科技类学术期刊概况 / 075
3.3 获得国家级奖项情况 / 078
3.4 小结 / 079

第 4 章　上海人文社科类学术期刊影响力概况　　／080
4.1　上海人文社科类学术期刊引证指标情况(2015—2017)　／080
4.2　上海人文社科类学术期刊被数据库收录情况　　／086
　　4.2.1　中文社会科学引文索引(CSSCI)收录情况　　／086
　　4.2.2　北大核心收录情况　　／089
　　4.2.3　人大《复印报刊资料》重要转载来源期刊(ISJ)
　　　　　(2017版)　　／094
4.3　入选最具国际影响力人文社科类学术期刊情况　　／098
4.4　获得国家级奖项情况　　／099
4.5　小结　　／100

第 5 章　上海学术期刊获政府资助情况　　／101
5.1　中国科技期刊国际影响力提升计划资助情况　　／101
5.2　"高水平高校学术期刊支持计划"和"新闻出版专项资金"资助
　　情况　　／105
5.3　国家社科基金资助情况　　／106
5.4　教育部"名刊""名栏"资助情况　　／107

下　编

一、上海学术期刊案例选　　／111

坚守学术标准　推动学术创新
　　——《学术月刊》的固本出新战略　　／112

创新发展　追求卓越
　　——《社会》的发展之路　　／119

融入国际学术　倡导学术争鸣
　　——《复旦学报(社会科学版)》多举措推动文化"走出去"
　　战略　　／127

五位一体：构筑现代学术媒体新格局
　　——《探索与争鸣》的发展战略　　　　　　　　　　／133

立足国内　面向国际
　　——Acta Pharmacologica Sinica（《中国药理学报》）的国际
　　化进程　　　　　　　　　　　　　　　　　　　　／141

脚踏实地　精益求精　打造世界一流期刊
　　——Chinese Journal of Chemistry（《中国化学》）的开拓
　　创新之路　　　　　　　　　　　　　　　　　　　／146

推动原始创新　引领国际科研
　　——Cell Research（《细胞研究》）的强刊策略　　　／155

打造中国顶尖品牌期刊
　　——Applied Mathematics and Mechanics（English
　　Edition）（《应用数学和力学（英文版）》）的强刊之路　／161

打造亚洲男性学顶尖期刊
　　——Asian Journal of Andrology（《亚洲男性学杂志》）的
　　国际化发展之路　　　　　　　　　　　　　　　　／167

打造光学研究的顶尖国际交流平台
　　——Chinese Optics Letters（《中国光学快报》）特色发展
　　之路　　　　　　　　　　　　　　　　　　　　　／173

国际化发展　主题化出版　网络化传播
　　——Journal of Molecular Cell Biology（《分子细胞生物
　　学报》）的办刊特色　　　　　　　　　　　　　　／178

勇攀高峰　打造国际一流期刊
　　——Molecular Plant（《分子植物》）的探索之路　　／185

SCI/SSCI双收录期刊是如何铸就的
　　——"高开高走"的 Journal of Sport and Health
　　Science（《运动与健康科学》）　　　　　　　　　／191

办好专业期刊　服务科技发展

——Nano-Micro Letters(《纳微快报》)争创"国际一流期刊"
的实践与经验 /200

二、上海期刊论坛综述(2012—2018) /206
  1 期刊发展的人才及队伍建设 /208
  2 期刊发展的内容建设(差异化、品牌化) /211
  3 期刊发展的数字化建设,新媒体融合 /217
  4 国际化:学术期刊发展的未来 /221
  5 未来期刊发展的新趋势 /223

附录1 上海学术期刊一览表 /225
附录2 上海历届政府奖获奖学术期刊名单 /263
附录3 上海历年入选全国"百强报刊"的学术期刊名单 /265
附录4 获"中国科技期刊国际影响力提升计划"资助的上海学术
        期刊一览表 /268
附录5 被 SCI/SSCI 收录的上海学术期刊 /270
附录6 2017年上海入选"国家社科基金资助学术期刊"名单 /272
附录7 入选"教育部高校哲学社会科学名刊工程"的上海学术期刊 /273
附录8 入选"教育部高校哲学社会科学学报名栏建设"的上海学术
        期刊 /274

后记   上海市期刊协会/275

上编

上海学术期刊发展报告(2018)

上海作为中国期刊出版的发源地和重镇,一直走在全国期刊发展的前列。上海期刊界秉承"海纳百川、追求卓越、开明睿智、大气谦和"的城市精神和服务经济、社会发展的理念,为科研成果的交流、学术人才的培养以及科研创新的发展架起桥梁。

为提升上海学术期刊的国际影响力与核心竞争力,继2013年中国科协、财政部、教育部、国家新闻出版广电总局、中国科学院、中国工程院决定共同实施"中国科技期刊国际影响力提升计划"之后,上海市新闻出版局和上海市教育委员会等政府机构组织实施"上海市新闻出版专项资金"、"上海高校学术期刊质量提升计划"等项目。上海市新闻出版局委托上海市期刊协会、上海新闻出版教育培训中心和上海市科技期刊学会等组织了一系列期刊国际化培训和交流活动:出版业的数字化技术和全媒体融合(美国纽约州立大学莱文学院)、出版单位数字化创新与新技术培训(澳大利亚悉尼科技大学独立新闻中心)、全媒体数字出版与技术创新培训(美国纽约州立大学莱文学院),旨在促进上海期刊全面发展,推动高端学术期刊走向国际。

上海420种学术期刊的编辑出版单位在党和政府的领导下,勇于面对"互联网+"、媒体融合等新机遇和新挑战,通过不断加强自身建设,开拓创新,融合发展,继续开创期刊出版的新局面、新气象。上海学术期刊通过提升高端学术期刊的国际影响力,力争让更多学术期刊入围 SCI、SSCI、EI、Medline、Scopus、CSSCI、CSCD、北大核心等国内外知名检索系统,努力在国家创新驱动发展战略和上海建设具有全球影响力的科技创新中心的进程中,拓宽和深化内容建设,发挥学术期刊催生科技创新和孵化学术成果的作用。

第 1 章
上海学术期刊取得的主要成绩

作为中国期刊出版的发祥地和重镇,上海期刊业一直在开拓中奋进,在转型中前行,在创新中发展。老的品牌期刊继续焕发出青春和活力,新的品牌期刊不断涌现,发展迅速。

1.1 多种上海学术期刊进入国际顶尖评价体系,在多个领域领跑全国学术期刊

上海是一座国际化大都市,期刊的国际化水平一直走在全国的前列。上海的英文学术期刊 Acta Biochimica et Biophysica Sinica 创办于 1953 年,是我国最早创办的生物化学与生物物理学科领域内的专业性学术期刊,也是我国最早创办的英文学术期刊之一。上海的中文学术期刊《化学学报》创办于 1933 年,1997 年被 SCI 收录,是我国最早被 SCI 收录的中文学术期刊。2016 年和 2017 年的 JCR 报告[①]中,上海的英文学术期刊 Cell Research 在我国被 SCI 收录的所有期刊中影响因子排名第一,上海的英文学术期刊 Journal of Sport and Health Science 在我国被 SSCI 收录的所有期刊中影响因子排名第一,且是我国唯一一种同时被 SCI 和 SSCI 收录的期刊。上海的英文学术期刊 Asian Journal of Andrology 连续

---

① 2016 年 JCR 报告发布时间为 2017 年,2017 年 JCR 报告发布时间为 2018 年,以此类推。

三年在被SCI收录的国际同类学科期刊中影响因子排名第一。中国学术文献国际评价研究中心和清华大学图书馆一年一度发布的《中国学术期刊国际引证年报》显示，*Cell Research* 自2012年起，已经连续六年国际影响力指数在所有"中国最具国际影响力学术期刊（自然科学与工程技术）"中排名第一，*Journal of Sport and Health Science* 自2015年起，连续三年国际影响力指数在所有"中国最具国际影响力学术期刊（人文社会科学）"中排名第一。

截至目前，上海共有英文学术期刊23种，其中17种被国际最具权威的SCI数据库收录，占所有英文学术期刊的73.9%，被SCI收录的百分比名列全国前茅。2017年的JCR报告显示，这17种被SCI收录的期刊中，影响因子位于同学科所有被收录期刊Q1区的期刊有8种，占所有被收录期刊总数的47.1%，被SCI收录的期刊中位于Q1区期刊的比率全国领先。此外，在这17种被SCI收录的期刊中，有多种在被SCI收录的我国同类学科期刊中排名领先。如 *Applied Mathematics and Mechanics（English Edition）* 在2017年的JCR报告中，位于应用数学学科期刊的Q1区，在我国所有被SCI收录的应用数学学科期刊中，影响因子排名第一。

由2018年Scopus数据库获悉，上海被Scopus数据库收录的学术期刊共53种，其中CiteScore指数值在期刊所在学科中位于Q1区的有9种，4种为Top10%。上海目前被EI收录的学术期刊有12种，被Medline收录的学术期刊有11种，收录期刊百分比均位于全国前列。

1.2　多种上海学术期刊进入国内顶尖评价体系

目前，我国对学术期刊进行评价的主要核心数据库有：北京大学图书馆编制的《中文核心期刊要目总览》（简称"北大核心"）、南京大学中国社会科学研究评价中心编制的《中文社会科学引文索引》（简称CSSCI）、中国科学院文献情报中心编制的《中国科学引文数据库》（简称CSCD）、科技部中国科技信息研究所的《中国科技论文与引文数据库》（简称CSTPCD）、中国科技信息研究所唯一控股的大型股份制公司万方数据股份有限公司编写的《中国科技期刊引证报告》、武汉大学中国科学评价研究中心的《中国学术期刊评价研究报告》(简称 RCCSE),以及中国社会科学院中国社会科学评价中心发布的《中国人文社会科学期刊评价报告》。

2014 年版北大核心数据显示,上海科技类学术期刊中有 89 种被北大核心收录,社科类学术期刊中有 65 种被北大核心收录,分别占北大核心所有收录的 1 243 种科技类学术期刊和 740 种社科类学术期刊的 7.2% 和 8.8%,占比位居全国前列。

2017—2018 年度 CSCD 数据显示,上海学术期刊中有 100 种科技类学术期刊被 CSCD 收录,其中核心库 68 种,扩展库 32 种,收录种数和占比均位居全国前列。

2017—2018 年度 CSSCI 数据显示,上海学术期刊中有 49 种社科类学术期刊被 CSSCI 收录,占所有 CSSCI 收录期刊(553 种)的 8.9%,收录和占比均位居全国前列。

此外,资料显示,2017 年,有 72 种上海社科类学术期刊被人大《复印报刊资料》列为重要转载来源期刊,占所有重要转载来源期刊(745 种)的 9.7%,占比位居全国前列。

1.3 在国家各重大期刊奖项评比中,上海学术期刊屡获佳绩

为进一步激发全国新闻出版行业从业人员学先进、创一流的工作热情,推动行业更好更快的发展,国家新闻出版广电总局每三年举办一次"中国出版政府奖"评选和表彰活动,每两年举办一次"百强报刊"评选和表彰活动。"中国出版政府奖"是我国新闻出版领域的最高奖,旨在表彰和奖励国内新闻出版业的优秀出版物、出版单位和个人。

"第四届中国出版政府奖"从全国所有期刊中,评选出 20 种"中国出版政府奖期刊奖"和 39 种"中国出版政府奖期刊奖提名奖"。上海学术期刊 *Acta Pharmacologica Sinica* 获"第四届中国出版政府奖期刊奖",上海学术期刊《复旦学报(社会科学版)》《学术月刊》获"第四届中国出版政府奖期刊

奖提名奖"。

2017年的"百强报刊"名单中，上海的《光学学报》《上海大学学报（自然科学版）》《水产学报》《无机材料学报》、Cell Research、《印染》、Acta Pharmacologica Sinica 等7种科技类学术期刊名列"2017年百强科技期刊"名单，上海的《复旦学报（社会科学版）》《社会》《书法》《学术月刊》等4种社科类学术期刊名列"2017年百强社科期刊"名单。

在全国哲学社会科学规划办公室公布的国家社科基金资助学术期刊名单中，有《财经研究》《复旦学报（社会科学版）》《社会》《社会科学》《探索与争鸣》《外国语》《学术月刊》《音乐艺术》《华东师范大学学报（哲社版）》《文艺理论研究》《心理科学》等11种上海学术期刊。

教育部高校哲学社会科学名刊工程（简称"名刊工程"）是国家重点支持的、为进一步加强高校哲学社会科学研究、展示我国高校哲学社会科学研究成果的一个重大工程，于2003年底正式启动。该工程通过国家的支持和高校学报的改革，在全国1 000多种高校社科期刊、社科学报中分三批推出若干能反映我国高校学术水平、学科特点，并在国内外有较大影响的哲学社会科学期刊。截至目前，全国共有31种优秀期刊入选"名刊工程"，包括《复旦学报（社会科学版）》《华东师范大学学报（哲学社会科学版）》《社会》等3种上海学术期刊。

在"名刊工程"建设的基础上，通过政府有关主管部门和学报所在高校的支持，教育部又推出了"高校哲学社会科学学报名栏建设"（简称"名栏建设"）。上海学术期刊中共有4个栏目入选"名栏建设"，分别为《华东师范大学学报（哲学社会科学版）》的"世界史研究"、《上海大学学报（社会科学版）》的"影视理论研究"、《财经研究》的"公共经济与管理"和《上海交通大学学报（哲学社会科学版）》的"科学文化"。

1.4 在国家和上海市期刊资助项目中，上海学术期刊表现出色

近年来，为了落实《国民经济和社会发展第十个五年计划纲要》"走出

去"战略,全面提升我国期刊行业的影响力和国际竞争力,国家和地区组织并实施了多项计划和政策,推出了一些基金资助项目。其中影响最大的是中国科协、财政部、教育部、国家新闻出版广电总局、中国科学院、中国工程院共同实施的"中国科技期刊国际影响力提升计划"(简称"影响力计划";英文简称"PIJJ")。"影响力计划"目前已经实施了两期,共批准了 21 项 A 类(200 万/年,3 年)、70 项 B 类(100 万/年,3 年)、80 项 C 类(50 万/年,3 年)和 90 项 D 类(50 万/项)。上海学术期刊在两期"影响力计划"中,共获得 21 项资助,其中 A 类 3 项,B 类 10 项,C 类 7 项,D 类 1 项,累计获得资助 5 300 万元。在两期"影响力计划"资助期刊中,获得过 A 类资助的上海英文学术期刊有 *Molecular Plant*、*Cell Research*、*Acta Pharmacologica Sinica*;获得过 B 类资助的上海英文学术期刊有 *Applied Mathematics and Mechanics（English Edition）*、*Journal of Molecular Cell Biology*、*Asian Journal of Andrology*、*Chinese Optics Letters*、*Chinese Journal of Chemistry*、*Nano-Micro Letters*、*Journal of Sport and Health Science*;获得过 C 类资助的上海英文学术期刊有 *Acta Biochimica et Biophysica Sinica*、*Journal of Integrative Medicine*、*High Power Laser Science and Engineering*、*Neuroscience Bulletin*、*Chinese Journal of Chemistry*;获得过 D 类资助的上海英文学术期刊有 *Nano-Micro Letters*。

继 2013 年实施"中国科技期刊国际影响力提升计划"后,上海市教育委员会和上海市新闻出版局共同组织并实施了"高水平高校学术期刊支持计划"、"上海市新闻出版专项资金"等多项计划,鼓励上海已有的高端学术期刊提升期刊影响力,"走出去",冲向世界;资助创办填补国内学科空白的学术期刊,完善和优化现有学术期刊数字化体系,开发有利于期刊整合转型的平台。自 2013 年以来,学术期刊支持计划资助了 105 个项目,共计 1 480.428 6 万元;新闻出版专项资助了 85 个项目,共计 1 550 万元。其中科技类学术期刊获得了 43 个学术期刊支持计划项目和 28 个新闻出版专项项目,共计 1 144.368 6 万元;社科类学术期刊获得了 67 个项目资助，共计 385.885 万元。

2016 年获得"高水平高校学术期刊支持计划"A 类资助的上海学术期刊有 Chinese Annals of Mathematics, Series B、Nano-Micro Letters、《文艺理论研究》、Journal of Sport and Health Science、Applied Mathematics and Mechanics (English Edition)、Advances in Manufacturing；获得 B 类资助的上海学术期刊有《财经研究》、《外国经济与管理》、《华东师范大学学报（教育科学版）》、《生物学教学》、《医用生物力学》、《建筑钢结构进展》、《上海师范大学学报（哲学社会科学）》、《外语界》、《法学》、《音乐艺术》、《上海海洋大学学报》、《应用科学学报》；获得 C 类资助的上海学术期刊有《能源研究与信息》、《自然杂志》、《中医药文化》。

2017 年获得"高水平高校学术期刊支持计划"A 类资助的上海学术期刊有《复旦学报（社科版）》、Fudan Journal of the Humanities and Social Sciences、Nano-Micro Letters、《上海交通大学学报》、《文艺理论研究》、《中国比较文学》、Journal of Sport and Health Science、Applied Mathematics and Mechanics (English Edition)、Advances in Manufacturing；获得 B 类资助的上海学术期刊有《复旦教育论坛》、《医用生物力学》、《上海交通大学学报（医学版）》、《德国研究》、《建筑钢结构进展》、《华东师范大学学报（哲学社会科学版）》、《华东师范大学学报（教育科学版）》、《生物学教学》、《全球教育展望》、《化学教学》、《财经研究》、《外国经济与管理》、《上海师范大学学报（哲学社会科学）》、《外国中小学教育》、《外语界》、《音乐艺术》、《上海海洋大学学报》、《上海海事大学学报》、《应用科学学报》、《会计与经济研究》；获得 C 类资助的上海学术期刊有《能源研究与信息》、《自然杂志》、《秘书》、《应用数学与计算数学学报》、《国际商务研究》、《上海中医药大学学报》、《中医药文化》。

2018 年获得"高水平高校学术期刊支持计划"资助的上海学术期刊与 2017 年的相同。

1.5 上海学术期刊借助时代东风，屡屡突破自我，刷新纪录

2012年至今，上海各种学术期刊有了显著的发展，尤其是被SCI收录的科技类学术期刊，不仅影响因子逐年上升，多种期刊还实现了跨区发展。上海体育学院主办的 *Journal of Sport and Health Science* 创刊于2012年5月，2014年1月即被SCI、SSCI两大数据库同时收录，是我国唯一一种被两大数据库收录的学术期刊。期刊获得的首个影响因子列于同学科Q3区，在2015年跃居SCI的Q2区与SSCI的Q1区，2016年又上升至SCI的Q1区与SSCI的Q1，进入了国际顶级体育学术期刊行列；经"高水平高校学术期刊支持计划"资助，上海大学主办的 *Advances in Manufacturing* 在2016年被ESCI收录，2017年被SCI收录，在2018年发布的2017年JCR报告中首次获得的影响因子位列同学科期刊Q3区；经"上海市新闻出版专项资金"和"高水平高校学术期刊支持计划"资助，上海交通大学主办的 *Nano-Micro Letters* 在2012年被SCI收录，2014年期刊影响因子为2.275，在所有SCI收录的材料学类期刊中位于Q1区，2016年影响因子跃升至4.849，在所有SCI收录的应用物理和材料学类期刊中均位于Q1区；在"上海市新闻出版专项资金"资助下，中国科学院上海应用物理研究所、中国核学会主办的 *Nuclear Science and Techniques* 由SCI的Q4区跃升至Q3区。

第 2 章
上海学术期刊基本信息统计与分析

2.1 期刊基本信息

2.1.1 学科分布

根据国家新闻出版广电总局2014年12月10日认定的第一批学术期刊(5 756种)、2017年2月6日认定的第二批学术期刊(693种)的名单,以及上海市期刊完整名录可知,目前,国家新闻出版广电总局已经认定过的上海学术期刊共420种(见附录1),其中296种为科技类学术期刊(占比70.5%),124种为社科类学术期刊(占比29.5%)(见图2-1)。

将上海420种学术期刊按照期刊CN号末尾代表学科类别的英文字母进行分类:学科类别为A、B、C、D、E、F、G、H、I、J、K的期刊归入社科类期刊;学科类别为N、O、P、Q、R、S、T、U、V、X的期刊归入科技类期刊;学科类别Z为综合类期刊。在上海市420种学术期刊中,经统计:工业技术类(T)期刊总数最多,医药、卫生类(R)期刊总数名列第二,文化、科学、教育、体育类期刊总数位居第三;学科类别为Z的期刊共有5种,分别为《学术月刊》《社会科学》《上海城市管理》《上海市经济管理干部学院学报》《上海电机学院学报》。分析5刊的载文及引文情况可知,《学术月刊》《社会科

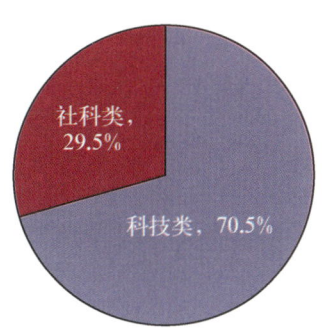

图2-1 上海学术期刊学科分布

学》《上海市经济管理干部学院学报》《上海城市管理》主要刊登社科类学术论文,归入社科类期刊;《上海电机学院学报》主要刊登科技类学术论文,归入科技类期刊。图2-2为上海420种学术期刊的学科分布图。

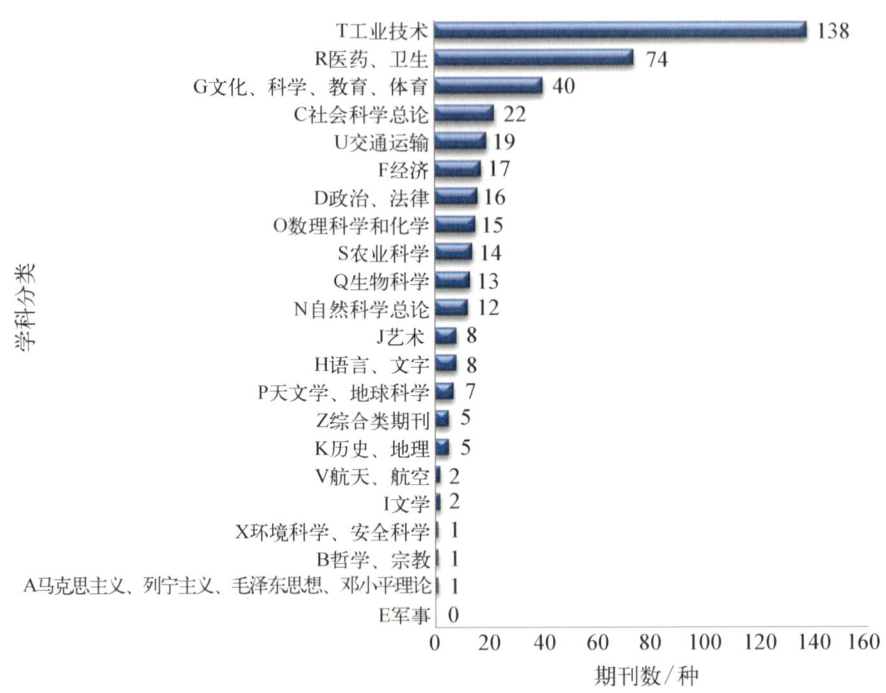

图2-2 上海学术期刊学科分布

2.1.2 文种分布

根据上海市新闻出版局2017年的年检数据,上海420种学术期刊中,404种期刊有有效的年检数据,16种期刊由于改刊、变更出版地等原因信息不全,下述有关期刊基本信息主要是基于这些有效年检数据的统计结果。

由数据可知,上海有有效年检数据的404种学术期刊中,中文期刊370种,英文期刊

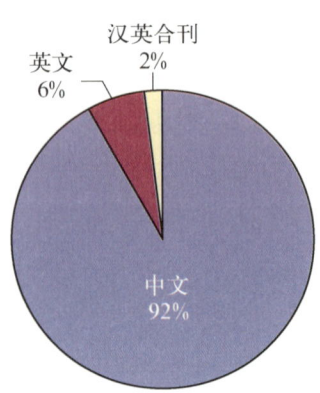

图2-3 上海学术期刊的文种分布

26 种,汉英合刊 8 种,如图 2-3 所示。总体上来看,上海学术期刊文种以中文为主,占比 92%。

上海学术期刊中英文期刊、汉英合刊共 34 种,具体如表 2-1 所示。

表 2-1 上海学术期刊中英文期刊、汉英合刊列表(按 CN 号排序)

刊　　名	CN 号	文　种
国际展望	31-1041/D	汉英合刊
文艺理论研究	31-1152/I	汉英合刊
Chinese Annals of Mathematics, Series B(数学年刊 B 辑)	31-1329/O1	英文
Acta Pharmacologica Sinica(中国药理学报)	31-1347/R	英文
生理学报	31-1352/Q	汉英合刊
Chinese Journal of Chemistry(中国化学)	31-1547/O6	英文
Nuclear Science and Techniques(核技术 英文版)	31-1559/TL	英文
Journal of Hydrodynamics(水动力学研究与进展 B 辑)	31-1563/T	英文
上海精神医学	31-1564/R	英文
Cell Research(细胞研究)	31-1568/Q	英文
Applied Mathematics and Mechanics(English Edition)(应用数学和力学 英文版)	31-1650/O1	英文
运筹学学报	31-1732/O1	汉英合刊
Asian Journal of Andrology(亚洲男性学杂志)	31-1795/R	英文
Chinese Optics Letters(中国光学快报)	31-1890/O4	英文
Journal of Acupuncture and Tuina Science(针灸推拿医学)	31-1908/R	英文
Journal of Donghua University, English Edition(东华大学学报 英文版)	31-1920/TS	英文
上海翻译	31-1937/H	汉英合刊
Acta Biochimica et Biophysica Sinica(生物化学与生物物理学报)	31-1940/Q	英文

续 表

刊　名	CN号	文　种
Journal of Shanghai Jiaotong University (Science)（上海交通大学学报 英文版）	31-1943/U	英文
Neuroscience Bulletin（神经科学通报）	31-1975/R	英文
Fudan Journal of the Humanities and Social Sciences（复旦人文社会科学论丛）	31-2000/C	英文
Baosteel Technical Research（宝钢技术研究）	31-2001/TF	英文
Journal of Molecular Cell Biology（分子细胞生物学报）	31-2002/Q	英文
Molecular Plant（分子植物）	31-2013/Q	英文
当代外语研究	31-2039/H	汉英合刊
外语测试与教学	31-2047/G4	汉英合刊
Advances in Polar Science（极地科学进展 英文版）	31-2050/P	英文
Journal of Sport and Health Science（运动与健康科学）	31-2066/G8	英文
Advances in Manufacturing（先进制造进展）	31-2069/TB	英文
外科研究与新技术	31-2073/R	汉英合刊
High Power Laser Science and Engineering（高功率激光科学与工程）	31-2078/O4	英文
Journal of Integrative Medicine（结合医学学报）	31-2083/R	英文
Nano-Micro Letters（纳微快报）	31-2103/TB	英文
中西医结合护理	31-2114/R	汉英合刊

2.1.3 出版周期统计

在上海有有效年检数据的404种学术期刊中，双月刊最多（208种，占比51.5%），其次为月刊（127种，占比31.4%）、季刊（62种，占比

15.3%)、半月刊(6种)、半年刊(1种),具体如图2-4所示。

2.1.4 创刊时间

上海学术期刊的创刊时间分布见图2-5所示。由图可知,上海学术期刊创刊于1980年代的最多(154种),其次为1970年代(73种)、1990年代(57种)、2000年代(43种)、1950年代(33种)、2010年代(22种)、1960年代(16种)、1949年(含)前创刊的有6种。

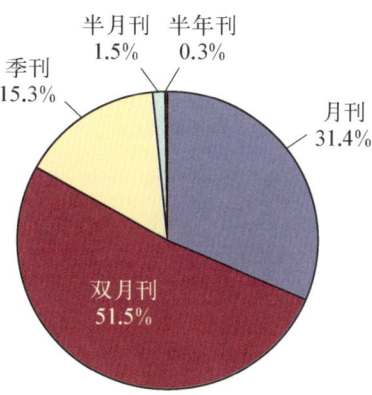

图2-4 上海学术期刊出版周期

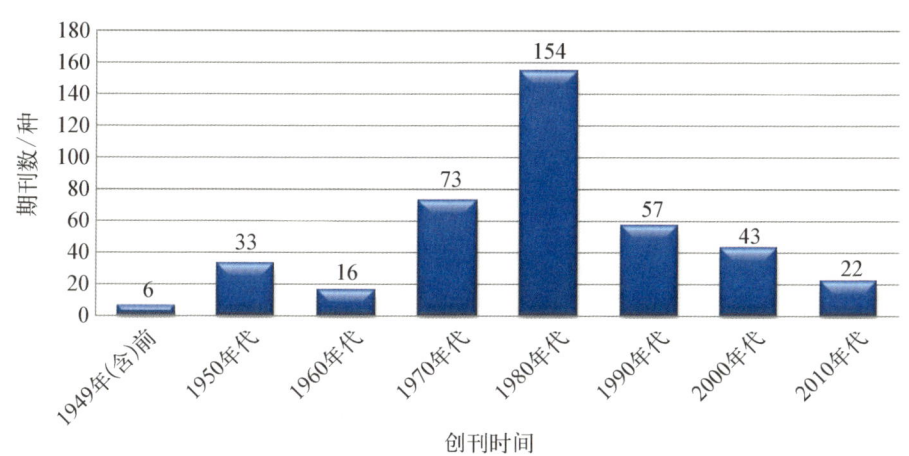

图2-5 上海学术期刊创刊时间分布图

2.1.5 主管单位分布

统计数据显示,有有效年检数据的404种期刊共有93个主管单位,平均每个主管单位主管4.34种期刊,总体上呈现出分散、独立的特点。

上海学术期刊主管单位主管期刊数量排名前10位的如图2-6所示。由图可知,主管学术期刊超过10种的单位有:教育部(85种)、上海市教育委员会(47种)、中国科学技术协会(30种)、中国科学院(24种)、上海市卫生和计划生育委员会(21种)、上海电气(集团)总公司(13种)。其中,教育部主管的85种期刊和上海市教育委员会主管的47种期刊如表2-2所示。

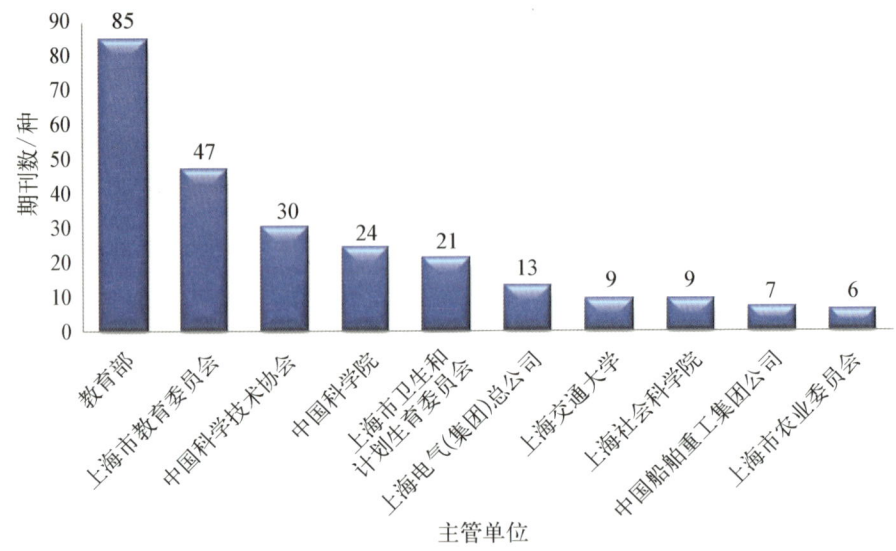

图2-6 上海学术期刊主管单位主管期刊数量前十位

表2-2-1 教育部主管的上海学术期刊列表(按CN号排序)

刊　　名	刊　号
化学教学	31-1006/G4
华东师范大学学报(教育科学版)	31-1007/G4
生物学教学	31-1009/G4
华东师范大学学报(哲学社会科学版)	31-1010/C
财经研究	31-1012/F
历史教学问题	31-1016/G4
地理教学	31-1022/G4
数学教学	31-1024/G4
外语电化教学	31-1036/G4

续 表

刊　名	刊　号
外国语	31-1038/H
外语界	31-1040/H
化工高等教育	31-1043/G4
外国经济与管理	31-1063/F
中小学英语教学与研究	31-1122/G4
世界经济文汇	31-1139/F
复旦学报(社会科学版)	31-1142/C
文艺理论研究	31-1152/I
新闻大学	31-1157/G2
同济大学学报(自然科学版)	31-1267/N
模具技术	31-1297/TG
华东师范大学学报(自然科学版)	31-1298/N
数学年刊 A 辑	31-1328/O1
Chinese Annals of Mathematics,Series B(数学年刊 B 辑)	31-1329/O1
复旦学报(自然科学版)	31-1330/N
结构工程师	31-1358/TU
时代建筑	31-1359/TU
肿瘤	31-1372/R
机械设计与研究	31-1382/TH
上海交通大学学报	31-1466/U
产业用纺织品	31-1595/TS
传动技术	31-1596/TP
研究与发展管理	31-1599/G3
医用生物力学	31-1624/R

续 表

刊 名	刊 号
功能高分子学报	31-1633/O6
国际观察	31-1642/D
口腔颌面外科杂志	31-1671/R
华东理工大学学报(自然科学版)	31-1691/TQ
中国比较文学	31-1694/I
中国医学计算机成像杂志	31-1700/TH
实验室研究与探索	31-1707/T
中国癌症杂志	31-1727/R
工业工程与管理	31-1738/T
国际纺织导报	31-1743/TS
城市轨道交通研究	31-1749/U
中国临床神经科学	31-1752/R
中国男科学杂志	31-1762/R
建筑材料学报	31-1764/TU
思想政治课研究	31-1771/G4
同济大学学报(社会科学版)	31-1777/C
上海交通大学学报(哲学社会科学版)	31-1778/C
华东理工大学学报(社会科学版)	31-1779/C
中国临床医学	31-1794/R
胃肠病学	31-1797/R
上海财经大学学报	31-1817/C
上海交通大学学报(农业科学版)	31-1837/S
全球教育展望	31-1842/G4
俄罗斯研究	31-1843/D

续 表

刊　名	刊　号
东华大学学报(社科版)	31-1848/C
东华大学学报(自然科学版)	31-1865/N
中国眼耳鼻喉科杂志	31-1875/R
复旦学报(医学版)	31-1885/R
复旦教育论坛	31-1891/G4
建筑钢结构进展	31-1893/TU
同济大学学报(医学版)	31-1901/R
基础教育	31-1914/G4
Journal of Donghua University, *English Edition*（东华大学学报 英文版）	31-1920/TS
城市规划学刊	31-1938/TU
Journal of Shanghai Jiaotong University（*Science*）（上海交通大学学报 英文版）	31-1943/U
系统仿真技术	31-1945/TP
外语教学理论与实践	31-1964/H
中国感染与化疗杂志	31-1965/R
微生物与感染	31-1966/R
中国循证儿科杂志	31-1969/R
阿拉伯世界研究	31-1973/C
系统管理学报	31-1977/N
内科理论与实践	31-1978/R
Fudan Journal of the Humanities and Social Sciences（复旦人文社会科学论丛）	31-2000/C
现代中文学刊	31-2026/G4
德国研究	31-2032/C

续 表

刊 名	刊 号
当代外语研究	31-2039/H
当代修辞学	31-2043/H
外语测试与教学	31-2047/G4
外科研究与新技术	31-2073/R
纺织服装教育	31-2077/G4
Nano-Micro Letters（纳微快报）	31-2103/TB

表 2-2-2　上海市教委主管的上海学术期刊列表（按 CN 号排序）

刊 名	刊 号
音乐艺术	31-1004/J
上海体育学院学报	31-1005/G8
外国中小学教育	31-1037/G4
国际商务研究	31-1049/F
法学	31-1050/D
上海教育科研	31-1059/G4
上海师范大学学报（哲学社会科学）	31-1120/C
社会	31-1123/C
戏剧艺术	31-1140/J
青少年犯罪问题	31-1193/D
思想理论教育	31-1220/G4
上海大学学报（社会科学版）	31-1223/C
上海中医药杂志	31-1276/R
应用科学学报	31-1404/N
能源研究与信息	31-1410/TK

续　表

刊　　名	刊　号
上海师范大学学报（自然科学版）	31-1416/N
自然杂志	31-1418/N
应用数学与计算数学学报	31-1436/O1
上海第二工业大学学报	31-1496/T
上海电力学院学报	31-1518/TM
上海中学数学	31-1572/G4
上海工程技术大学学报	31-1598/T
出版与印刷	31-1643/TS
中国体育教练员	31-1644/G8
Applied Mathematics and Mechanics（English Edition）（应用数学和力学 英文版）	31-1650/O1
旅游科学	31-1693/K
上海大学学报（自然科学版）	31-1718/N
开放教育研究	31-1724/G4
上海理工大学学报	31-1739/T
教育发展研究	31-1772/G4
上海中医药大学学报	31-1788/R
上海理工大学学报（社科版）	31-1853/C
高等学校文科学术文摘	31-1889/C
现代免疫学	31-1899/R
上海翻译	31-1937/H
上海商学院学报	31-1957/F
上海海事大学学报	31-1968/U
中医药文化	31-1971/R
上海电机学院学报	31-1996/Z

续 表

刊　名	刊　号
华东政法大学学报	31-2005/D
上海政法学院学报	31-2011/D
上海海洋大学学报	31-2024/S
Journal of Sport and Health Science（运动与健康科学）	31-2066/G8
Advances in Manufacturing（先进制造进展）	31-2069/TB
上海教育评估研究	31-2070/G4
会计与经济研究	31-2074/F
上海对外经贸大学学报	31-2089/F

2.1.6　第一主办单位

由基于第一主办单位统计的主办单位信息可知,404种上海学术期刊共有258个主办单位,平均每个主办单位拥有1.57种期刊。主办期刊5种（含）以上的单位分别是：上海交通大学(31种)、复旦大学(20种)、华东师范大学(14种)、同济大学(13种)、上海大学(8种)、中华医学会(7种)、东华大学(6种)、中国科学院上海光学精密机械研究所(5种),具体如图2-7所示。

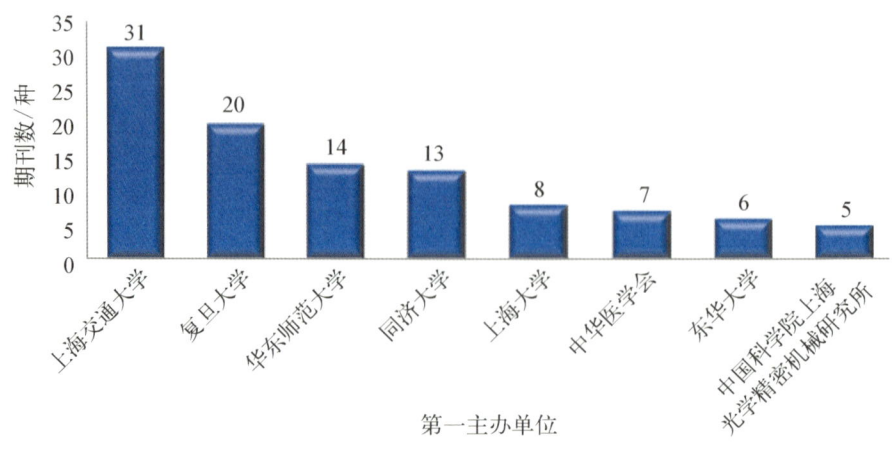

图2-7　上海学术期刊第一主办单位主办期刊数量前八位

2.1.7 网址

据统计,上海 404 种学术期刊中,有网址的期刊 327 种(占比 80.9%),没有网址的期刊 77 种(占比 19.1%)。

2.1.8 微博/微信

据统计,上海 404 种学术期刊中,有微博/微信的期刊 318 种(占比 78.7%),没有微博/微信的期刊 86 种(占比 21.3%)。

2.1.9 出版单位性质

如图 2-8 所示,期刊出版单位性质为非法人编辑部的有 352 个,为企业法人的有 48 个,为事业法人的有 4 个。由此可见,上海学术期刊出版单位性质为非法人编辑部的占绝大多数,占比高达 87%。

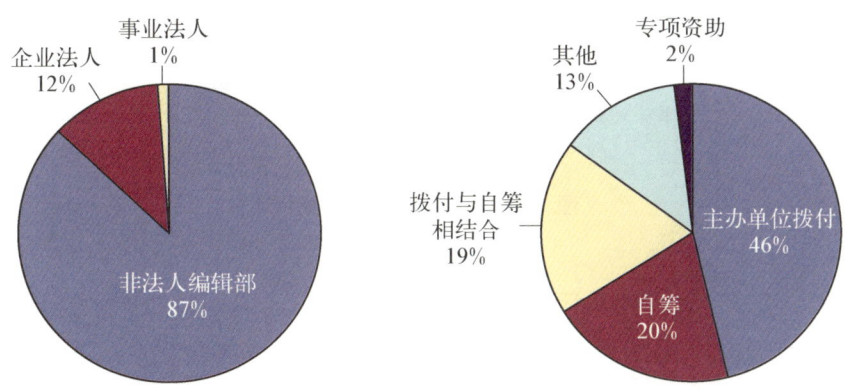

图 2-8　上海学术期刊出版单位性质分布　　图 2-9　上海学术期刊资金来源分布

2.2 期刊经营状况

2.2.1 资金来源

如图 2-9 所示,上海学术期刊中,资金来源为主办单位拨付的期刊种数最多(187 种,占比 46%),其次依次为自筹(81 种,占比 20%)、拨付与自筹相结合(78种,占比19%)、其他(52种,占比13%)、专项资助(6种,占比2%)。

2.2.2 发行方式

如图2-10所示,上海学术期刊发行方式采用邮发+自办发行的有167种,采用邮发发行的有154种,采用自办发行的有76种,采用其他发行方式的有7种。

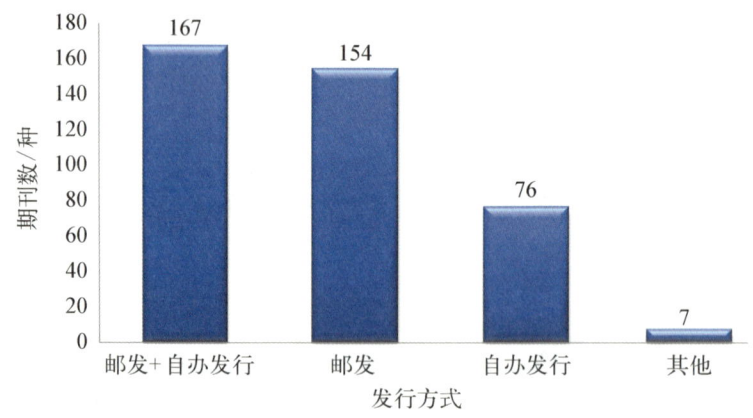

图2-10 上海学术期刊发行方式

2.2.3 平均期发行量

对上海404种学术期刊的平均发行量进行统计,共划分8个区间,各个区间中期刊数量及占比如表2-3所示。

表2-3 上海学术期刊平均期发行量(P)

P/册	期刊/种	占比%
$0<P\leqslant 500$	26	6.44
$500<P\leqslant 1\,000$	91	22.52
$1\,000<P\leqslant 1\,500$	62	15.35
$1\,500<P\leqslant 2\,000$	57	14.11

续 表

P/册	期刊/种	占比%
$2\,000 < P \leq 3\,000$	77	19.06
$3\,000 < P \leq 5\,000$	43	10.64
$5\,000 < P \leq 10\,000$	35	8.66
$10\,000 < P \leq 65\,300$	13	3.22
合计	404	100.00

上海学术期刊平均期发行量（P）大于 5 000 的期刊共有 48 种，具体如表 2-4 所示。

表 2-4　上海学术期刊平均期发行量（P）大于 5 000 的期刊列表（按 CN 号排序）

刊　名	CN 号
化学教学	31-1006/G4
生物学教学	31-1009/G4
地理教学	31-1022/G4
数学教学	31-1024/G4
物理教学	31-1033/G4
外语界	31-1040/H
上海教育科研	31-1059/G4
书法	31-1067/J
语文学习	31-1070/H
小学数学教师	31-1071/G4
中小学英语教学与研究	31-1122/G4
上海金融	31-1160/F
新闻记者	31-1171/G2
上海工艺美术	31-1198/J
探索与争鸣	31-1208/C

续 表

刊　名	CN 号
思想理论教育	31-1220/G4
上海农村经济	31-1224/F
航海技术	31-1251/U
食用菌	31-1257/S
中华内分泌代谢杂志	31-1282/R
电世界	31-1327/TM
建筑施工	31-1334/TU
理化检验-化学分册	31-1337/TB
时代建筑	31-1359/TU
印刷杂志	31-1402/TS
供用电	31-1467/TM
制冷技术	31-1492/TB
新金融	31-1560/F
城市道桥与防洪	31-1602/U
建设监理	31-1656/TU
上海医药	31-1663/R
上海城市规划	31-1706/TU
实验室研究与探索	31-1707/T
职业卫生与应急救援	31-1719/R
教育发展研究	31-1772/G4
全球教育展望	31-1842/G4
上海护理	31-1846/R
上海党史与党建	31-1856/K
信息网络安全	31-1859/TN

续 表

刊　名	CN 号
中国司法鉴定	31-1863/N
中国货币市场	31-1873/F
城市规划学刊	31-1938/TU
中国感染与化疗杂志	31-1965/R
新会计	31-2022/F
工会理论研究	31-2048/D
质量与标准化	31-2058/G3
船舶与海洋工程	31-2076/U
上海课程教学研究	31-2112/G4

2.2.4 海外发行量

上海 404 种学术期刊海外发行量的统计数据显示，共有 68 种期刊有海外发行量，占比为 16.8%，具体如表 2-5 所示。

表 2-5　上海学术期刊中有海外发行量期刊列表（按 CN 号排序）

刊　名	CN 号
音乐艺术	31-1004/J
上海体育学院学报	31-1005/G8
外国语	31-1038/H
学术月刊	31-1096/C
图书馆杂志	31-1108/G2
社会科学	31-1112/Z
戏剧艺术	31-1140/J
复旦学报(社会科学版)	31-1142/C
探索与争鸣	31-1208/C

续 表

刊　名	CN号
水产科技情报	31-1250/S
应用概率统计	31-1256/O1
辐射研究与辐射工艺学报	31-1258/TL
同济大学学报(自然科学版)	31-1267/N
化学世界	31-1274/TQ
解剖学杂志	31-1285/R
化肥工业	31-1308/TQ
化学学报	31-1320/O6
有机化学	31-1321/O6
Chinese Annals of Mathematics, Series B(数学年刊B辑)	31-1329/O1
核技术	31-1342/TL
Acta Pharmacologica Sinica(中国药理学报)	31-1347/R
时代建筑	31-1359/TU
合成纤维	31-1361/TQ
中成药	31-1368/R
上海农业学报	31-1405/S
微特电机	31-1428/TM
声学技术	31-1449/TB
法医学杂志	31-1472/R
中国造船	31-1497/U
净水技术	31-1513/TQ
Chinese Journal of Chemistry(中国化学)	31-1547/O6
Journal of Hydrodynamics(水动力学研究与进展B辑)	31-1563/T
Cell Research(细胞研究)	31-1568/Q

续 表

刊 名	CN号
红外与毫米波学报	31-1577/O4
中国胶粘剂	31-1601/TQ
世界地理研究	31-1626/P
文物保护与考古科学	31-1652/K
食用菌学报	31-1683/Q
上海口腔医学	31-1705/R
开放教育研究	31-1724/G4
中国肿瘤生物治疗杂志	31-1725/R
中国癌症杂志	31-1727/R
运筹学学报	31-1732/O1
渔业现代化	31-1737/S
同济大学学报(社会科学版)	31-1777/C
华东理工大学学报(社会科学版)	31-1779/C
Asian Journal of Andrology(亚洲男性学杂志)	31-1795/R
胃肠病学	31-1797/R
老年医学与保健	31-1798/R
上海财经大学学报	31-1817/C
世界农药	31-1827/TQ
力学季刊	31-1829/O3
中国眼耳鼻喉科杂志	31-1875/R
高等学校文科学术文摘	31-1889/C
Journal of Acupuncture and Tuina Science(针灸推拿医学)	31-1908/R
Journal of Donghua University, English Edition(东华大学学报 英文版)	31-1920/TS

续 表

刊　名	CN号
Journal of Shanghai Jiaotong University（*Science*）（上海交通大学学报 英文版）	31-1943/U
Fudan Journal of the Humanities and Social Sciences（复旦人文社会科学论丛）	31-2000/C
华东政法大学学报	31-2005/D
Molecular Plant（分子植物）	31-2013/Q
德国研究	31-2032/C
当代修辞学	31-2043/H
哲学分析	31-2054/C
Journal of Sport and Health Science（运动与健康科学）	31-2066/G8
上海教育评估研究	31-2070/G4
船舶与海洋工程	31-2076/U
教育生物学杂志	31-2079/R
Nano-Micro Letters（纳微快报）	31-2103/TB

第3章
上海科技类学术期刊影响力概况

科技期刊是科学家之间的一种正式的、公开的和有序的交流媒介,是科学交流的主要平台,也是推动科技进步的重要文献来源,在记录和传播科技成果,引导学科建设,推动全球进步、科技发展和文化交流中发挥着重要作用。

科技期刊的定量评价主要基于布拉德福的"文献分散规律"[①]、加菲尔德的"引文集中定律"[②]和普赖斯的"文献老化指数和引文峰值理论"[③]三大理论。从这些基础理论出发,国际上形成了一套严格并已被期刊界和学术界公认为可信的期刊评价体系和方式。我国的期刊评价理论与实践也是在这些基础理论上逐渐发展和建立起来的。这些期刊评价体系和方式主要表现为核心数据库和期刊评价指标两个方面。

---

① "文献分散规律"是指如果将科技期刊按其刊载某学科专业论文的数量多少,以递减顺序排列,那么可以把期刊分为专门面对这个学科的核心区、相关区和非相关区。

② "引文集中定律"是指一个学科的非核心期刊在很大程度上是由其他学科的核心期刊构成的,也即大量的引文都集中在多个学科的一小部分核心期刊中,而少量的引文则散布在大量的期刊中。因此,一个基本的、集中的期刊集合,就可以代表所有学科的核心。

③ "文献老化指数"(某一学科领域内,发表时间不超过5年的被引文献与总被引文献总量之比)用以量度文献的老化速度。普赖斯指数越大,相关文献的老化速度越快,该学科发展也就越迅速。"引文峰值理论"是指文章发表后两年内被引用的次数最多,然后会逐渐减少,进入老化期。

3.1 国内外权威科技期刊核心数据库及期刊评价指标

3.1.1 国际权威数据库及期刊评价指标

国际上被公认为科技期刊权威数据库的主要有"科学引文索引"（Science Citation Index，SCI）、"工程索引"（Engineering Index，EI）和 Scopus 等，其中以 SCI 更为权威。在生物医学领域，Medline 是当前国际上最权威的文献数据库。

（1）SCI

SCI 是美国科学情报研究所（Institute for Scientific Information，简称 ISI）开发的一种世界著名的期刊文献检索工具。SCI 只收录全世界出版的数、理、化、农、林、医、生命科学、天文、地理、环境、材料、工程技术等自然科学各学科最具学科代表性和最具国际影响力的期刊。ISI 通过严格的选刊标准和评估程序挑选源刊，而且每年都略有增减，使 SCI 收录的文献能全面覆盖全世界最重要和最有影响力的研究成果。

SCI 评价文献的重要性和影响力的主要依据，是这些文献被其他文献的引用情况。为此，作为一种检索工具，SCI 一反其他检索工具通过主题或分类途径检索文献的常规做法，设置了独特的"引文索引"（Citation Index）。即通过先前文献被当前文献的引用，来说明文献之间的相关性及先前文献对当前文献的影响力。SCI 以上做法上的特点，使 SCI 不仅可作为一种文献检索工具使用，而且成为科研评价的一种依据。科研机构被 SCI 收录的论文总量，反映了整个机构的科研尤其是基础研究的水平；个人的论文被 SCI 收录的数量及被引用次数，也反映了他的研究能力与学术水平；一定时间段内，期刊刊发的论文被其他期刊或者自己引用的平均频次，也反映了这种期刊在学科领域内的重要性及其影响力。

基于 ISI 旗下的 Web of Sicence 核心数据库，ISI 每年都会出版《期刊引用报告》（Journal Citation Reports，JCR）。JCR 对收录在 Web of

Science 核心数据库索引中的期刊之间的引用和被引用数据进行统计、运算,并针对每种期刊定义了一些评价指标(见表 3-1 所示)。自 2018 年始,JCR 统计源库中增加了图书引文索引。JCR 是目前全球公认的最具权威性的评价期刊和学术文章的评价体系,是全球科研工作者选择投稿和参考文献等的重要依据,也是评价这些科研工作者学术水平的重要参考依据。

(2) EI

EI 创建于 1884 年,是美国工程信息公司(Engineering Information Inc.)开发的著名工程技术类综合性检索工具,也是世界上最全面和最完整的工程文献数据库。EI 收录的每一条记录都是经过精心挑选和索引的,具有相关性、完整性、准确性等特征,工程师们可以放心使用。

(3) Scopus

Scopus 由全球 21 家研究机构和超过 300 名科学家共同设计开发而成,几乎完全仿照 Web of Science 进行构建,唯一的区别是,Scopus 比 Web of Science 更大、更全。Scopus 涵盖了世界上最广泛的科技和医学文献的文摘、参考文献及索引,是目前全球最大的文摘和引文数据库。截至 2018 年 5 月底,Scopus 共收录了来自全球 5 000 多家出版商的 22 800 多种期刊、丛书、会议论文等连续出版物,其中同行评议期刊 21 950 多种(包括 3 600 多种完全开放获取期刊),占总数的 96.27%。此外,Scopus 还收录许多中文期刊,如《计算机学报》、《力学学报》、《中国物理快报》、《中华医学杂志》、《煤炭学报》等,对推动我国中文期刊在全世界的传播发挥着越来越重要的作用。

Scopus 数据库在创办 12 年之后,于 2016 年 12 月 8 日起,发布了自己的期刊评价指标:CiteScore(见表 3-1 所示)。CiteScore 评价体系目前正在发展过程中,并逐渐成为评价全球科研人员学术研究水平的重要参考依据,在推动全球科技进步、期刊发展过程中逐渐发挥出越来越重要的作用。

（4）Medline

Medline 是美国国立医学图书馆（The National Library of Medicine）开发的国际性综合生物医学信息书目数据库，是当前国际上最权威的生物医学文献数据库。内容包括美国"医学索引"（Index Medicus）的全部内容和"牙科文献索引"（Index to Dental Literature）、"国际护理索引"（International Nursing Index）的部分内容。Medline 收录 1966 年以来世界 70 多个国家和地区出版的 3 400 余种生物医学期刊的文献，近 960 万条记录。目前每年递增 30 万～35 万条记录，以题录和文摘形式进行报道，其中 75% 是英文文献，70%～80% 文献有英文文摘。

3.1.2 国内权威数据库及期刊评价指标

在我国，科技期刊的评价主要分为三种：

（1）政府主导的科技期刊评价。这些评价主要以奖项的形式进行，旨在加强科技期刊质量管理，促进科技期刊整体办刊水平提高，其中每两年评选一次的"中国出版政府奖"中的期刊奖是我国科技期刊领域内最有分量的期刊奖项。

（2）行业协会或学术团体的期刊评价。这些评价一般主要也是以奖项的形式进行的。旨在活跃行业氛围，加强行业内期刊之间及其与社会各界、国内外广大读者的联系，促进期刊质量提升。

（3）学术机构组织的科技期刊评价。这些评价主要仿效国际通用的学术期刊评价体系，结合我国基本的期刊国情，由一些权威的专家、机构和数据库依据一系列的定性和定量指标综合得出，形式上表现为各种核心数据库和期刊评价指标。目前，我国对学术期刊进行评价的主要核心数据库有：北京大学图书馆编制的《中文核心期刊要目总览》（简称"北大核心"）、南京大学中国社会科学研究评价中心编制的《中文社会科学引文索引》（简称 CSSCI）、中国科学院文献情报中心编制的《中国科学引文数据库》（简称 CSCD）、科技部中国科技信息研究所的《中国科技论文与引文数据库》（简称 CSTPCD）、中国科技信息研究所唯一控股的大型股份制公司万方数据股份有限公司编写的《中国科技期刊引证报告》、武汉大学中国科学评价研究中心的《中国学术期刊评价研究报告》(简称 RCCSE)，以及中国社会科学院中国社会科学评价中心发布的《中国人文社会科学期刊评价报告》。其中 CSSCI、《中国人文社会科学期刊评价报告》仅对人文社科类期刊进行评价，北大核心、CSCD 和 RCCSE 公布的只有收录的期刊名称及其学科方向。自 2010 年始，中国知网每年会推出《中国学术期刊影响因子年报》，在全面研究学术期刊、博硕士学位论文、会议论文等各类文献对学术期刊文献的引证规律基础上，基于一套全新的期刊影响因子指标体系——"《中国学术期刊影响因子年报》数据统计规范"，每年发布"学术期刊各刊影响力统计分析数据库"和"期刊管理部门学术期刊影响力统计分析数据库"，统称为《中国学术期刊影响因子年报》系列数据库，并基于这些数据，发布年度我国"最具国际影响力学术期刊"和"最具国际影响力优秀学术期刊"，在国内的影响也越来越大。

这三类期刊评价体系中，政府和行业协会或学术团体主导的各类期刊评选，也是基于期刊在国内外各种核心数据库中的收录情况及其评价指标的具体数值来进行的。

3.1.3 常用的期刊评价指标

为了不断促进期刊的发展，提高期刊的学术质量和影响力，在遴选核心数据库的基础上，基于三大基础理论，国内外期刊数据库建立了不同的期刊评价指标体系。常见的期刊评价指标体系，国际上有 JCR 和 CiteScore，国内有《中国科技期刊引证报告(核心版)》、《中国科技期刊引证报告(扩刊版)》和《中国学术期刊影响因子年报》(见表 3-1)。这些指标体系的主要区别在于统计库源。JCR 的统计源库主要是 Web of Science 核心合集，自 2018 年起，增加了图书引文索引。CiteScore 的统计源库是 Scopus 数据库。《中国科技期刊引证报告(核心版)》的统计源库是 CSTPCD，《中国科技期刊引证报告(扩刊版)》的统计源库是国家工程技术数字图书馆"知识服务"系统、万方数据——数字化期刊群、CSTPCD，中国学术期刊影响因子年报的统计源库是中国学术期刊网络出版总库，其中复合指标体系不仅包括所有总库中的期刊，还包括博士论文、硕士论文、会议论文等，综合性指标包括科技和社科跨科引用。这些统计源库中的期刊在某种程度上都有一定的重合性，尤其是国内的《中国科技期刊引证报告（核心版）》《中国科技期刊引证报告（扩刊版）》和"中国学术期刊影响因子年报"。这些指标体系从某种程度上而言，都是仿效JCR报告中的指标体系，都设置了影响因子、总被引、他引等指标，这些指标在定义上基本相似，区别很小。

JCR报告中的影响因子是期刊前两年刊登的文章在统计年的平均被引频次，CiteScore中是期刊前三年刊登的文章在统计年的平均被引频次。一直以来，在所有这些评价指标当中，影响因子和总被引频次被公认为最能代表期刊影响力的两个指标。影响因子表现的是期刊的"朝气"，显示期刊近几年在学科领域内的影响力；总被引频次重点突出期刊的"历史"，显示期刊在学科领域内的持续影响力。由于不同学科期刊的种数和期刊发文的数量差别很大，因而不同学科的期刊评价指标数值差别很大。期刊与期刊之间的比较，学科内采用影响因子和总被引频次的数值进行直接比较，不同学科期刊之间的比较则较多考虑的是排名百分位，尤其是主要面向学术研究的学术型期刊。

表3-1 常见期刊评价体系及其统计库源

报告名称	指标体系	统计库源	公布机构
JCR	总被引频次①，影响因子②，去自引影响因子，5年影响因子，立即指数，被引半衰期，引用半衰期，特征因子分值等	Web of Science核心合集：引文索引、图书引文索引	ISI

---

① 总被引频次，指被评价期刊历年发表的论文在评价当年被其他期刊及期刊本身所引用的总次数，以频次来表示该期刊在科学交流中被使用的程度。
② 影响因子，指期刊前两年发表的论文在评价当年被引用的平均次数。

续 表

报告名称	指 标 体 系	统 计 库 源	公布机构
CiteScore	CiteScore 指数①，SJR②，SNIP③	Scopus	Elsevier
中国科技期刊引证报告（核心版）	总被引频次，影响因子，即年指标，他引率，引用刊数，扩散因子，学科扩散指标，学科影响指标，被引半衰期等	CSTPCD	中国科学技术信息研究所
中国科技期刊引证报告（扩刊版）	扩展总被引频次，扩展影响因子，扩展即年指标，扩展他引率，扩展引用刊数，扩展学科影响指标，扩展被引半衰期，扩展 H 指标等	国家工程技术数字图书馆"知识服务"系统、万方数据——数字化期刊群、CSTPCD	北京万方数据股份有限公司，中国科学文献计量评价研究中心
中国学术期刊影响因子年报	影响力指数 CI 值，复合总被引，复合类指标（影响因子、他引影响因子、5 年影响因子、即年指标），期刊综合总被引，期刊综合类指标（影响因子、他引影响因子、5 年影响因子、即年指标）④	中国学术期刊网络出版总库	《中国学术期刊（光盘版）》电子杂志社有限公司，中国科学文献计量评价研究中心，清华大学图书馆

3.2 上海科技类学术期刊被数据库收录情况

3.2.1 上海被 SCI 收录的学术期刊

至今为止，上海一共有 19 种科技类学术期刊被 SCI 收录，其中《红外与毫米波学报》和《化学学报》是中文学术期刊，且《化学学报》是我国第一种被 SCI 收录的中文期刊；*Journal of Sport and Health Science* 是我国唯一一种同时被 SCI（科技类）和 SSCI（社科类）收录的期刊。这些期刊的创

---

① CiteScore 指数指期刊前三年发表的论文在评价当年被引用的平均次数。
② SJR 是 SCImago Journal Rankings 的缩写。
③ SNIP 是 Source Normalized Impact per Paper 的缩写。
④ 参见《中国学术期刊影响因子年报（自然科学与工程技术）》2017 年第 15 卷中的解释。

刊时间和在 JCR 数据库中第一个影响因子出现的时间[①]如表 3-2 所示。

表 3-2　上海被 SCI 收录的科技类学术期刊创刊及第一个影响因子出现时间概况（按创刊年份排序）

刊　名	CN 号	ISSN 号	创刊年份	第一个影响因子出现年
化学学报	31-1320/O6	0567-7351	1933	1997
Acta Biochimica et Biophysica Sinica（生物化学与生物物理学报）	31-1940/Q	1672-9145	1953	1998
Molecular Plant（分子植物）	31-2013/Q	1674-2052	1964	2008
Chinese Annals of Mathematics, Series B（数学年刊 B 辑）	31-1329/O1	0252-9599	1980	1997
Applied Mathematics and Mechanics (English Edition)（应用数学和力学 英文版）	31-1650/O1	0253-4827	1980	1999
Acta Pharmacologica Sinica（中国药理学报）	31-1347/R	1671-4083	1980	1997
红外与毫米波学报	31-1577/O4	1001-9014	1982	2000
Chinese Journal of Chemistry（中国化学）	31-1547/O6	1001-604X	1983	1997
Neuroscience Bulletin（神经科学通报）	31-1975/R	1673-7067	1985	2011
Nuclear Science and Techniques（核技术 英文版）	31-1559/TL	1001-8042	1989	2009
Journal of Hydrodynamics（水动力学研究与进展 B 辑）	31-1563/T	1001-6058	1989	2010
Cell Research（细胞研究）	31-1568/Q	1001-0602	1990	2001
Asian Journal of Andrology（亚洲男性学杂志）	31-1795/R	1008-682X	1999	2002

---

① 指在当前 JCR 数据库中可自由检看影响因子等数据的最早时间。目前 JCR 数据库中能查到数据的最早时间是 1997 年。

续 表

刊　名	CN号	ISSN号	创刊年份	第一个影响因子出现年
Chinese Optics Letters（中国光学快报）	31-1890/O4	1671-7694	2003	2009
Journal of Molecular Cell Biology（分子细胞生物学报）	31-2002/Q	1674-2788	2009	2010
Advances in Manufacturing（先进制造进展）	31-2069/TB	2095-3127	2012	2017
Journal of Sport and Health Science（运动与健康科学）	31-2066/G8	2095-2546	2012	2013
High Power Laser Science and Engineering（高功率激光科学与工程）	31-2078/O4	2095-4719	2013	2017
Nano-Micro Letters（纳微快报）	31-2103/TB	2311-6706	2009	2012

由表3-2可知，上海被SCI收录的学术期刊创刊时间分布广泛。《化学学报》早在1933年就创刊了；英文期刊 *Acta Biochimica et Biophysica Sinica* 几乎和新中国同时诞生，创刊于1953年，是我国最早创办的生物化学与生物物理学科领域内的专业性学术期刊，充分体现了上海期刊界的国际化视野。20世纪80年代是我国改革开放的起步期，也是期刊的创刊高峰期。1980—1989年间，被SCI收录的19种刊中共有8种创刊，占总数的42.2%。其次是2000年之后，尤其是2012—2014年，共创办了4种期刊。由表3-2还可知道，上海不仅在期刊的创办上具有国际化视野，在期刊的质量提升方面也毫不松懈。19种被SCI收录的学术期刊中，1997年在JCR报告中获得第一个影响因子数值的期刊就有4种，1998—2002年每年新增1种在JCR报告中获得第一个影响因子数值的期刊。2009年之后发展步伐加快，2009—2017年共有9种新刊在JCR报告中获得第一个影响因子数值。*Journal of Sport and Health Science* 2012年创刊，2013年即获得第一个影响因子数值；*Journal of Molecular Cell Biology* 2009年创刊，2010即获得第一个影响因子数值。

2012—2017年上海科技类学术期刊入选SCI种数见图3-1所示。如图所示,近六年来,上海科技类学术期刊不断进步,2012年有16种科技类学术期刊被SCI收录,2013年上升为17种,2017年升至19种,增长速度较快。

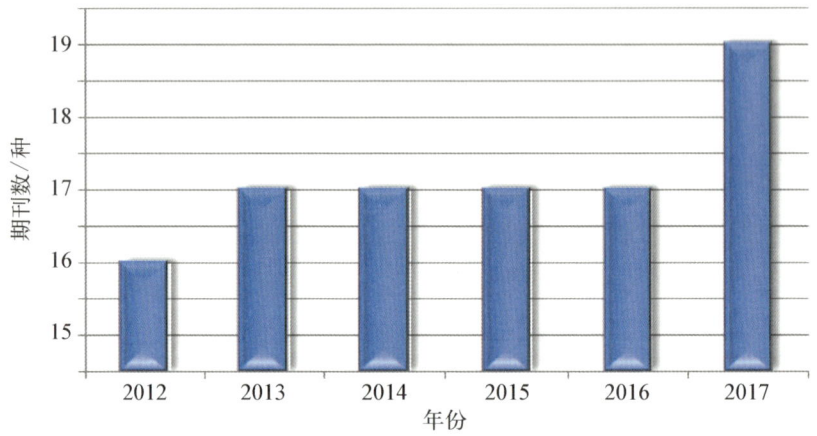

图3-1　2012—2017年上海科技类学术期刊被SCI收录概况

图3-2给出了上海2017年被SCI收录的学术期刊的刊期分布概况示意图。由图可知,上海目前被SCI收录的学术期刊主要为月刊,占所有被收录期刊的47%;其次为双月刊,占32%;剩下的为季刊,占21%。

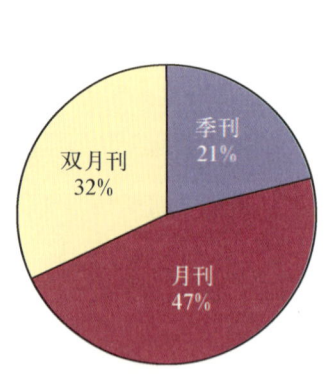

图3-2　上海2017年被SCI收录学术期刊刊期概况

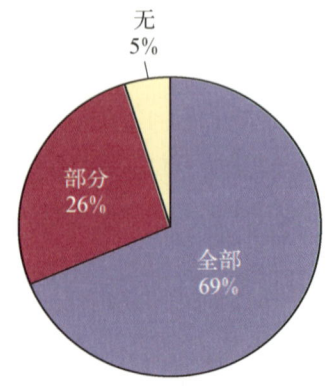

图3-3　上海2017年被SCI收录学术期刊OA出版概况

图3-3给出了上海2017年被SCI收录的学术期刊的OA出版概况。由图可知,在上海目前被SCI收录的学术期刊中,13种期刊刊发的论文近些年全部OA出版,占所有被收录期刊总数的69%;5种期刊部分刊发论文OA出版,占26%;仅有1种期刊没有OA出版过任何刊发论文。

图3-4给出了上海2017年被SCI收录的学术期刊与国际出版商合作出版概况的示意图。由图可知:上海被SCI收录的学术期刊主要和Springer Nature合作出版,占所有期刊种数的47%;其次是与Oxford University Press、Elsevier、Science Press合作出版。

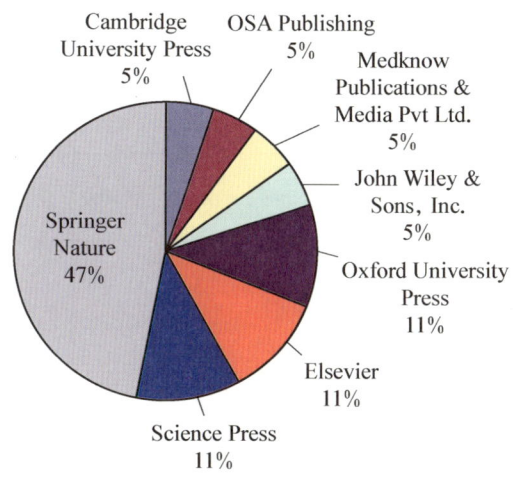

图3-4 上海2017年被SCI收录学术期刊与国际出版商合作出版概况

表3-3给出了2012—2017年JCR报告中上海学术期刊的影响因子概况。由表可知,2012—2017年间,上海学术期刊影响因子进步明显。2012年JCR报告中的16种期刊,8种期刊影响因子小于1.000,占期刊总数的50%。2016年JCR报告中的17种期刊,仅3种期刊的影响因子小于1.000,占期刊总数的17.6%。2017年JCR报告中的19种期刊,仅1种期刊的影响因子小于1.000,占期刊总数的5.3%。在这些期刊中,*Cell Research* 的影响因子持续保持在10.000以上,并且几乎逐年上升。2012—2017年JCR报告显示,在我国(以"China Mainland"为搜索条

件)所有被 SCI 收录的期刊中,*Cell Research* 近三年的影响因子均为最高。

表 3-3 2012—2017 年上海被 SCI 收录学术期刊的影响因子概况(按 CN 号排序)

刊 名	2012	2013	2014	2015	2016	2017
化学学报	0.622	0.874	1.426	1.843	2.131	2.735
Chinese Annals of Mathematics, Series B(数学年刊 B 辑)	0.504	0.316	0.448	0.452	0.362	0.392
Acta Pharmacologica Sinica(中国药理学报)	2.354	2.496	2.912	3.166	3.223	3.562
Chinese Journal of Chemistry(中国化学)	0.917	1.040	1.578	1.872	1.852	2.378
Nuclear Science and Techniques(核技术 英文版)	0.088	0.459	0.401	0.641	0.779	1.085
Journal of Hydrodynamics(水动力学研究与进展 B 辑)	—	0.582	0.659	0.776	1.174	1.563
Cell Research(细胞研究)	10.526	11.981	12.413	14.812	15.606	15.393
红外与毫米波学报	0.292	0.342	0.295	0.266	0.267	0.387
Applied Mathematics and Mechanics (English Edition)(应用数学和力学 英文版)	0.647	0.802	1.128	0.922	1.205	1.538
Asian Journal of Andrology(亚洲男性学杂志)	2.140	2.530	2.596	2.644	2.996	3.259
Chinese Optics Letters(中国光学快报)	0.968	1.073	1.851	1.899	1.859	1.948
Acta Biochimica et Biophysica Sinica(生物化学与生物物理学报)	1.807	2.089	2.191	2.124	2.200	2.224
Neuroscience Bulletin(神经科学通报)	1.365	1.832	2.509	2.322	2.624	3.155

续 表

刊　名	2012	2013	2014	2015	2016	2017
Journal of Molecular Cell Biology（分子细胞生物学报）	7.308	8.432	6.870	6.459	5.988	5.595
Molecular Plant（分子植物）	6.126	6.605	6.337	7.142	8.827	9.326
Journal of Sport and Health Science（运动与健康科学）	—	1.227	1.712	1.685	2.531	2.591
Advances in Manufacturing（先进制造进展）	—	—	—	—	—	1.706
High Power Laser Science and Engineering（高功率激光科学与工程）	—	—	—	—	—	3.143
Nano-Micro Letters（纳微快报）	2.057	2.275	1.975	3.012	4.849	7.381

表 3-4 给出了 2012—2017 年 JCR 报告中上海学术期刊的总被引频次概况。结合表 3-1、表 3-2 和表 3-3 的数据可知，总被引频次的数值与很多因素有关，是多个因素的综合结果，与影响因子的数值不完全关联。

表 3-4　2012—2017 年 JCR 报告中上海学术期刊的总被引频次概况（按 CN 号排序）

刊　名	2012	2013	2014	2015	2016	2017
化学学报	2 190	2 312	2 453	2 332	2 239	2 439
Chinese Annals of Mathematics, Series B（数学年刊 B 辑）	407	405	504	493	582	645
Acta Pharmacologica Sinica（中国药理学报）	5 577	5 875	6 417	6 932	7 734	8 041
Chinese Journal of Chemistry（中国化学）	2 438	2 740	3 066	3 069	2 952	3 335
Nuclear Science and Techniques（核技术 英文版）	91	184	189	285	430	615

续 表

刊 名	2012	2013	2014	2015	2016	2017
Journal of Hydrodynamics（水动力学研究与进展 B 辑）	560	752	915	1 028	1 403	1 696
Cell Research（细胞研究）	7 026	8 083	9 195	10 393	11 885	13 728
红外与毫米波学报	306	373	338	318	368	397
Applied Mathematics and Mechanics (English Edition)（应用数学和力学 英文版）	1 163	1 190	1 331	1 412	1 842	2 089
Asian Journal of Andrology（亚洲男性学杂志）	1 739	1 958	2 260	2 619	3 118	3 502
Chinese Optics Letters（中国光学快报）	1 256	1 473	2 018	2 140	2 234	2 542
Acta Biochimica et Biophysica Sinica（生物化学与生物物理学报）	1 644	2 071	2 213	2 523	2 826	2 982
Neuroscience Bulletin（神经科学通报）	370	556	869	1 001	1 204	1 567
Journal of Molecular Cell Biology（分子细胞生物学报）	651	1 011	1 141	1 353	1 655	1 877
Molecular Plant（分子植物）	2 346	3 444	4 214	5 016	6 040	7 010
Journal of Sport and Health Science（运动与健康科学）	—	50	141	214	476	707
Advances in Manufacturing（先进制造进展）	—	—	—	—	—	221
High Power Laser Science and Engineering（高功率激光科学与工程）	—	—	—	—	—	317
Nano-Micro Letters（纳微快报）	205	284	339	514	889	1 382

  图 3-5 给出了 2012、2014 和 2016 年 JCR 报告中上海学术期刊学科排名分区（按影响因子大小排列）概况。由图可知，2012—2016 年 JCR 报

告中,上海学术期刊学科排名进步明显。如图所示:2012 年 JCR 报告中的 16 种上海学术期刊,位于 Q4 区的有 5 种,占所有期刊的 31.3%;2014 年 JCR 报告中的 17 种上海学术期刊,位于 Q4 区的期刊下降为 3 种,占所有期刊的 17.6%;2016 年 JCR 报告中的 17 种上海学术期刊,位于 Q4 区的期刊进一步下降为 2 种,占所有有影响因子期刊(2017 年新增两种被 SCI 收录期刊,2016 年无影响因子)的 11.8%。2012 年 JCR 报告中的 16 种上海学术期刊,位于 Q1 区的有 3 种,位于 Q2 区的有 2 种,分别占所有期刊的 18.8% 和 12.5%;2014 年 JCR 报告中的 17 种上海学术期刊,位于 Q1 区的期刊有 3 种,位于 Q2 区的期刊上升至 7 种,分别占所有期刊的 17.6% 和 41.2%;2016 年 JCR 报告中的 17 种上海学术期刊,位于 Q1 区的期刊有 6 种,位于 Q2 区的期刊有 4 种,分别占所有期刊的 35.3% 和 23.5%。值得一提的是,在 2018 年 6 月公布的 2017 年 JCR 报告中,19 种上海学术期刊位于 Q1 区的期刊种数进一步上升为 8 种,占所有期刊的 42.1%;位于 Q2 区的期刊有 5 种,占所有期刊的 26.3%;位于 Q3 区的期刊有 4 种,占所有期刊的 21.1%;位于 Q4 区的期刊有 2 种,占所有期刊的 10.5%。这些期刊在 2012、2014 和 2016 年 JCR 报告中的具体分区信息如表 3-5 所示。

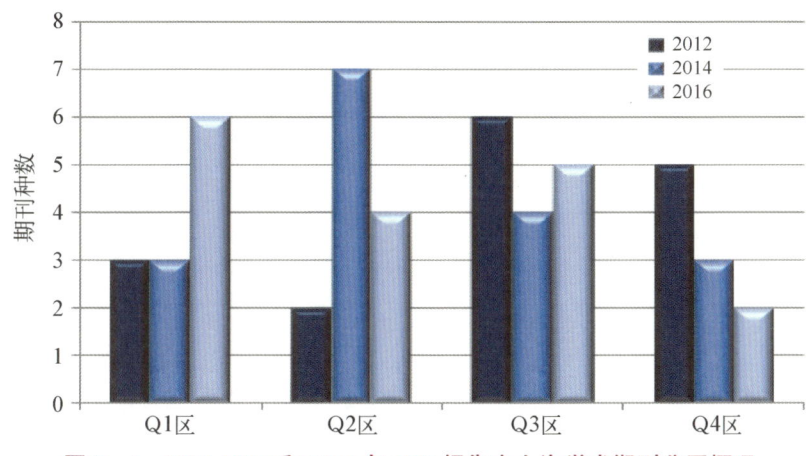

图 3-5 2012、2014 和 2016 年 JCR 报告中上海学术期刊分区概况

表 3-5 2012—2017 年 JCR 报告中上海学术期刊学科排名分区概况（按 CN 号排序）

刊 名	学 科	2012	2013	2014	2015	2016	2017
化学学报	综合化学	Q4(117/152)	Q3(106/148)	Q3(81/157)	Q2(79/163)	Q2(75/166)	Q2(73/171)
Chinese Annals of Mathematics, Series B（数学年刊 B 辑）	数学	Q3(176/296)	Q4(265/302)	Q3(219/312)	Q3(234/312)	Q4(275/311)	Q4(276/309)
Acta Pharmacologica Sinica（中国药理学报）	综合化学	Q2(50/152)	Q2(49/148)	Q2(45/157)	Q2(53/163)	Q2(55/166)	Q2(53/171)
	药理与药剂学	Q3(145/261)	Q2(118/261)	Q2(115/256)	Q2(90/255)	Q2(74/257)	Q1(63/261)
Chinese Journal of Chemistry（中国化学）	综合化学	Q3(99/152)	Q3(99/148)	Q2(72/157)	Q2(77/163)	Q2(84/166)	Q2(80/171)
Nuclear Science and Techniques（核技术 英文版）	核科学与技术	Q4(32/34)	Q4(27/33)	Q4(29/34)	Q3(24/32)	Q3(23/33)	Q3(18/33)
	核物理	Q4(20/21)	Q4(19/21)	Q4(20/21)	Q4(19/21)	Q4(17/20)	Q4(18/20)
Journal of Hydrodynamics（水动力学研究与进展 B 辑）	力学	—	Q4(115/139)	Q4(113/137)	Q4(106/135)	Q3(89/133)	Q3(77/134)
Cell Research（细胞研究）	细胞生物学	Q1(18/185)	Q1(13/185)	Q1(13/184)	Q1(9/187)	Q1(9/190)	Q1(10/190)
红外与毫米波学报	光学	Q4(75/80)	Q4(77/83)	Q4(82/87)	Q4(86/90)	Q4(88/92)	Q4(89/94)
Applied Mathematics and Mechanics (English Edition)（应用数学和力学 英文版）	应用数学	Q3(152/247)	Q2(113/251)	Q2(71/257)	Q2(105/254)	Q2(84/255)	Q1(54/252)
	力学	Q3(101/135)	Q3(93/139)	Q3(78/137)	Q3(96/135)	Q3(86/133)	Q3(79/134)
Asian Journal of Andrology（亚洲男性学杂志）	男科学	Q2(3/6)	Q2(2/7)	Q2(2/7)	Q1(1/5)	Q1(1/5)	Q1(1/6)
	泌尿及肾脏学	Q2(28/73)	Q2(23/77)	Q2(24/78)	Q2(23/77)	Q2(22/77)	Q1(19/76)
Chinese Optics Letters（中国光学快报）	光学	Q3(50/80)	Q3(52/83)	Q2(33/87)	Q2(32/90)	Q2(39/92)	Q2(44/94)

续表

刊 名	学 科	2012	2013	2014	2015	2016	2017
Acta Biochimica et Biophysica Sinica（生物化学与生物物理学报）	生物化学与分子生物学	Q4(224/290)	Q3(204/291)	Q3(189/290)	Q3(195/289)	Q3(192/290)	Q3(199/292)
	生物物理学	Q3(51/72)	Q3(50/74)	Q3(46/73)	Q3(41/72)	Q3(45/73)	Q3(43/72)
Neuroscience Bulletin（神经科学通报）	神经科学	Q4(206/252)	Q3(189/252)	Q3(151/252)	Q3(161/256)	Q3(142/259)	Q2(122/261)
Journal of Molecular Cell Biology（分子细胞生物学报）	细胞生物学	Q1(31/185)	Q1(27/185)	Q1(31/184)	Q1(33/187)	Q1(38/190)	Q1(42/190)
Molecular Plant（分子植物）	生物化学与分子生物学	Q1(40/290)	Q1(33/291)	Q1(33/290)	Q1(29/289)	Q1(20/292)	Q1(16/292)
	植物学	Q1(10/197)	Q1(8/199)	Q1(9/204)	Q1(6/209)	Q1(5/212)	Q1(5/222)
Journal of Sport and Health Science（运动与健康科学）	体育科学	—	Q3(49/81)	Q2(32/81)	Q1(32/82)	Q1(18/81)	Q2(21/81)
	酒店、休闲、体育和旅游	—	Q2(13/39)	Q1(10/43)	Q2(15/44)	Q1(11/45)	Q2(14/50)
Advances in Manufacturing（先进制造进展）	制造工程	—	—	—	—	—	Q3(28/46)
High Power Laser Science and Engineering（高功率激光科学与工程）	光学	—	—	—	—	—	Q1(21/94)
Nano-Micro Letters（纳微快报）	纳米科技	Q2(33/69)	Q2(35/73)	Q3(44/80)	Q2(33/83)	Q2(22/87)	Q1(17/92)
	材料科学	Q2(62/241)	Q1(60/251)	Q2(89/260)	Q1(59/271)	Q1(39/275)	Q1(29/285)
	应用物理	Q2(36/128)	Q2(36/136)	Q2(50/144)	Q1(29/145)	Q1(20/148)	Q1(14/146)

由表 3-5 可知，2012—2017 年 JCR 报告中，*Cell Research*、*Molecular Plant*、*Journal of Molecular Cell Biology* 一直稳居 Q1 区。*Nano-Micro Letters*、*Asian Journal of Andrology*、*Journal of Sport and Health Science*、*Acta Pharmacologica Sinica*、*Applied Mathematics and Mechanics*（*English Edition*）、*Neuroscience Bulletin*、*Chinese Optics Letters*、*Chinese Journal of Chemistry*、*Journal of Hydrodynamics*、*Nuclear Science and Techniques*、《化学学报》均实现跨区发展，进步显著。此外，*Asian Journal of Andrology* 在 2015—2017 年 JCR 报告男科学学科期刊中影响因子持续排名第一。*Journal of Sport and Health Science* 在 2013 年 JCR 报告体育科学学科期刊中位于 Q3 区，在 2014 年 JCR 报告体育科学学科期刊中位于 Q2 区，在 2015 年 JCR 报告体育科学学科期刊中升至 Q1 区。《化学学报》在 2012 年 JCR 报告综合化学学科期刊中位于 Q4 区，在 2013 年 JCR 报告综合化学学科期刊中位于 Q3 区，在 2015 年 JCR 报告综合化学学科期刊中升至 Q2 区。

3.2.2 EI 收录情况

"工程索引"（Engineering Index，EI）是供查阅工程技术领域文献的综合性情报检索刊物。1884 年创刊，年刊，1962 年增出月刊本。依据 Elsevier 官网，截至 2018 年 1 月，EI Compendex 目录中共收录中国期刊 219 种，其中文种为中文的共 156 种（占比 71.2%），为英文的共 63 种（占比 28.8%）。截至 2018 年 1 月被 EI 收录的上海学术期刊如表 3-6 所示。由表可知，上海被 EI 收录的学术期刊一共 12 种（占我国所有被收录期刊的 5.5%），其中英文期刊 4 种（占我国被收录英文期刊的 6.3%），中文刊 8 种（占我国所有被收录中文刊的 5.1%）。

3.2.3 Scopus 收录情况

截至 2017 年 10 月，Scopus 总计收录 655 种中国大陆期刊，其中 647 种为科技期刊（中文刊 442 种，英文刊 205 种）。

表 3-6 截至 2018 年 1 月被 EI 收录的上海学术期刊一览表(按 CN 号排序)

刊　　名	CN 号	ISSN 号	文种
同济大学学报(自然科学版)	31-1267/N	0253-374X	中文
振动与冲击	31-1316/TU	1000-3835	中文
中国激光	31-1339/TN	0258-7025	中文
无机材料学报	31-1363/TQ	1000-324X	中文
上海交通大学学报	31-1466/U	1006-2467	中文
中国造船	31-1497/U	1000-4882	中文
Journal of Hydrodynamics(水动力学研究与进展 B 辑)	31-1563/T	1001-6058	英文
红外与毫米波学报	31-1577/O4	1001-9014	中文
Applied Mathematics and Mechanics(English Edition)(应用数学和力学 英文版)	31-1650/O1	0253-4827	英文
建筑材料学报	31-1764/TU	1007-9629	中文
Chinese Optics Letters(中国光学快报)	31-1890/O4	1671-7694	英文
Journal of Shanghai Jiaotong University(Science)(上海交通大学学报 英文版)	31-1943/U	1007-1172	英文

655 种被收录的期刊中,已经获得 CiteScore 指数的期刊有 599 种,其中中文期刊 406 种,英文期刊 193 种,涉及 Scopus 数据库中 334 个学科分类中的 132 个学科,尚有 202 个学科没有收录我国期刊。这 599 种期刊在各学科中的分区情况如表 3-7 所示。

由表可知,这 406 种中文期刊中,350 种中文期刊在各学科中位于 Q3 或 Q4 区,位于 Q1 区的只有 13 种,仅占所有被收录中文期刊的 3.20%;位于 Q4 区的有 205 种,占所有被收录中文期刊的 50.49%。193 种被收录的英文期刊在各学科中主要位于 Q1 和 Q2 区,分别占所有被收录英文期刊的 31.61% 和 30.05%;位于 Q4 区的有 20 种,仅占所有被收录英文期刊的 10.36%。

表 3-7 截至 2017 年 10 月 Scopus 收录中国大陆期刊的学科分区情况

学科分区	总刊数	百分比/%	中文刊/种	百分比/%	英文刊/种	百分比/%
Q1	74	12.36	13	3.20	61	31.61
Q2	101	16.86	43	10.59	58	30.05
Q3	199	33.22	145	35.72	54	27.98
Q4	225	37.56	205	50.49	20	10.36
总计	599	100.00	406	100.00	193	100.00

Scopus 官网数据显示,截至 2018 年 5 月,上海被 Scopus 收录的学术期刊共 53 种,其中中文刊 31 种,英文刊 21 种,英汉合刊 1 种(见图 3-6)。在这 53 种期刊中,CiteScore 指数值位于同学科期刊中 Q1 区的有 9 种(见表 3-8),位于同学科期刊中 Q2 区的有 8 种(英文刊 6 种,中文刊 1 种,英汉合刊 1 种),Q3 区的有 17 种(英文刊 6 种,中文刊 11 种),Q4 区的有 19 种(全部为中文刊)(见图 3-7 和 3-8)。这些期刊中,*Nano-Micro Letters*、*High Power Laser Science and Engineering*、*Asian Journal of Andrology*、《上海精神医学》和《红外与毫米波学报》全部刊文 OA 出版。

表 3-8 截至 2018 年 5 月被 Scopus 收录的 Q1 区上海科技类学术期刊一览表(按百分位排序)

刊 名	ISSN	CiteScore 2017	百分位	Top 10%
Molecular Plant(分子植物)	1674-2052	5.77	97%	√
Cell Research(细胞研究)	1001-0602	8.80	96%	√
Nano-Micro Letters(纳微快报)	2150-5551	5.91	95%	√
Journal of Integrative Medicine(结合医学学报)	2095-4964	1.95	92%	√
High Power Laser Science and Engineering(高功率激光科学与工程)	2095-4719	2.57	88%	
Journal of Molecular Cell Biology(分子细胞生物学报)	1674-2788	4.58	86%	

续 表

刊　名	ISSN	CiteScore 2017	百分位	Top 10%
Asian Journal of Andrology（亚洲男性学杂志）	1008-682X	2.08	83%	
Acta Pharmacologica Sinica（中国药理学报）	1671-4083	3.19	82%	
Journal of Hydrodynamics（水动力学研究与进展 B 辑）	1001-6058	1.86	75%	

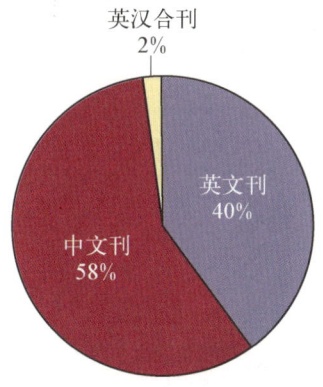

图 3-6　截至 2018 年 5 月被 Scopus 收录的上海科技类学术期刊文种分布概况

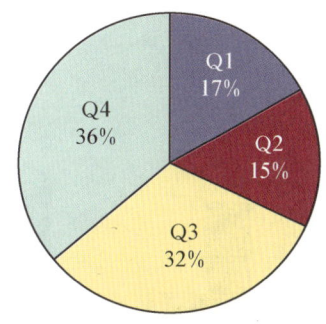

图 3-7　截至 2018 年 5 月被 Scopus 收录的上海科技类学术期刊分区概况

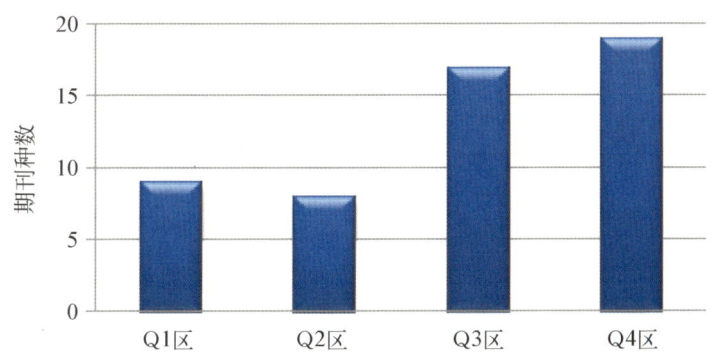

图 3-8　截至 2018 年 5 月被 Scopus 收录的上海科技类学术期刊分区概况

这53种期刊2015—2017年CiteScore指标平均值如表3-9和图3-9所示。由图表可以看出,2015—2017年,这53种期刊的CiteScore指标总体逐年增长。这53种期刊最新的CiteScore指标信息如表3-10所示。

表3-9 截至2018年5月被Scopus收录的上海科技类学术期刊2015—2017年CiteScore指标平均值概况

年 份	CiteScore	SJR	SNIP
2015	0.891 3	0.499 1	0.501 8
2016	0.982 6	0.544 6	0.515 0
2017	1.178 5	0.588 5	0.525 9

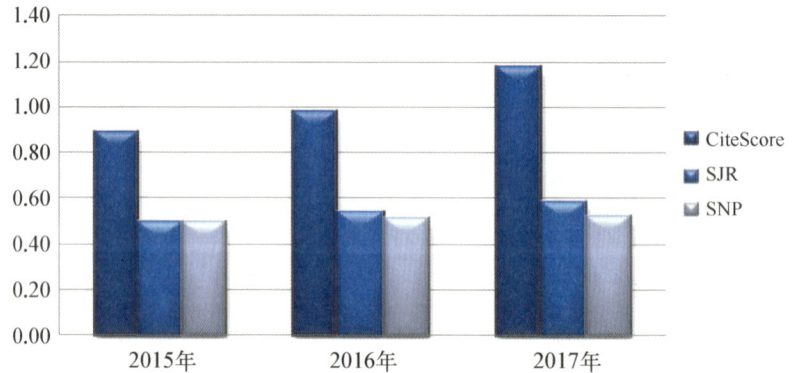

图3-9 截至2018年5月被Scopus收录的上海科技类学术期刊2015—2017年CiteScore指标平均值示意图

表3-10 截至2018年5月被Scopus收录的上海科技类学术期刊一览表（同一区内按CiteScore值排序）

刊 名	文种	ISSN	CiteScore 2017	SJR 2017	SNIP 2017	Citations 2017	分区
Cell Research（细胞研究）	英文	1001-0602	8.80	6.839	2.054	4 233	Q1
Nano-Micro Letters（纳微快报）	英文	2150-5551	5.91	1.554	1.688	786	Q1

续表

刊 名	文种	ISSN	CiteScore 2017	SJR 2017	SNIP 2017	Citations 2017	分区
Molecular Plant（分子植物）	英文	1674-2052	5.77	3.562	1.682	3 082	Q1
Journal of Molecular Cell Biology（分子细胞生物学报）	英文	1674-2788	4.58	3.043	1.421	797	Q1
Acta Pharmacologica Sinica（中国药理学报）	英文	1671-4083	3.19	1.173	0.985	1 591	Q1
High Power Laser Science and Engineering（高功率激光科学与工程）	英文	2095-4719	2.57	0.901	1.578	295	Q1
Asian Journal of Andrology（亚洲男性学杂志）	英文	1008-682X	2.08	0.856	0.916	1 365	Q1
Journal of Integrative Medicine（结合医学学报）	英文	2095-4964	1.95	0.570	1.481	222	Q1
Journal of Hydrodynamics（水动力学研究与进展 B 辑）	英文	1001-6058	1.86	0.768	1.203	604	Q1
Neuroscience Bulletin（神经科学通报）	英文	1673-7067	3.04	1.282	0.947	761	Q2
化学学报	中文	0567-7351	2.17	0.543	0.502	890	Q2
Acta Biochimica et Biophysica Sinica（生物化学与生物物理学报）	英文	1672-9145	2.12	0.790	0.572	877	Q2
Chinese Journal of Chemistry（中国化学）	英文	1001-604X	1.97	0.536	0.497	1 042	Q2
Advances in Manufacturing（先进制造进展）	英文	2095-3127	1.61	0.475	0.965	177	Q2
Applied Mathematics and Mechanics（English Edition）（应用数学和力学 英文版）	英文	0253-4827	1.49	0.461	0.840	545	Q2
Nuclear Science and Techniques（核技术 英文版）	英文	1001-8042	0.95	0.457	0.670	376	Q2

续 表

刊 名	文种	ISSN	CiteScore 2017	SJR 2017	SNIP 2017	Citations 2017	分区
生理学报	汉英	0371-0874	0.51	0.25	0.000	129	Q2
有机化学	中文	0253-2786	1.18	0.293	0.378	1 121	Q3
Chinese Optics Letters（中国光学快报）	英文	1671-7694	1.01	0.393	0.534	974	Q3
上海精神医学	中文	1002-0829	1.01	0.461	0.556	168	Q3
光学学报	中文	0253-2239	0.76	0.388	0.576	1 505	Q3
中国激光	中文	0258-7025	0.71	0.328	0.509	1 172	Q3
振动与冲击	中文	1000-3835	0.55	0.354	0.639	1 429	Q3
无机材料学报	中文	1000-324X	0.54	0.201	0.247	357	Q3
动力工程学报	中文	1674-7607	0.50	0.256	0.654	243	Q3
Chinese Annals of Mathematics，Series B（数学年刊B辑）	英文	0252-9599	0.47	0.275	0.455	96	Q3
Journal of Shanghai Jiaotong University（Science）（上海交通大学学报 英文版）	英文	1007-1172	0.37	0.143	0.287	122	Q3
建筑材料学报	中文	1007-9629	0.36	0.213	0.407	208	Q3
同济大学学报（自然科学版）	中文	0253-374X	0.35	0.248	0.388	308	Q3
上海交通大学学报	中文	1006-2467	0.26	0.194	0.270	259	Q3
核技术	中文	0253-3219	0.24	0.218	0.265	130	Q3
Journal of Acupuncture and Tuina Science（针灸推拿医学）	英文	1672-3597	0.24	0.211	0.511	56	Q3
Journal of Donghua University，English Edition（东华大学学报 英文版）	英文	1672-5220	0.17	0.142	0.108	100	Q3
上海口腔医学	中文	1006-7248	0.09	0.111	0.000	43	Q3
红外与毫米波学报	中文	1001-9014	0.45	0.211	0.398	156	Q4
医用生物力学	中文	1004-7220	0.40	0.202	0.482	111	Q4

续　表

刊　名	文种	ISSN	CiteScore 2017	SJR 2017	SNIP 2017	Citations 2017	分区
内燃机工程	中文	1000-0925	0.33	0.243	0.515	156	Q4
植物生理学报	中文	2095-1108	0.29	0.164	0.182	229	Q4
水产学报	中文	1000-0615	0.27	0.141	0.087	54	Q4
水动力学研究与进展	中文	1000-4874	0.26	0.254	0.391	74	Q4
建筑钢结构进展	中文	1671-9379	0.19	0.163	0.252	22	Q4
应用科学学报	中文	0255-8297	0.15	0.126	0.102	35	Q4
华东理工大学学报(自然科学版)	中文	1006-3080	0.12	0.107	0.120	49	Q4
中国造船	中文	1000-4882	0.11	0.130	0.214	53	Q4
腐蚀与防护	中文	1005-748X	0.08	0.115	0.087	16	Q4
上海理工大学学报	中文	1007-6735	0.08	0.106	0.055	25	Q4
中国医疗器械杂志	中文	1671-7104	0.07	0.103	0.000	19	Q4
中国感染与化疗杂志	中文	1009-7708	0.06	0.109	0.073	19	Q4
复旦学报(医学版)	中文	1672-8467	0.05	0.108	0.030	21	Q4
肿瘤	中文	1000-7431	0.05	0.108	0.027	18	Q4
法医学杂志	中文	1004-5619	0.05	0.104	0.032	12	Q4
胃肠病学	中文	1008-7125	0.04	0.107	0.027	—	Q4
中国肿瘤生物治疗杂志	中文	1007-385X	0.03	0.103	0.015	10	Q4

3.2.4　Medline 收录情况

Medline 是美国国立医学图书馆(The National Library of Medicine)开发的国际性综合生物医学信息书目数据库,是当前国际上最权威的生物医学文献数据库。内容包括美国"医学索引"(Index Medicus)的全部内容和"牙科文献索引"(Index to Dental Literature)、"国际护理索引"(International Nursing Index)的部分内容。截至 2018 年 7 月,上海被 Medline 收录的学术期刊共 11 种,具体期刊名单如表 3-11 所示。

表 3-11　上海学术期刊被 Medline 收录情况（按 CN 号排序）

刊　名	CN 号	ISSN 号	文种
生理学报	31-1352/Q	0371-0874	中英
Acta Pharmacologica Sinica（中国药理学报）	31-1347/R	1671-4083	英文
法医学杂志	31-1472/R	1004-5619	中文
Cell Research（细胞研究）	31-1568/Q	1001-0602	英文
上海口腔医学	31-1705/R	1006-7248	中文
Asian Journal of Andrology（亚洲男性学杂志）	31-1795/R	1008-682X	英文
Acta Biochimica et Biophysica Sinica（生物化学与生物物理学报）	31-1940/Q	1672-9145	英文
Neuroscience Bulletin（神经科学通报）	31-1975/R	1673-7067	英文
Journal of Molecular Cell Biology（分子细胞生物学报）	31-2002/Q	1674-2788	英文
Molecular Plant（分子植物）	31-2013/Q	1674-2052	英文
Journal of Integrative Medicine（结合医学学报）	31-2083/R	2095-4964	英文

3.2.5　北大核心收录情况

北大核心是由北京大学图书馆编制的中文核心期刊目录。北大核心收录期刊的标准十分严格，需要众多学术界权威专家鉴定以及国内几所大学的图书馆根据期刊的引文率、转载率、文摘率等指标来确定。确认核心期刊的标准也是由某些大学图书馆共同制定的，受到了学术界的广泛认同。北大核心目前一共推出七版，推出时间分别为1992年、1996年、2000年、2004年、2008年、2011年和2014年。2014年版北大核心共收录中文学术期刊1983种，其中科技类期刊1243种。据统计，计入本次统计范围的上海291种科技类学术期刊中，有89种被收录，占所有上海中文科技期刊（274种）的32.5%，占北大核心所收录科技期刊总数的 7.2%。

被 2014 年版北大核心收录的上海科技类学术期刊学科排名前三的期刊如表 3-12 所示,被北大核心收录的上海科技类学术期刊名单如表 3-13 所示。

表 3-12 北大核心(2014 版)学科排名前三的上海科技类学术期刊
(同一排名内按 CN 号排序)

排 名	刊 名	学 科
1	水产学报	水产、渔业
1	声学技术	声学工程
1	中国造船	水路运输
2	中国寄生虫学与寄生虫病杂志	基础医学
2	光学学报	物理
2	天文学进展	天文学
2	无机材料学报	工程材料学
2	肿瘤	肿瘤学
2	中国循证儿科杂志	儿科学
2	动力工程学报	能源与动力工程
3	化学学报	化学、晶体学
3	中国激光	物理
3	临床儿科杂志	儿科学
3	中国航海	水路运输
3	中国肿瘤生物治疗杂志	肿瘤学
3	介入放射学杂志	特种医学

表 3-13 被北大核心(2014 版)收录的上海科技类学术期刊一览表(按 CN 号排序)

刊 名	学 科	序号/总数
粮食与油脂	食品工业	14/21
中国医药工业杂志	药学	8/16

续 表

刊　名	学　科	序号/总数
印染	纺织工业、染整工业	4/10
中国寄生虫学与寄生虫病杂志	基础医学	2/24
光学学报	物理	2/21
内燃机工程	能源与动力工程	5/13
应用概率统计	数学	16/17
同济大学学报（自然科学版）	综合性科学技术	8/121
上海纺织科技	纺织工业、染整工业	5/10
船舶工程	水路运输	4/10
中华内分泌代谢杂志	内科学	5/24
水产学报	水产、渔业	1/12
解剖学杂志	基础医学	18/24
计算机工程	自动化技术、计算机技术	30/31
华东理工大学学报（自然科学版）	综合性科学技术	43/121
振动与冲击	力学	7/13
化学学报	化学、晶体学	3/23
有机化学	化学、晶体学	9/23
数学年刊 A 辑	数学	5/17
复旦学报（自然科学版）	综合性科学技术	79/121
机械工程材料	金属学与金属工艺	18/28
理化检验-化学分册	化学、晶体学	14/23
中国激光	物理	3/21
天文学进展	天文学	2/2
海洋渔业	水产、渔业	5/12
核技术	原子能技术	4/8

续 表

刊　　名	学　　科	序号/总数
生理学报	基础医学	10/24
结构工程师	建筑科学	32/37
无机材料学报	工程材料学	2/8
中华传染病杂志	内科学	22/24
上海医学	综合性医药卫生	32/37
中华消化杂志	内科学	16/24
中成药	中国医学	5/19
肿瘤	肿瘤学	2/9
应用激光	电子技术、通信技术	38/43
临床儿科杂志	儿科学	3/6
机械设计与研究	机械、仪表工业	10/27
中国航海	水路运输	3/10
水动力学研究与进展（A辑）	水利工程	5/15
应用科学学报	综合性科学技术	53/121
微特电机	电工技术	25/30
声学技术	声学工程	1/2
腐蚀与防护	金属学与金属工艺	24/28
上海交通大学学报	综合性科学技术	12/121
中国造船	水路运输	1/10
电镀与环保	基本无机化学工业/硅酸盐工业	5/10
锅炉技术	能源与动力工程	12/13
食品工业	食品工业	18/21
上海金属	金属学与金属工艺	22/28
红外与毫米波学报	电子技术、通信技术	8/43

续 表

刊　名	学　科	序号/总数
中国胶粘剂	其他化学工业	6/6
医用生物力学	基础医学	7/24
世界地理研究	地理学	18/19
功能高分子学报	化学、晶体学	21/23
中华手外科杂志	外科学	15/26
食用菌学报	园艺	6/9
激光与光电子学进展	电子技术、通信技术	11/43
华东师范大学学报(自然科学版)	综合性科学技术	51/121
中国医学计算机成像杂志	特种医学	8/11
实验室研究与探索	自然科学总论	11/15
上海大学学报(自然科学版)	综合性科学技术	73/121
中国肿瘤生物治疗杂志	肿瘤学	3/9
中国癌症杂志	肿瘤学	6/9
运筹学学报	数学	15/17
渔业现代化	水产、渔业	12/12
上海理工大学学报	综合性科学技术	113/121
中国新药与临床杂志	药学	13/16
城市轨道交通研究	铁路运输	6/11
中国卫生资源	预防医学、卫生学	17/27
建筑材料学报	建筑科学	13/37
介入放射学杂志	特种医学	3/11
力学季刊	力学	10/13
东华大学学报(自然科学版)	综合性科学技术	100/121
环境与职业医学	预防医学、卫生学	14/27

续 表

刊　名	学　科	序号/总数
复旦学报(医学版)	综合性医药卫生	15/37
建筑钢结构进展	建筑科学	16/37
现代免疫学	基础医学	17/24
中国工程机械学报	机械、仪表工业	23/27
城市规划学刊	建筑科学	7/37
电机与控制应用	电工技术	23/30
中国感染与化疗杂志	临床医学	6/19
上海海事大学学报	水路运输	6/10
中国循证儿科杂志	儿科学	2/6
系统管理学报	自然科学总论	15/15
上海海洋大学学报	水产、渔业	4/12
中国动物传染病学报	畜牧、动物医学、狩猎、蚕、蜂(除草地学、草原学)	16/18
动力工程学报	能源与动力工程	2/13
上海交通大学学报(医学版)	综合性医药卫生	17/37
植物生理学报	植物学	6/11

3.2.6 CSCD 收录情况

CSCD 来源期刊每两年遴选一次,每次遴选均采用定量与定性相结合的方法,定量数据来自中国科学引文数据库,定性评价则通过聘请国内专家对期刊进行定性评估。定量与定性综合评估结果确定了中国科学引文数据库来源期刊。

经过中国科学引文数据库(Chinese Science Citation Database, CSCD)的定量、定性评估,2015—2016 年度中国科学引文数据库收录来源期刊 1 200 种,其中英文期刊 194 种,中文期刊 1 006 种;核心库 872 种(以备注栏中 C 为标记),扩展库 328 种(以备注栏中 E 为标记)。2017—2018 年度中国科学引文数据库收录来源期刊 1 229 种,其中英文期刊 201 种,中文期刊 1 028 种;核心库 887 种,扩展库 342 种。

2015—2016 年度,中国科学引文数据库收录上海学术期刊 94 种,占上海科技类学术期刊总数的 31.80%,其中核心库 64 种,扩展库 30 种。2017—2018 年度,中国科学引文数据库收录上海学术期刊 100 种,占上海科技类学术期刊总数的 33.80%,其中核心库 68 种(较 2015—2016 年度增加 4 种,增加 6.25%),扩展库 32 种(较 2015—2016 年度增加 2 种,增加 6.67%)。如图 3-10 所示。

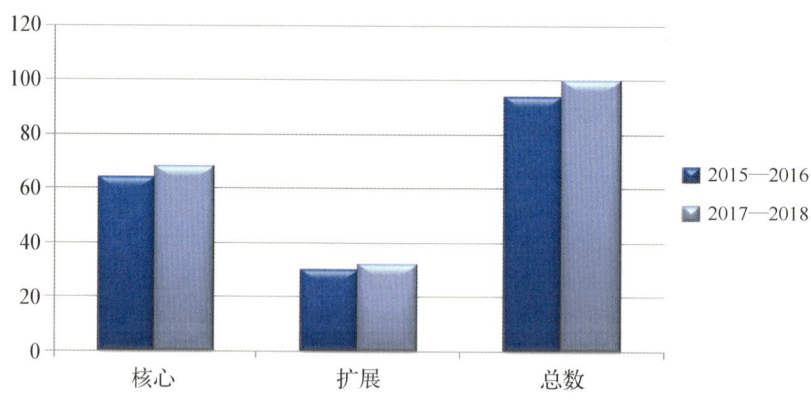

图 3-10 2015—2016 年度与 2017—2018 年度 CSCD 收录上海科技类学术期刊情况

2017—2018 年度被 CSCD 收录的上海学术期刊 100 种,具体如表 3-14 所示。

表 3-14 2017—2018 年度被 CSCD 收录的上海学术期刊一览表(按 CN 号排序)

刊　　名	2017—2018 CSCD-C	2017—2018 CSCD-E
中国寄生虫学与寄生虫病杂志	√	
光学学报	√	
内燃机工程	√	

续　表

刊　名	2017—2018 CSCD-C	2017—2018 CSCD-E
辐射研究与辐射工艺学报	√	
同济大学学报(自然科学版)	√	
中华内分泌代谢杂志	√	
水产学报	√	
华东师范大学学报(自然科学版)	√	
振动与冲击	√	
化学学报	√	
有机化学	√	
数学年刊 A 辑(中文版)	√	
Chinese Annals of Mathematics, Series B(数学年刊 B 辑)	√	
复旦学报(自然科学版)	√	
中国激光	√	
天文学进展	√	
海洋渔业	√	
核技术	√	
Acta Pharmacologica Sinica(中国药理学报)	√	
生理学报	√	
无机材料学报	√	
中华传染病杂志	√	
中华消化杂志	√	
肿瘤	√	
临床儿科杂志	√	
水动力学研究与进展	√	

续　表

刊　　名	2017—2018 CSCD - C	2017—2018 CSCD - E
应用科学学报	√	
声学技术	√	
上海交通大学学报	√	
中国造船	√	
Chinese Journal of Chemistry（中国化学）	√	
Nuclear Science and Techniques（核技术 英文版）	√	
Journal of Hydrodynamics（水动力学研究与进展 B 辑）	√	
上海精神医学	√	
Cell Research（细胞研究）	√	
红外与毫米波学报	√	
生命科学	√	
医用生物力学	√	
功能高分子学报	√	
Applied Mathematics and Mechanics (English Edition)（应用数学和力学 英文版）	√	
中华手外科杂志	√	
激光与光电子学进展	√	
中国医学计算机成像杂志	√	
中国癌症杂志	√	
运筹学学报	√	
极地研究	√	
建筑材料学报	√	

续 表

刊 名	2017—2018 CSCD-C	2017—2018 CSCD-E
Asian Journal of Andrology（亚洲男性学杂志）	√	
介入放射学杂志	√	
信息网络安全	√	
环境与职业医学	√	
复旦学报（医学版）	√	
Chinese Optics Letters（中国光学快报）	√	
建筑钢结构进展	√	
Journal of Acupuncture and Tuina Science（针灸推拿医学）	√	
Acta Biochimica et Biophysica Sinica（生物化学与生物物理学报）	√	
中国感染与化疗杂志	√	
中国循证儿科杂志	√	
Neuroscience Bulletin（神经科学通报）	√	
系统管理学报	√	
Journal of Molecular Cell Biology（分子细胞生物学报）	√	
Molecular Plant（分子植物）	√	
中国细胞生物学学报	√	
动力工程学报	√	
上海交通大学学报（医学版）	√	
Advances in Manufacturing（先进制造进展）	√	
High Power Laser Science and Engineering（高功率激光科学与工程）	√	

续　表

刊　　名	2017—2018 CSCD - C	2017—2018 CSCD - E
Journal of Integrative Medicine（结合医学学报）	√	
中国医药工业杂志		√
应用概率统计		√
化学世界		√
船舶工程		√
解剖学杂志		√
计算机工程		√
机械工程材料		√
理化检验-化学分册		√
噪声与振动控制		√
中成药		√
应用激光		√
机械设计与研究		√
生命的化学		√
中国航海		√
上海农业学报		√
法医学杂志		√
上海航天		√
电镀与环保		√
食用菌学报		√
华东理工大学学报（自然科学版）		√
上海口腔医学		√
上海大学学报（自然科学版）		√
中国肿瘤生物治疗杂志		√

续 表

刊　　名	2017—2018 CSCD-C	2017—2018 CSCD-E
中国新药与临床杂志		√
中国男科学杂志		√
力学季刊		√
中华航海医学与高气压医学杂志		√
东华大学学报(自然科学版)		√
现代免疫学		√
城市规划学刊		√
上海海洋大学学报		√
植物生理学报		√

3.2.7 上海科技类学术期刊在《中国科技期刊引证报告(扩刊版)》中的概况

《中国科技期刊引证报告(扩刊版)》是依托中国科学技术信息研究所国家工程技术数字图书馆"知识服务"系统,在"万方数据——数字化期刊群"基础上,结合CSTPCD,以我国正式出版的各学科中英文期刊为统计源(暂不包括少数民族语种期刊和港、澳、台地区出版的期刊),对全部期刊的引文数据,严格按题名、作者、刊名、年、卷、期、页等项目切分后,进行规范化处理和有效链接,经统计分析而成。《中国科技期刊引证报告(扩刊版)》为《中国科技期刊引证报告(核心版)》提供所有来源期刊的基础数据,两者编制体例和统计原则完全一致,所列中国科技核心期刊的期刊来源计量指标、期刊被引计量指标,仅由于引文统计样本的差异而有所不同。严格地说,《中国科技期刊引证报告(核心版)》统计期刊种数和统计源范围均较《中国科技期刊引证报告(扩刊版)》小。因而,对一般科技期刊而言,《中国科技期刊引证报告(扩刊版)》的结果更具广泛性。

上海学术期刊在2015—2017年《中国科技期刊引证报告(扩刊版)》中的影响因子、总被引频次、发文量、引文数和基金论文比概况如图3-

11至图3-15和表3-15至表3-19所示。需要指明的是,考虑到语种和数据库之间的关系,在统计和分析影响因子和总被引频次的时候,只考虑中文学术期刊。此外,鉴于统计数据源中数据限制(如期刊与统计源数据库外的其他数据库签订独家收录协议),在统计的时候,仅考虑有数据的期刊。

图3-11给出了2015—2017年《中国科技期刊引证报告(扩刊版)》中上海中文科技类学术期刊的平均影响因子概况。由图可知,2015—2017年《中国科技期刊引证报告(扩刊版)》中,上海中文科技类学术期刊的平均影响因子逐年上升,2015年为0.561,2016年上升为0.573,2017年进一步上升为0.641。

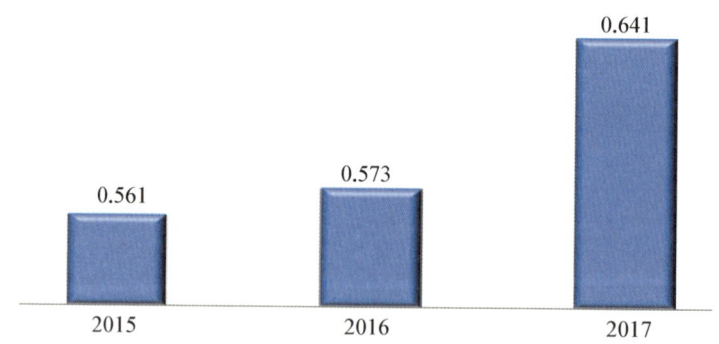

图3-11 2015—2017年上海中文科技类学术期刊平均影响因子概况

表3-15和表3-16分别给出了2017年《中国科技期刊引证报告(扩刊版)》中影响因子排名前三的上海科技类学术期刊名单和2017年《中国科技期刊引证报告(扩刊版)》中影响因子排名Top10%的上海科技类学术期刊名单。

由表3-15可知,在2017年《中国科技期刊引证报告(扩刊版)》中,上海中文科技类学术期刊影响因子排名学科第1的有《城市规划学刊》、《光学学报》、《口腔颌面外科杂志》、《制冷技术》、《中国感染与化疗杂志》和《中国寄生虫学与寄生虫病杂志》,其中3种期刊刊文与医学有关,占总数的50%;影响因子学科排名第2的有《动力工程学报》、《华东师范大学学报(自然科学版)》《检验医学》《介入放射学杂志》《临床儿科杂志》和《中国激光》,其中3种期刊刊文与医学有关,占总数的50%;影响因子学科排名第3的有《辐射研究与辐射工艺学报》《水产学报》《医用生物力学》《植物生理学报》《中国男科学杂志》《中华航海医学与高气压医学杂志》和《中华内分泌代谢杂志》,4种期刊与医学相关,占总数的57%。由此可见,上海医学类中文学术期刊的发展在全国同学科期刊中影响力较大,表现突出。

表3-15　2017年影响因子排名前三的上海中文科技类学术期刊列表
（同一排名内按CN号排序）

排名	刊　名	CN号	学　科
1	中国寄生虫学与寄生虫病杂志	31-1248/R	基础医学
	光学学报	31-1252/O4	物理学
	制冷技术	31-1492/TB	动力工程
	口腔颌面外科杂志	31-1671/R	口腔医学
	城市规划学刊	31-1938/TU	建筑科学与技术
	中国感染与化疗杂志	31-1965/R	感染性疾病学、传染病学
2	华东师范大学学报(自然科学版)	31-1298/N	自然科学师范大学学报
	中国激光	31-1339/TN	光电子学与激光技术
	临床儿科杂志	31-1377/R	儿科学
	介入放射学杂志	31-1796/R	核医学、医学影像学
	检验医学	31-1915/R	临床诊断学
	动力工程学报	31-2041/TK	动力工程
3	辐射研究与辐射工艺学报	31-1258/TL	核科学技术
	中华内分泌代谢杂志	31-1282/R	内分泌病学与代谢病学、风湿病学
	水产学报	31-1283/S	水产学
	医用生物力学	31-1283/S	力学
	中国男科学杂志	31-1762/R	性医学

续 表

排名	刊　名	CN 号	学　科
3	中华航海医学与高气压医学杂志	31-1762/R	军事医学与特种医学
	植物生理学报	31-2055/Q	植物学

由表 3-16 可知,在 2017 年《中国科技期刊引证报告(扩刊版)》中,上海中文科技类学术期刊影响因子学科排名百分位 Top10% 以内的期刊有《城市规划学刊》、《光学学报》、《中国寄生虫学与寄生虫病杂志》、《华东师范大学学报(自然科学版)》、《制冷技术》、《口腔颌面外科杂志》、《动力工程学报》、《介入放射学杂志》、《供用电》、《同济大学学报(自然科学版)》、《中国感染与化疗杂志》、《中成药》和《中国造船》。

表 3-16　2017 年影响因子学科排名百分位 Top10% 的上海科技类学术期刊列表(按 CN 号排序)

刊　名	CN 号	学　科
中国寄生虫学与寄生虫病杂志	31-1248/R	基础医学
光学学报	31-1252/O4	物理学
同济大学学报(自然科学版)	31-1267/N	工程技术大学学报
华东师范大学学报(自然科学版)	31-1298/N	自然科学师范大学学报
中成药	31-1368/R	中药学
供用电	31-1467/TM	电气工程
制冷技术	31-1492/TB	动力工程
中国造船	31-1497/U	水路运输
口腔颌面外科杂志	31-1671/R	口腔医学
介入放射学杂志	31-1796/R	核医学、医学影像学
城市规划学刊	31-1938/TU	建筑科学与技术
中国感染与化疗杂志	31-1965/R	感染性疾病学、传染病学
动力工程学报	31-2041/TK	动力工程

图3-12给出了2015—2017年《中国科技期刊引证报告(扩刊版)》中上海中文科技类学术期刊平均总被引频次概况。由图可知,2015—2017年,上海市中文科技类学术期刊的平均总被引频次逐年增长。

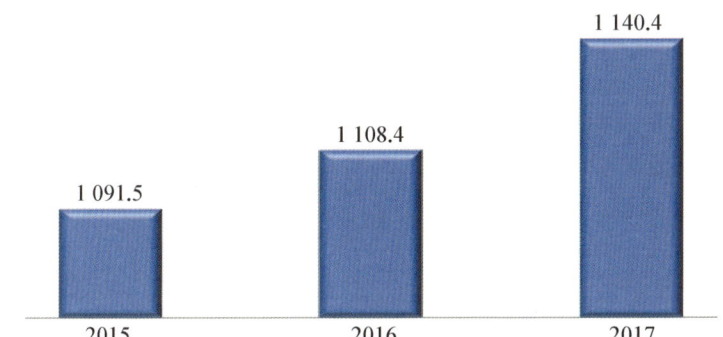

图3-12 2015—2017年上海中文科技类学术期刊平均总被引频次概况

表3-17给出了2017年《中国科技期刊引证报告(扩刊版)》总被引频次排名前三的上海中文科技类学术期刊名单。由表可知,《口腔颌面外科杂志》、《理化检验-化学分册》、《水产学报》和《中国激光》总被引频次学科排名第1;《动力工程学报》、《印染》、《中国感染与化疗杂志》、《中华消化杂志》、《中华内分泌代谢杂志》、《同济大学学报(自然科学版)》、《上海针灸杂志》、《光学学报》、《振动与冲击》、《计算机工程》和《实验室研究与探索》总被引频次学科排名第2;《内燃机工程》、《中国男科学杂志》、《临床儿科杂志》、《植物生理学报》总被引频次学科排名第3。

表3-17 2017年总被引频次排名前三的上海中文科技类学术期刊列表(按CN号排序)

排名	刊　　名	CN号	学　　科
1	水产学报	31-1283/S	水产学
	理化检验-化学分册	31-1337/TB	冶金工程技术
	中国激光	31-1339/TN	光电子学与激光技术
	口腔颌面外科杂志	31-1671/R	口腔医学

续　表

排名	刊　名	CN 号	学　科
2	印染	31-1245/TS	纺织科学技术
	光学学报	31-1252/O4	物理学
	同济大学学报(自然科学版)	31-1267/N	工程技术大学学报
	中华内分泌代谢杂志	31-1282/R	内分泌病学与代谢病学、风湿病学
	计算机工程	31-1289/TP	计算机科学技术
	振动与冲击	31-1316/TU	机械工程设计
	上海针灸杂志	31-1317/R	针灸、中医骨伤
	中华消化杂志	31-1367/R	消化病学
	实验室研究与探索	31-1707/T	管理学
	中国感染与化疗杂志	31-1965/R	感染性疾病学、传染病学
	动力工程学报	31-2041/TK	动力工程
3	内燃机工程	31-1255/TK	动力工程
	临床儿科杂志	31-1377/R	儿科学
	中国男科学杂志	31-1762/R	性医学
	植物生理学报	31-2055/Q	植物学

表 3-18 列出了 2017 年《中国科技期刊引证报告(扩刊版)》中总被引频次学科排名百分位 Top10% 的上海中文科技类学术期刊。由表可知，2017 年总被引频次排名百分位 Top10% 的上海中文科技类学术期刊有《同济大学学报(自然科学版)》、《理化检验-化学分册》、《上海交通大学学报》、《计算机工程》、《口腔颌面外科杂志》、《水产学报》、《光学学报》、《实验室研究与探索》、《振动与冲击》、《动力工程学报》、《中国激光》、《印染》、《内燃机工程》、《城市道桥与防洪》。

图 3-13 给出了 2015—2017 年《中国科技期刊引证报告(扩刊版)》中上海中文科技类学术期刊的平均年发文量概况。由图可知，2015 年上海中文科技类学术期刊平均年发文量为 165.8 篇，2016 年为 167.7 篇，

2017年降为162.2篇。总体而言,数值变化不大,但有减少的趋势。

表3‑18　2017年总被引频次排名百分位Top10%的上海中文科技类学术期刊列表(按CN号排序)

刊　名	CN号	学　科
印染	31-1245/TS	纺织科学技术
光学学报	31-1252/O4	物理学
内燃机工程	31-1255/TK	动力工程
同济大学学报(自然科学版)	31-1267/N	工程技术大学学报
水产学报	31-1283/S	水产学
计算机工程	31-1289/TP	计算机科学技术
振动与冲击	31-1316/TU	机械工程设计
理化检验-化学分册	31-1337/TB	冶金工程技术
中国激光	31-1339/TN	光电子学与激光技术
上海交通大学学报	31-1466/U	工程技术大学学报
城市道桥与防洪	31-1602/U	交通运输工程
口腔颌面外科杂志	31-1671/R	口腔医学
实验室研究与探索	31-1707/T	管理学
动力工程学报	31-2041/TK	动力工程

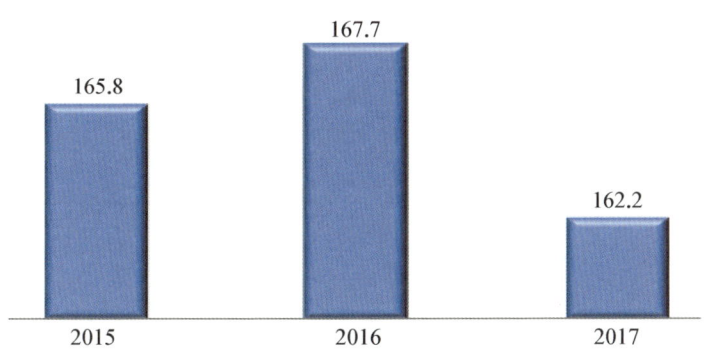

图3‑13　2015—2017年上海中文科技类学术期刊平均年发文量

表 3-19 列出了 2017 年发文量超过 400 的上海中文科技类学术期刊名单。在 2017 年发文量超过 400 的上海中文科技类学术期刊名单中,《食品工业》发文最多,为 927 篇;其次是《计算机应用与软件》,发文 914 篇。年发文量 700～900 的有 4 种,600～700 的有 3 种,500～600 的有 2 种。2017 年发文超过 400 篇的上海中文科技类学术期刊共 15 种。

表 3-19　2017 年发文超过 400 篇的上海中文科技类学术期刊列表(按 CN 号排序)

刊　　名	CN 号	学　　科
上海农业科技	31-1240/S	农业综合
光学学报	31-1252/O4	物理学
计算机应用与软件	31-1260/TP	计算机科学技术
计算机工程	31-1289/TP	计算机科学技术
振动与冲击	31-1316/TU	机械工程设计
上海针灸杂志	31-1317/R	针灸、中医骨伤
建筑施工	31-1334/TU	建筑科学与技术
中国激光	31-1339/TN	光电子学与激光技术
中成药	31-1368/R	中药学
食品工业	31-1532/TS	食品科学技术
城市道桥与防洪	31-1602/U	交通运输工程
上海医药	31-1663/R	医学综合
激光与光电子学进展	31-1690/TN	光电子学与激光技术
实验室研究与探索	31-1707/T	管理学
中西医结合护理	31-2114/R	医学综合

图 3-14 和 3-15 分别给出了 2015—2017 年《中国科技期刊引证报告(扩刊版)》中上海中文科技类学术期刊平均引文数和平均基金论文比。由图可知,2015—2017 年,上海中文科技类学术期刊的平均引文数先减小后增加,但平均基金论文比逐年上升。

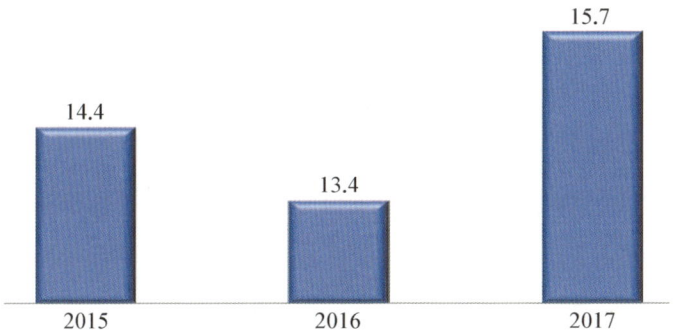

图 3‑14　2015—2017 年上海中文科技类学术期刊平均引文数

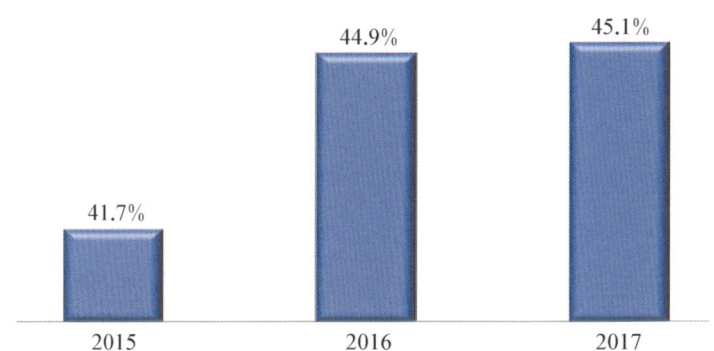

图 3‑15　2015—2017 年上海中文科技类学术期刊平均基金论文比

3.2.8　入选"最具国际影响力"科技类学术期刊概况

自 2012 年起,《中国学术期刊(光盘版)》电子杂志社有限公司和清华大学图书馆每年联合研制《中国学术期刊国际引证年报》,遴选发布当年的"中国最具国际影响力学术期刊"、"中国国际影响力优秀学术期刊"名单。遴选采用综合评价指标——期刊影响力指数(CI),该指数同时考虑了期刊影响因子(IF)、总被引频次(TC)两个指标,有效避免了使用影响因子单指标评价期刊的局限性,可综合反映学术期刊的学术影响力和质量水平。"最具"、"优秀"分别为按 CI 数值从大到小排位 Top5％以内和 Top5％—10％的期刊。

2017年的《中国学术期刊国际引证年报》以2016年出版的国际主流学术期刊文献为统计源,包括Web of Science数据库收录期刊和国际知名的1762种社科期刊,共计20 192种,统计了中国出版的6 210种学术期刊的国际被引频次。入选"2017中国最具国际影响力学术期刊"和"2017中国国际影响力优秀学术期刊"的上海学术期刊如表3-20和表3-21所示。

表3-20 2017年上海入选"中国最具国际影响力学术期刊"(自然科学与工程技术)的学术期刊名单(按排名排序)

刊 名	刊 号	排名/总数
Cell Research(细胞研究)	31-1568/Q	1/175
Molecular Plant(分子植物)	31-2013/Q	3/175
Acta Pharmacologica Sinica(中国药理学报)	31-1347/R	7/175
Journal of Molecular Cell Biology(分子细胞生物学)	31-2002/Q	16/175
Asian Journal of Andrology(亚洲男性学杂志)	31-1795/R	22/175
Acta Biochimica et Biophysica Sinica(生物化学与生物物理学报)	31-1940/Q	26/175
Nano-Micro Letters(纳微快报)	31-2103/TB	28/175
Chinese Journal of Chemistry(中国化学)	31-1547/O6	40/175
化学学报	31-1320/O6	49/175
Neuroscience Bulletin(神经科学通报)	31-1975/R	57/175
Applied Mathematics and Mechanics(English Edition)(应用数学和力学 英文版)	31-1650/O1	67/175
Chinese Optics Letters(中国光学快报)	31-1890/O4	70/175
Journal of Integrative Medicine(结合医学学报)	31-2083/R	71/175
High Power Laser Science and Engineering(高功率激光科学与工程)	31-2078/O4	91/175

续 表

刊 名	刊 号	排名/总数
Journal of Hydrodynamics（水动力学研究与进展B辑）	31-1563/T	96/175
有机化学	31-1321/O6	118/175

表3-21 2017年上海入选"中国最具国际影响力优秀学术期刊"（自然科学与工程技术）的学术期刊名单（按排名排序）

刊 名	刊 号	排 名
光学学报	31-1252/O4	21/175
计算机工程	31-1289/TP	31/175
无机材料学报	31-1363/TQ	33/175
振动与冲击	31-1316/TU	38/175
上海精神医学	31-1564/R	64/175
Chinese Annals of Mathematics, Series B（数学年刊B辑）	31-1329/O1	76/175
生理学报	31-1352/Q	84/175
中国激光	31-1339/TN	107/175
水产学报	31-1283/S	153/175
同济大学学报（自然科学版）	31-1267/N	157/175
上海交通大学学报	31-1466/U	164/175
中国寄生虫学与寄生虫病杂志	31-1248/R	168/175

由表可知，2017年遴选出的175种"2017中国最具国际影响力学术期刊"中，上海科技类学术期刊有16种，占所有遴选出的期刊总数的9.1%，占上海科技类学术期刊（此次统计源291种）的5.5%；遴选出的175种"中国国际影响力优秀学术期刊"期刊中，上海科技类学术期刊有12种，合计入选28种，占比8.0%，成绩喜人。值得一提的是，Cell Research在175种入选"2017中国最具国际影响力学术期刊"中排第一

位,且在之前的历年"中国最具国际影响力学术期刊"名单中,都排名第一位。由表 3-20 还可看出,175 种"2017 中国最具国际影响力学术期刊"中,排名前 10 位的上海学术期刊有 3 种,占总数的 30%,在所有入选期刊的地区排名中名列前茅。

3.3 获得国家级奖项情况

"中国出版政府奖"是我国新闻出版行业最高奖项,自 2008 年首次颁奖后,每三年评选一次。在 2017 年第四届中国出版政府奖评选中,上海科技类学术期刊 *Acta Pharmacologica Sinica* 获得"中国出版政府奖期刊奖"。此前,在 2011 年的"第二届中国出版政府奖"评选中,*Cell Research* 获得"中国出版政府奖期刊奖提名奖";在 2014 年的"第三届中国出版政府奖评"选中,*Cell Research* 获得"中国出版政府奖期刊奖"。

"百强报刊"是新闻出版行业仅次于"中国出版政府奖"的奖项,每两年评选一次,每次评选出 100 种科技类期刊和 100 种社科类期刊。在 2017 年中国"百强报刊"的评选活动中,上海 7 种科技类学术期刊入选全国"百强科技期刊",分别为《光学学报》、《印染》、《水产学报》、*Acta Pharmacologica Sinica*、《无机材料学报》、*Cell Research*、《上海大学学报(自然科学版)》。上海入选期刊总数位于全国各省、自治区、直辖市前列。此前,在 2015 年中国"百强报刊"的评选活动中,上海有 10 种科技类学术期刊入选全国"百强科技期刊",分别为《印染》、《水产学报》、《化学学报》、《中国激光》、*Acta Pharmacologica Sinica*、《无机材料学报》、*Cell Research*、*Applied Mathematics and Mechanics*(*English Edition*)、*Molecular Plant*、*Journal of Sport and Health Science*;在 2013 年中国"百强报刊"的评选活动中,上海有 8 种科技类学术期刊入选全国"百强科技期刊",分别为《同济大学学报(自然科学版)》、《印染》、《化学学报》、《中国激光》、*Acta Pharmacologica Sinica*、《无机材料学报》、*Cell Research*、*Molecular Plant*。

3.4 小结

在中国科协、财政部、教育部、国家新闻出版广电总局、中国科学院、中国工程院以及上海市教委、上海市新闻出版局、上海市期刊协会和上海市科技期刊学会的政策指引和帮助下,近年来上海科技类学术期刊发展迅速,成绩显著。

截至2018年7月底,上海共有19种科技类学术期刊被国际顶尖评价体系SCI收录,其中,影响因子排名位于所在学科收录期刊Q1区的有8种,占所有被收录期刊的42.1%。*Cell Research* 的影响因子连续三年在我国所有被SCI收录期刊中排名第一。*Asian Journal of Andrology* 连续三年在国际同类学科所有期刊中影响因子排名第一。中国学术文献国际评价中心和清华大学图书馆一年一度发布的《中国学术期刊国际引证年报》显示,*Cell Research* 自2012年起,已经连续六年国际影响力指数在所有"中国最具国际影响力学术期刊(自然科学与工程技术)"中排名第一。上海科技类学术期刊在国际化发展道路上稳健前行。

在全国期刊重要奖项评比中,上海科技类学术期刊表现出色。在第四届"中国出版政府奖"和2017年的"百强报刊"评选中,上海科技类学术期刊均取得了出色的成绩。

秉承砥砺奋进、稳健前行的精神,上海科技类学术期刊严格遵守各项出版政策法规,坚持执行"三校一读"的编辑出版流程,将刊文的质量作为期刊发展的根本,不断吸取国内外优秀同行的办刊经验,自觉担负起引领学科建设的任务,立足科技发展,聚焦科技前沿,持续助力中国特色科技建设和繁荣发展。

第4章
上海人文社科类学术期刊影响力概况

4.1 上海人文社科类学术期刊引证指标情况(2015—2017)

《中国科技期刊引证报告(扩刊版)》提供了期刊的影响因子及学科排名、发文量、引文数和基金论文比等相关指标,下文将描述上海人文社科类学术期刊在相关指标上的分布和发展情况。需要指出的是,考虑到语种和数据库之间的关系,在统计和分析影响因子和总被引频次时,只考虑中文学术期刊。此外,鉴于统计数据源中部分数据限制(如期刊与统计源数据库外的其他数据库签订独家收录协议,①或新创的期刊部分年份数据缺失),在统计的时候,仅考虑有数据的期刊。

在 2015—2017 年《中国科技期刊引证报告(扩刊版)》中,上海人文社科类学术期刊的年度平均影响因子如图 4-1 所示。统计结果显示,上海人文社科类学术期刊的平均影响因子 2015 年为 0.87,2016 年上升为 1.05,2017 年进一步上升为 1.19,表明上海人文社科类学术期刊近三年的影响力呈上升趋势。

---

① 纳入此次统计的上海 124 种人文社科类学术期刊中,有 23 种期刊的数据完全未显示在《中国科技期刊引证报告(扩刊版)》中,按拼音排序分别是:《地理教学》、《东方翻译》、*Fudan Journal of the Humanities and Social Sciences*(English Edition)、《高等学校文科学术文摘》、《公共艺术》、《国际关系研究》、《交大法学》、《教育参考》、《上海保险》、《上海工艺美术》、《上海教育评估研究》、《上海课程教学研究》、《上海文化》、《书法》、《书法研究》、《数学教学》、《思想理论教育》、《外语测试与教学》、《小学数学教师》、《艺术当代》、《质量与标准化》、《中国货币市场》、《中国浦东干部学院学报》。

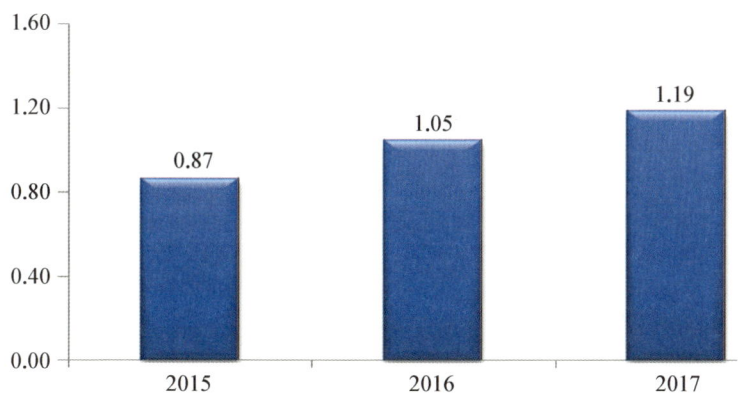

图 4-1　2015—2017 年上海人文社科类学术期刊年度平均影响因子

在 2017 年《中国科技期刊引证报告（扩刊版）》中，上海人文社科类学术期刊影响因子及其学科排名数据未缺失的共 94 种，其中，期刊影响因子在各学科中排名前三（绝对排名）以及排名 Top10%（相对排名）的期刊名单分别如表 4-1、表 4-2 所示。

由表 4-1 可知，在提供了影响因子及其学科排名的 94 种上海人文社科类学术期刊中，有 3 种期刊的影响因子在本学科中排名第 1，分别为《开放教育研究》、《外语电化教学》、《外语界》；有 6 种期刊的影响因子在本学科中排名第 2，按拼音排序分别为《德国研究》、《青少年犯罪问题》、《上海行政学院学报》、《上海体育学院学报》、《社会》和《新闻记者》。

表 4-1　2017 年影响因子学科排名前二位的上海人文社科类学术期刊
（同一排名内按影响因子大小排序）

排名	刊　名	影响因子	学　科
1	外语电化教学	7.29	语言学综合
1	开放教育研究	6.95	成人教育学、职业技术教育学
1	外语界	4.93	外国语言学
2	社会	3.97	社会学综合
2	新闻记者	2.38	新闻学与传播学
2	上海体育学院学报	2.01	体育科学

续 表

排名	刊 名	影响因子	学 科
2	德国研究	1.67	社会科学综合
	上海行政学院学报	1.54	政治大学学报
	青少年犯罪问题	1.23	部门法学、刑事侦查学、司法鉴定学

由于各学科涵盖的期刊数量不同,仅比较期刊影响因子在学科中的绝对名次不足以反映一流学术期刊的分布情况,因此,表4-2以各学科的期刊数量为基础,列出了影响因子学科排名Top10%的人文社科类学术期刊,作为期刊影响因子学科排名的相对分布,与表4-1共同反映了上海优秀人文社科类学术期刊的分布情况。由表4-2可知,在94种上海人文社科类学术期刊中,影响因子的学科排名位于全国前10%的期刊共19种,占比20.21%,表明上海人文社科类学术期刊整体的影响力水平较高。

表4-2 2017年影响因子学科排名Top10%的上海人文社科类学术期刊(按CN号排序)

刊 名	CN号	学 科	排名/总数
上海体育学院学报	31-1005/G8	体育科学	2/44
华东师范大学学报(哲学社会科学版)	31-1010/C	社会科学师范大学学报	5/81
财经研究	31-1012/F	经济学综合	8/106
外语电化教学	31-1036/G4	语言学综合	1/53
外语界	31-1040/H	外国语言学	1/20
社会科学	31-1112/Z	社会科学综合	10/114
上海师范大学学报(哲学社会科学版)	31-1120/C	社会科学师范大学学报	7/81
社会	31-1123/C	社会学综合	2/30
新闻记者	31-1171/G2	新闻学与传播学	2/39

续 表

刊　名	CN号	学　科	排名/总数
探索与争鸣	31-1208/C	社会科学综合	5/114
开放教育研究	31-1724/G4	成人教育学、职业技术教育学	1/111
教育发展研究	31-1772/G4	教育学综合	13/194
上海行政学院学报	31-1815/G4	政治大学学报	2/113
上海财经大学学报	31-1817/C	社会科学综合大学学报	4/266
全球教育展望	31-1842/G4	教育学综合	16/194
复旦教育论坛	31-1891/G4	教育学综合	9/194
基础教育	31-1914/G4	学前教育学、普通教育学	9/118
上海翻译	31-1937/H	语言学综合	4/53
德国研究	31-2032/C	社会科学综合	2/114

在2015—2017年《中国科技期刊引证报告(扩刊版)》中,上海人文社科类学术期刊平均年发文量如图4-2所示。统计结果表明,2015年上海人文社科类学术期刊平均年发文量为119.41篇,2016年为129.73篇,2017年下降为118.74篇。总体而言,2015—2017年,上海人文社科类学术期刊平均年发文量呈先增后减的趋势。

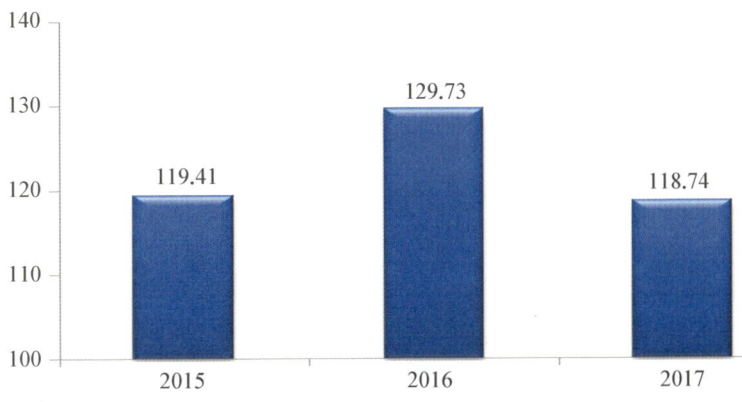

图4-2　2015—2017年上海人文社科类学术期刊平均年发文量

2017年上海人文社科类学术期刊平均年发文量为118.74,以此为基础,表4-3列出了2017年发文量小于等于59(118.74除以2取整数)或大于等于236(118.74乘以2取整数)的期刊,以呈现发文量相对较少和相对较多的期刊。通过数据分析,在上海人文社科类学术期刊中,2017年发文量小于等于59的期刊共15种,其中发文量最少的期刊是《德国研究》,刊发文章34篇;2017年发文量大于等于236的期刊共6种,其中发文量最多的期刊是《生物学教学》,刊发文章529篇。由此可知,上海人文社科类学术期刊发文量存在较大差异。

表4-3-1 2017年发文量低于59篇的上海人文社科类学术期刊
（按发文数量排序）

刊　名	学　科	发文/篇
德国研究	社会科学综合	34
世界经济文汇	经济学综合	40
东华大学学报（社科版）	社会科学综合大学学报	43
旅游科学	工商业经济学	43
俄罗斯研究	国际政治学、外交学	45
上海市经济管理干部学院学报	政治大学学报	46
阿拉伯世界研究	国际政治学、外交学	48
国际展望	国际政治学、外交学	48
会计与经济研究	会计学、审计学	48
上海对外经贸大学学报	经济大学学报	49
国际商务研究	工商业经济学	52
社会	社会学综合	55
当代修辞学	语言学综合	56
青年学报	政治大学学报	59
中华文史论丛	历史学	59

表 4-3-2 2017 年发文量高于 236 篇的上海人文社科类学术期刊
（按发文数量排序）

刊　名	学　科	发文/篇
上海教育科研	教育学综合	268
探索与争鸣	社会科学综合	272
教育发展研究	教育学综合	280
化学教学	学前教育学、普通教育学	293
物理教学	教育学综合	311
生物学教学	学前教育学、普通教育学	529

图 4-3 和 4-4 分别给出了 2015—2017 年《中国科技期刊引证报告（扩刊版）》中上海人文社科类学术期刊年平均引文数和平均基金论文比。

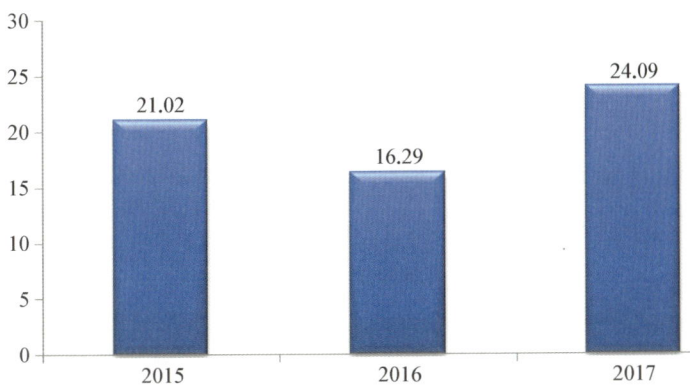

图 4-3　2015—2017 年上海人文社科类学术期刊年平均引文数

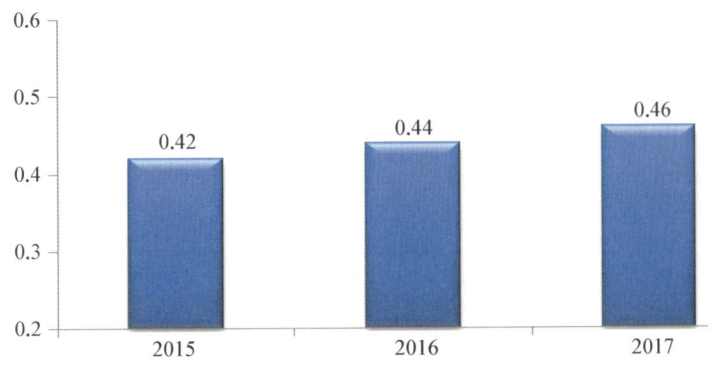

图 4-4　2015—2017 年上海人文社科类学术期刊年平均基金论文比

由图可知，2015—2017年，上海人文社科类学术期刊的年平均引文数先减少后增加，没有明显的变化规律；年平均基金论文比逐年稳定上升。

4.2 上海人文社科类学术期刊被数据库收录情况

4.2.1 中文社会科学引文索引(CSSCI)收录情况

中文社会科学引文索引（Chinese Social Sciences Citation Index，CSSCI)是由南京大学投资建设、中国社会科学研究评价中心开发研制的人文社会科学引文数据库，用来检索中文人文社会科学领域的论文收录和被引用情况。CSSCI遵循文献计量学规律，采取定量与定性相结合的方法从全国2700余种中文人文社会科学学术性期刊中精选出学术性强、编辑规范的期刊作为来源期刊。目前收录包括法学、管理学、经济学、历史学、政治学等在内的25大类的500多种学术期刊。CSSCI是目前国内权威的中文人文社会科学类数据库，在学界被广泛接受，认可度较高。

上海有51种期刊被收录为CSSCI(2017—2018)来源期刊，其中《系统管理学报》和《城市规划学刊》此次未被归入人文社科类期刊。因此，在上海市124种人文社科类学术期刊中，被CSSCI(2017—2018)收录的共49种（总553），占比8.86%；被收录为CSSCI(2017—2018)扩展版来源期刊的共18种（总200），占比9.00%。与CSSCI(2014—2016)收录情况相比，来源期刊增加了2种，扩展版来源期刊增加了7种，入选期刊数量占总数目的比例也分别由8.82%增长到8.86%，由5.82%增长到9.00%，表明近年上海人文社科类学术期刊整体实力有所提升。入选期刊数量如图4-5所示，入选期刊的具体列表见表4-4和表4-5。

其中，上海外国语大学的《外语界》和《外国语》、华东师范大学的《文艺理论研究》、上海大学的《社会》、华东师范大学的《华东师大学报（教科版）》和上海开放大学的《开放教育研究》、上海体育学院的《上海体育学院学报》等7种期刊，分别位列语言学、文学、社会学、教育学、体育学等学科的前三名，达到国内一流水平。

第 4 章　上海人文社科类学术期刊影响力概况

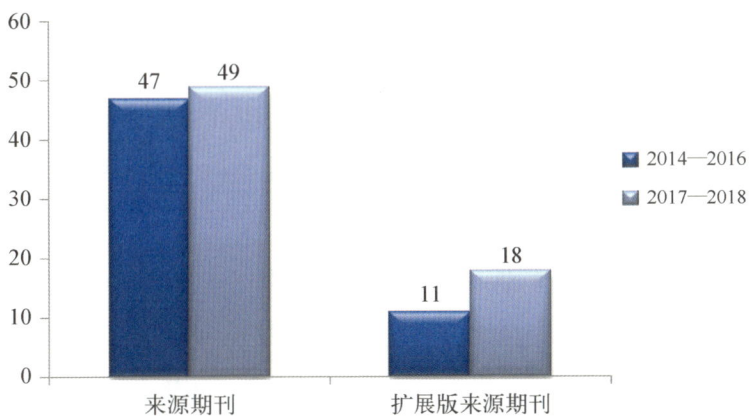

图 4-5　2014—2016 年与 2017—2018 年 CSSCI 收录上海人文社科类学术期刊情况

表 4-4　上海期刊入选 CSSCI(2017—2018)来源期刊目录①(51 种)
（按学科入选数量排序）

学 科 分 布	数量/总数	被 收 录 期 刊
语言学	5/24	当代修辞学、外语界、外国语、外语电化教学、外语教学理论与实践
经济学	5/75	财经研究、世界经济研究、世界经济文汇、上海经济研究、上海财经大学学报
政治学	5/35	国际观察、国际展望、德国研究、俄罗斯研究、上海行政学院学报
教育学	5/37	教育发展研究、华东师范大学学报（教育科学版）、全球教育展望、复旦教育论坛、开放教育研究
高校综合性学报	5/70	复旦学报（社会科学版）、上海师范大学学报（哲学社会科学版）、华东师范大学学报（哲学社会科学版）、上海交通大学学报（哲学社会科学版）、上海大学学报（社会科学版）

---

① CSSCI(2017—2018)来源期刊目录中,共有 51 种上海期刊入选,其中《系统管理学报》和《城市规划学刊》在此次统计中被归入科技类期刊,为保证列表完整,在该表中也列出了上述两种刊,以下划线区分。

续 表

学科分布	数量/总数	被收录期刊
法学	4/23	法学、政治与法律、华东政法大学学报、东方法学
管理学	3/29	研究与发展管理、外国经济与管理、系统管理学报
综合社科期刊	3/48	学术月刊、社会科学、探索与争鸣
马克思主义理论	2/21	毛泽东邓小平理论研究、思想理论教育
中国文学	2/16	文艺理论研究、中国比较文学
艺术学	2/22	戏剧艺术、音乐艺术
历史学	2/27	史林、中华文史论丛
新闻学与传播学	2/15	新闻大学、新闻记者
人文经济地理	2/12	城市规划学刊、旅游科学
社会学	1/10	社会
图书馆、情报与文献学	1/20	图书馆杂志
体育学	1/11	上海体育学院学报
心理学	1/7	心理科学

表4-5 上海期刊入选CSSCI(2017—2018)扩展版来源期刊目录(18种)(按学科入选数量排序)

学科分布	数量/总数	被收录期刊
经济学	6/20	会计与经济研究、上海金融、国际商务研究、上海经济、新金融、上海对外经贸大学学报
中国文学	2/6	现代中文学刊、上海文化
教育学	2/14	外国中小学教育、基础教育
管理学	1/14	工业工程与管理
哲学	1/3	哲学分析
语言学	1/9	上海翻译

续　表

学 科 分 布	数量/总数	被 收 录 期 刊
历史学	1/8	历史教学问题
政治学	1/14	阿拉伯世界研究
法学	1/10	交大法学
社会学	1/6	当代青年研究
新闻学与传播学	1/6	编辑学刊

4.2.2　北大核心收录情况

北大核心是由北京大学图书馆编制的中文核心期刊目录。该数据库的特色在于综合了中文科技期刊和中文人文社科类期刊，全面反映中文期刊的情况，受到了学术界的广泛认同。北大核心已于1992年、1996年、2000年、2004年、2008年、2011年出版过六版，目前最新的是2014版即第七版，2015年8月由北京大学出版社出版。北大中文核心期刊目录根据中文学术期刊的定量数据指标，结合众多学科权威专家的评审工作，定量与定性指标相结合编制。2014年版北大核心共收录中文学术期刊1 983种。

北大核心（2014版）共收录人文社科类期刊740种，上海市共有65种人文社科类学术期刊被收录（见表4-6），上海在其中占比8.78%（见图4-6）。上海共有124种人文社科类学术期刊，超过半数被北大核心数据库收录，被收录比例为52.42%，表明上海人文社科类学术期刊整体水平较高。

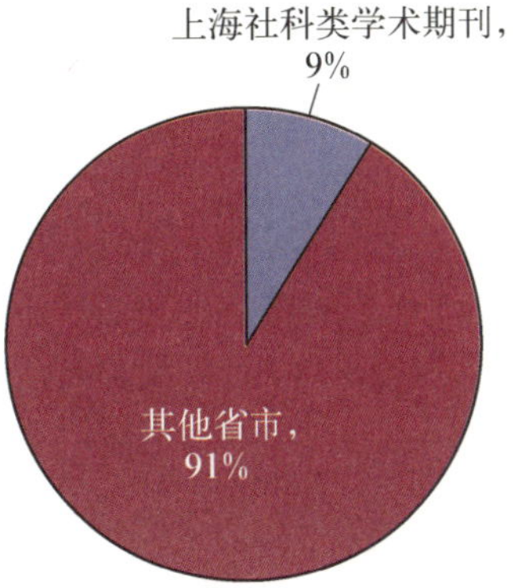

图4-6　上海人文社科类学术期刊在北大核心库人文社科类期刊占比

表 4-6 上海被北大核心数据库收录的人文社科类学术期刊一览表（按 CN 号排序）

刊　名	学 科 类 别	序号/总数
音乐艺术	音乐	6/9
上海体育学院学报	体育	2/16
化学教学	中等教育（化学）	2/2
华东师范大学学报（教育科学版）	教育学/教育事业，师范教育、教师教育	8/27
生物学教学	中等教育（生物）	1/1
华东师范大学学报（哲学社会科学版）	综合性人文、社会科学	42/122
财经研究	财政	8/10
思想教育研究	高等教育	12/15
外语电化教学	外国语	10/13
外国中小学教育	初等教育/中等教育（除各科教育）	5/10
外国语	外国语	2/13
外语界	外国语	4/13
世界经济研究	世界经济	3/9
国际商务研究	贸易经济	10/16
法学	法律	4/29
上海教育科研	初等教育/中等教育（除各科教育）	4/10
外国经济与管理	世界经济	9/9
学术月刊	综合性人文、社会科学	3/122
史林	历史（除文物考古）	7/27
政治与法律	法律	12/29
图书馆杂志	图书馆事业、信息事业	7/18

续　表

刊　名	学科类别	序号/总数
社会科学	综合性人文、社会科学	11/122
编辑学刊	出版事业	10/12
上海师范大学学报（哲学社会科学版）	综合性人文、社会科学	12/122
中小学英语教学与研究	初等教育，中等教育（外语）	2/2
社会	社会学	2/4
世界经济文汇	世界经济	2/9
戏剧艺术	戏剧	1/7
复旦学报（社会科学版）	综合性人文、社会科学	9/122
文艺理论研究	文学（除中国文学作品）	7/27
新闻大学	文化理论/新闻事业	3/13
上海金融	货币，金融、银行，保险	6/19
上海经济研究	经济学，中国经济，经济管理（除会计，企业经济）	5/30
新闻记者	文化理论/新闻事业	5/13
探索与争鸣	综合性人文、社会科学	48/122
上海大学学报（社会科学版）	综合性人文、社会科学	24/122
新金融	货币，金融、银行，保险	12/19
心理科学	心理学	2/7
研究与发展管理	科学、科学研究	5/10
国际观察	国际政治	6/21
文物保护与考古科学	文物考古（含博物馆事业）	15/16
上海文化	文学（除中国文学作品）	22/27
毛泽东邓小平理论研究	中国政治	10/49
旅游科学	旅游经济	2/2

续 表

刊　　名	学 科 类 别	序号/总数
中国比较文学	文学（除中国文学作品）	10/27
开放教育研究	教育学/教育事业，师范教育、教师教育	26/27
教育发展研究	教育学/教育事业，师范教育、教师教育	3/27
同济大学学报（社会科学版）	综合性人文、社会科学	90/122
上海交通大学学报（哲学社会科学版）	综合性人文、社会科学	19/122
上海行政学院学报	中国政治	26/49
上海财经大学学报（哲学社会科学版）	综合性经济科学	16/25
全球教育展望	教育学/教育事业，师范教育、教师教育	10/27
俄罗斯研究	国际政治	18/21
中国货币市场	货币、金融、银行、保险	17/19
复旦教育论坛	高等教育	4/15
基础教育	初等教育/中等教育（除各科教育）	9/10
上海翻译	语言学，汉语，中国少数民族语言	13/17
外语教学理论与实践	外国语	13/13
阿拉伯世界研究	宗教	6/7
中华文史论丛	历史（除文物考古）	19/27
华东政法大学学报	法律	18/29
现代中文学刊	文学（除中国文学作品）	24/27
当代修辞学	语言学，汉语，中国少数民族语言	15/17
会计与经济研究	会计（除审计）	2/7
上海对外经贸大学学报	贸易经济	13/16

在北大核心(2014版)学科排名前三的上海人文社科类学术期刊如表4-7所示。其中,《生物学教学》《戏剧艺术》2种期刊在各自的学科排名中位列第一;《化学教学》《旅游科学》《上海立信会计学院学报》《上海体育学院学报》《社会》《世界经济文汇》《外国语》《心理科学》《中小学英语教学与研究》9种期刊在各自的学科排名中位列第二;《教育发展研究》《世界经济研究》《新闻大学》《学术月刊》4种期刊在各自的学科排名中位列第三。由上海市社科联主办的《学术月刊》在数量众多的"综合性人文、社会科学"期刊中排名全国第三,成绩斐然。在上海学术期刊发展机制的带动下,通过上海期刊人多年的深耕,这些人文社科类学术期刊在全国保持着第一梯队的位置。

表4-7 北大核心(2014版)学科排名前三的上海人文社科类学术期刊
(同一序号内按CN号排序)

排 名	刊 名	学 科
1	生物学教学	中等教育(生物)
	戏剧艺术	戏剧
2	上海体育学院学报	体育
	化学教学	中等教育(化学)
	外国语	外国语
	中小学英语教学与研究	初等教育,中等教育(外语)
	社会	社会学
	世界经济文汇	世界经济
	心理科学	心理学
	旅游科学	旅游经济
	会计与经济研究	会计(除审计)
3	世界经济研究	世界经济
	学术月刊	综合性人文、社会科学
	新闻大学	文化理论/新闻事业
	教育发展研究	教育学/教育事业,师范教育、教师教育

4.2.3 人大《复印报刊资料》重要转载来源期刊(ISJ)(2017版)

《复印报刊资料》重要转载来源期刊是一定周期内,被《复印报刊资料》转载学术论文数量较多且被学术界、期刊界同行评议为学术质量较好、影响力较大的期刊。其特色在于,对期刊进行评价的体系超越了简单的引文计量评价,加强了同行专家评价的主体地位。同行评议专家参照4方面标准对期刊的学术水平和声誉做出综合判断:学术性、公信度、学术规范、编校质量。

2017年,《复印报刊资料》重要转载来源期刊共745种,上海有72种人文社科类学术期刊被列为重要转载来源期刊(详见表4-8),占比9.66%(见图4-7)。上海124种人文社科类学术期刊入选该数据库的比例达58.06%。在新的综合性学术期刊评价体系下,上海人文社科类学术期刊整体发展水平较高。

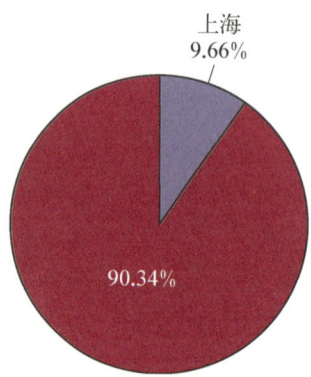

图4-7 上海人文社科类学术期刊入选人大《复印报刊资料》重要转载来源期刊占比

表4-8 入选人大《复印报刊资料》重要转载来源期刊目录(2017版)的上海学术期刊(87刊次,学科按音序排序,同学科内期刊按CN号排序)①

学科分布	数量/总数	刊　　名	CN号
政治学	14/78	国际展望	31-1041/D
		学术月刊	31-1096/C
		社会科学	31-1112/Z
		探索与争鸣	31-1208/C
		国际观察	31-1642/D
		毛泽东邓小平理论研究	31-1672/A

---

① 综合性刊物在按学科分类的来源期刊目录中有重复,因此分学科入选的刊次为87,大于被数据库收录的总数量72。另,《城市规划学刊》在此次统计中被归入科技类期刊,为保证列表统计数据的完整性,以下划线区分。

续 表

学科分布	数量/总数	刊　名	CN号
政治学	14/78	国外社会科学文摘	31-1813/C
		俄罗斯研究	31-1843/D
		上海市社会主义学院学报	31-1903/C
		阿拉伯世界研究	31-1973/C
		中国浦东干部学院学报	31-1998/C
		德国研究	31-2032/C
		国际关系研究	31-2085/D
		台海研究	31-2086/D
应用经济学	11/119	财经研究	31-1012/F
		世界经济研究	31-1048/F
		国际商务研究	31-1049/F
		学术月刊	31-1096/C
		世界经济文汇	31-1139/F
		上海金融	31-1160/F
		上海经济研究	31-1163/F
		新金融	31-1560/F
		上海财经大学学报	31-1817/C
		城市规划学刊	31-1938/TU
		上海对外经贸大学学报	31-2089/F
哲学	8/68	学术月刊	31-1096/C
		社会科学	31-1112/Z
		上海师范大学学报(哲学社会科学)	31-1120/C
		复旦学报(社会科学版)	31-1142/C
		探索与争鸣	31-1208/C
		上海文化	31-1655/G0
		同济大学学报(社会科学版)	31-1777/C
		哲学分析	31-2054/C

续 表

学科分布	数量/总数	刊　名	CN 号
教育学	8/69	华东师范大学学报（教育科学版）	31-1007/G4
		外国中小学教育	31-1037/G4
		上海教育科研	31-1059/G4
		开放教育研究	31-1724/G4
		教育发展研究	31-1772/G4
		全球教育展望	31-1842/G4
		复旦教育论坛	31-1891/G4
		基础教育	31-1914/G4
历史学	6/59	华东师范大学学报（哲学社会科学版）	31-1010/C
		学术月刊	31-1096/C
		史林	31-1105/K
		社会科学	31-1112/Z
		复旦学报（社会科学版）	31-1142/C
		中华文史论丛	31-1984/K
法学	5/45	法学	31-1050/D
		政治与法律	31-1106/D
		青少年犯罪问题	31-1193/D
		东方法学	31-2008/D
		交大法学	31-2075/D
社会学	5/34	学术月刊	31-1096/C
		社会科学	31-1112/Z
		社会	31-1123/C
		当代青年研究	31-1221/C
		青年学报	31-2092/D
中国语言文学	5/63	外国语	31-1038/H
		学术月刊	31-1096/C

第 4 章 上海人文社科类学术期刊影响力概况

续 表

学科分布	数量/总数	刊 名	CN 号
中国语言文学	5/63	文艺理论研究	31-1152/I
		现代中文学刊	31-2026/G4
		当代修辞学	31-2043/H
艺术学	5/63	音乐艺术	31-1004/J
		戏剧艺术	31-1140/J
		电影新作	31-1145/J
		文艺理论研究	31-1152/I
		上海大学学报(社会科学版)	31-1223/C
理论经济学	4/30	世界经济研究	31-1048/F
		学术月刊	31-1096/C
		世界经济文汇	31-1139/F
		上海财经大学学报(哲学社会科学版)	31-1817/C
工商管理	4/59	外国经济与管理	31-1063/F
		研究与发展管理	31-1599/G3
		旅游科学	31-1693/K
		会计与经济研究	31-2074/F
马克思主义理论	3/26	思想理论教育	31-1220/G4
		毛泽东邓小平理论研究	31-1672/A
		中国浦东干部学院学报	31-1998/C
新闻传播学	3/20	编辑学刊	31-1116/G2
		新闻大学	31-1157/G2
		新闻记者	31-1171/G2
外国语言文学	2/14	外国语	31-1038/H
		中国比较文学	31-1694/I
心理学	1/9	心理科学	31-1582/B
体育学	1/13	上海体育学院学报	31-1005/G8

续　表

学科分布	数量/总数	刊　名	CN号
公共管理	1/23	上海行政学院学报	31-1815/G4
图书情报与档案管理	1/22	图书馆杂志	31-1108/G2

4.3　入选最具国际影响力人文社科类学术期刊情况

自2012年起,《中国学术期刊(光盘版)》电子杂志社有限公司和清华大学图书馆每年联合研制《中国学术期刊国际引证年报》,遴选发布当年的"中国最具国际影响力学术期刊"和"中国国际影响力优秀学术期刊"名单。遴选采用综合评价指标——期刊影响力指数(CI),该指数同时考虑了期刊影响因子(IF)、总被引频次(TC)两个指标,有效避免了使用影响因子单指标评价期刊的局限性,可综合反映学术期刊的学术影响力和质量水平。"中国最具国际影响力学术期刊"为影响力指数(CI)Top 5%以内的期刊,"中国国际影响力优秀学术期刊"为影响力指数(CI)Top 5%~10%的期刊。

2017年的《中国学术期刊国际引证年报》以2016年出版的国际主流学术期刊文献为统计源,包括Web of Science数据库(下简称WoS)收录期刊和国际知名的1 762种社科期刊,共计20 192种,统计了中国出版的6 210种学术期刊的国际被引频次。入选"2017中国最具国际影响力学术期刊"和"2017中国国际影响力优秀学术期刊"的上海人文社科类学术期刊如表4-9所示。

上海124种人文社科类学术期刊中,5种期刊入选2017年中国最具国际影响力学术期刊,5种期刊入选2017年中国国际影响力优秀学术期刊。与2016年相比,2017年入选总数不变(共10种),入选国际影响力Top 5%的最具国际影响力学术期刊由3本增加为5本,《社会》和《外语电化教学》由 2016 年的中国国际影响力优秀学术期刊跃升为 2017 年中国最具国际影响力学术期刊,进步趋势明显。

表 4-9-1　2017 年上海人文社科类学术期刊入选"最具国际影响力学术期刊"情况(按排名为序)

刊　　名	排名/总数
运动与健康科学	1/60
外语界	16/60
心理科学	22/60
外语电化教学	38/60
社会	45/60

表 4-9-2　2017 年上海人文社科类学术期刊入选"国际影响力优秀学术期刊"情况(按排名为序)

刊　　名	排名/总数
开放教育研究	3/60
财经研究	17/60
外国语	26/60
研究与发展管理	42/60
复旦学报(社会科学版)	60/60

4.4　获得国家级奖项情况

中国出版政府奖是新闻出版行业最高奖项,自 2008 年首次颁奖后,每三年评选一次。2017 年,在第四届中国出版政府奖评选中,上海人文社科类学术期刊《复旦学报(社会科学版)》和《学术月刊》获得"中国出版政府奖期刊奖提名奖"。此前,在 2011 年的第二届中国出版政府奖评选中,《社会》获得"中国出版政府奖期刊奖提名奖";在 2014 年的第三届中国出版政府奖评选中,《社会》获得"中国出版政府奖期刊奖",《探索与争鸣》、

《复旦学报(社会科学版)》获得"中国出版政府奖期刊奖提名奖"。

2017年,在中国"百强报刊"评选活动中,上海4种人文社科类学术期刊入选全国"百强社科期刊",分别为《复旦学报(社会科学版)》、《社会》、《书法》、《学术月刊》。上海入选期刊总数居各省市、自治区之首。

4.5 小结

在教育部、全国哲学社会科学规划办公室以及上海市教委、上海市新闻出版局的指导和帮助下,上海人文社科类学术期刊借助政策优势、区位优势、集群优势,培育出一系列品牌期刊。这些高水平人文社科类学术期刊作为核心期刊被国内各大数据库收录,在国内学术界具有较高的美誉度和影响力,国际影响力也不断提升。部分品牌期刊先后获得"中国出版政府奖(期刊奖)"、"百强社科期刊"称号,如《复旦学报(社会科学版)》、《社会》、《探索与争鸣》、《学术月刊》等。一些品牌期刊也多次入选"国际影响力优秀学术期刊"和教育部"名刊""名栏",如《财经研究》、《复旦学报(社会科学版)》、《社会》等。

作为上海人文社科类学术期刊中的品牌期刊,上述各刊将刊物的质量作为期刊发展的根本,刊物的学术影响力和社会影响力日益提升。各刊选题立足中国实践,聚焦中国问题,坚持学科创新与现实重大问题研究并重,有效地助力中国特色哲学社会科学的建设和繁荣发展。

第5章
上海学术期刊获政府资助情况

为了全面落实《国民经济和社会发展第十个五年计划纲要》"走出去"战略,全面提升我国期刊行业的影响力和国际竞争力,国家和上海市期刊管理部门纷纷出台政策,择优支持一批重要学科领域的学术期刊提升学术质量,扩大影响力。

5.1 中国科技期刊国际影响力提升计划资助情况

2013年,中国科协、财政部、教育部、国家新闻出版广电总局、中国科学院、中国工程院共同实施中国科技期刊国际影响力提升计划(简称"影响力计划";英文简称PIJJ),一是面向全国英文科技期刊择优奖补,推动一批重要学科领域英文科技期刊提升国际影响力,设置A、B、C三类项目,每3年评审1次,并对入选期刊连续3年每年分别资助200万元、100万元和50万元;二是面向全国拟创办英文科技期刊择优支持,打造一批能够代表我国前沿学科、优势学科或填补国内学科空白的高水平英文科技期刊,设置D类项目,每年评审1次,一次性资助50万元。影响力计划第一期一共资助了6项A类项目、30项B类项目、30项C类项目和30项D类项目;第二期一共资助了15项A类项目、40项B类项目、50项C类项目和60项D类项目。

上海学术期刊获得"影响力计划"资助的情况如表5-1所示。表中,

"一"表示第一期资助,也即 2013—2015 年,"二"表示第二期资助,也即 2016—2018 年。由表可知,在第一期"影响力计划"中,上海一共获得 1 850 万元的资金资助,在第二期影响力计划中,上海一共获得 3 450 万元,共计 5 300 万元。在两期"影响力计划"资助期刊中,获得过 A 类资助的上海英文学术期刊有 Molecular Plant、Cell Research、Acta Pharmacologica Sinica;获得过 B 类资助的上海英文学术期刊有 Applied Mathematics and Mechanics(English Edition)、Journal of Molecular Cell Biology、Asian Journal of Andrology、Chinese Optics Letters、Chinese Journal of Chemistry、Nano-Micro Letters、Journal of Sport and Health Science;获得过 C 类资助的上海英文学术期刊有 Acta Biochimica et Biophysica Sinica、Journal of Integrative Medicine、High Power Laser Science and Engineering、Neuroscience Bulletin、Chinese Journal of Chemistry,具体获得资助的期刊详细名单参见附录 4。

表 5-1 上海学术期刊获得"影响力计划"资助概况

期	A 类			B 类			C 类			D 类		
	总	上海	占比/%	总	上海	占比/%	总	上海	占比/%	总	上海	占比/%
一	6	0	0	30	5	16.7	30	2	6.7	30	1	3.3
二	15	3	20.0	40	5	12.5	50	5	10.0	60	0	0

"影响力计划"的资助大大提升了学术期刊的刊文质量和国际影响力。图 5-1 至图 5-4 给出了除了 High Power Laser Science and Engineering 外所有获得影响力计划资助且被 SCI 收录的上海学术期刊在资助前后的影响因子和学科分区概况。如图所示,大部分获得资助的期刊取得了很明显的进步,多种期刊实现了跨区发展。在第一期"影响力计划"的资助下,Nano-Micro Letter、Asian Journal of Andrology、Applied Mathematics and Mechanics(English Edition)、Acta Biochimica et Biophysica Sinica、Chinese Optics Letters、Chinese Journal of Chemistry 影响因子进步明显,且均实现了跨区发展。获得第

二期"影响力计划"资助的期刊影响因子在受资助前后也获得了快速提升,4种期刊跃升至所在学科Q1区,*Nano-Micro Letters* 影响因子的进步尤其突出。需要指出的是,获得C类资助的 *High Power Laser Science and Engineering* 在获得资助后1年便被SCI收录,2018年获得首个JCR影响因子数值,进入学科Q1区。

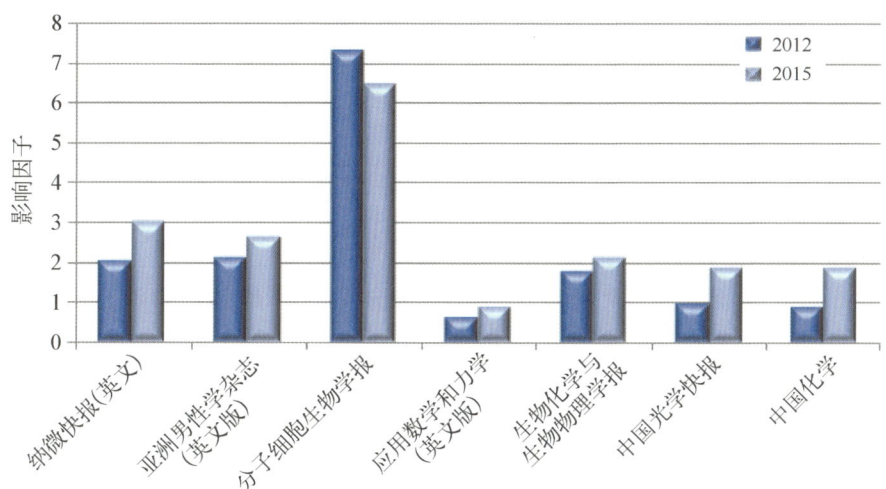

图 5-1 获得第一期"影响力计划"资助的被 SCI 收录的上海学术期刊在 2012 年和 2015 年 JCR 报告中的影响因子概况

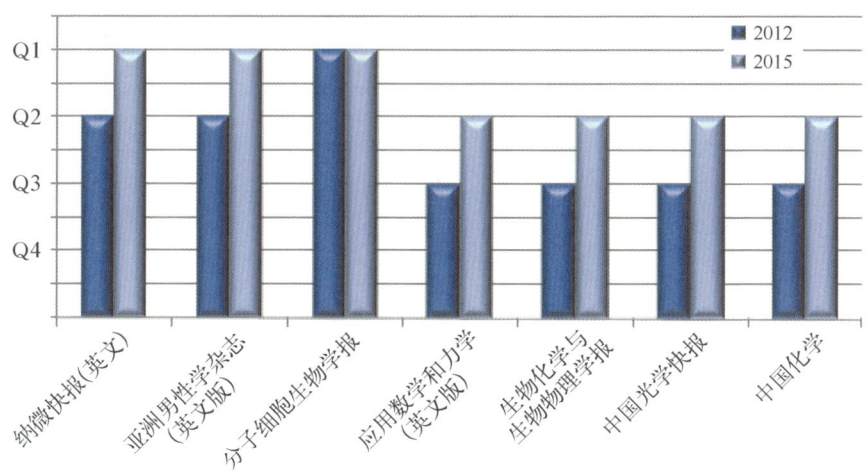

图 5-2 获得第一期"影响力计划"资助的被 SCI 收录的上海学术期刊在 2012 年和 2015 年 JCR 报告中的学科分区概况

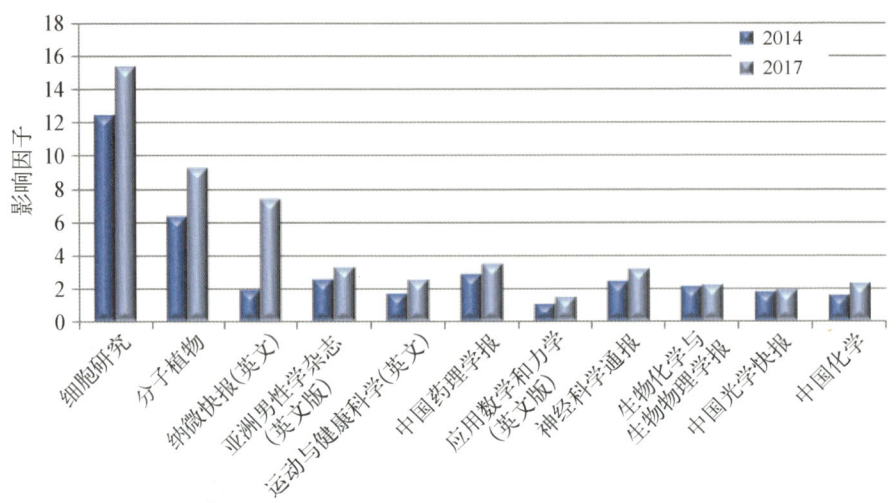

图 5-3 获得第二期"影响力计划"资助的被 SCI 收录的上海学术期刊在 2014 年和 2017 年 JCR 报告中的影响因子概况

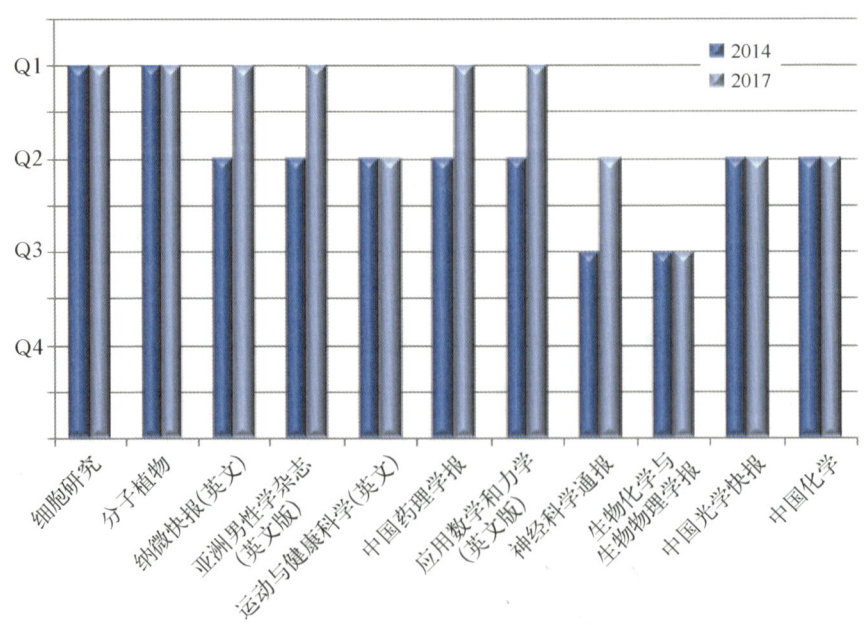

图 5-4 获得第二期"影响力计划"资助的被 SCI 收录的上海学术期刊在 2014 年和 2017 年 JCR 报告中的学科分区概况

5.2 "高水平高校学术期刊支持计划"和"新闻出版专项资金"资助情况

继2013年中国科协、财政部、教育部、国家新闻出版广电总局、中国科学院、中国工程院决定共同实施"中国科技期刊国际影响力提升计划"后,上海市教育委员会和上海市新闻出版局组织实施了"高水平高校学术期刊支持计划"、"上海市新闻出版专项资金"等多个项目,上海市新闻出版局、上海市期刊协会、上海市新闻出版教育培训中心等多个机构组织了多次期刊国际化培训和交流活动,推动上海期刊全面发展,推动高端学术期刊走向国际。

自2013年以来,"学术期刊支持计划"共资助了105个项目,共计1 480.428 6万元;"新闻出版专项"共资助了85个项目,共计1 550万元。其中,科技类学术期刊获得了43个"学术期刊支持计划"项目和28个"新闻出版专项"项目,共计1 144.368 6万元。社科类学术期刊中,2016年共有10种期刊得到"高水平高校学术期刊支持计划"的支持,资助金额总计132.945万元;2017年,资助力度进一步加大,共有20种社科类期刊得到了资助,资助金额总计252.94万元,比2016年增加了近1倍。2016年获得"高水平高校学术期刊支持计划"A类资助的上海学术期刊有 Chinese Annals of Mathematics Series B、Nano-Micro Letters、《文艺理论研究》、Journal of Sport and Health Science、Applied Mathematics and Mechanics (English Edition)、Advances in Manufacturing,获得B类资助的上海学术期刊有《财经研究》、《外国经济与管理》、《华东师范大学学报(教育科学版)》、《生物学教学》、《医用生物力学》、《建筑钢结构进展》、《上海师范大学学报(哲学社会科学版)》、《外语界》、《法学》、《音乐艺术》、《上海海洋大学学报》、《应用科学学报》,获得C类资助的上海学术期刊有《能源研究与信息》、《自然杂志》、《中医药文化》;2017年获得"高水平高校学术期刊支持计划"A类资助的上海学术期刊有《复旦学报(社会科学版)》、Fudan Journal of the Humanities and Social Sciences、Nano-Micro Letters、《上海交通大学学报》、《文艺理论研究》、《中国比较文学》、Journal of Sport and Health Science、Applied Mathematics and Mechanics (English Edition)、Advances in Manufacturing，获得B类资助的上海学术期刊有《复旦教育论坛》、《医用生物力学》、《上海交通大学学报(医学版)》、《德国研究》、《建筑钢结构进展》、《华东师范大学学报(哲学社会科学版)》、《华东师范大学学报(教育科学版)》、《生物学教学》、《全球教育展望》、《化学教学》、《财经研究》、《外国经济与管理》、《上海师范大学学报(哲学社会科学)》、《外国中小学教育》、《外语界》、《音乐艺术》、《上海海洋大学学报》、《上海海事大学学报》、《应用科学学报》、《会计与经济研究》，获得C类资助的上海学术期刊有《能源研究与信息》、《自然杂志》、《秘书》、《应用数学与计算数学学报》、《国际商务研究》、《上海中医药大学学报》、《中医药文化》；2018年获得"高水平高校学术期刊支持计划"资助的上海学术期刊与2017年的相同。

在上海"学术期刊支持计划"和"新闻出版专项"资金资助下，上海学术期刊的数字化建设和学科影响力获得了很大提升，多种期刊实现飞跃式的发展。连续6年获得"学术期刊支持计划"资助的由上海大学主办的 Advances in Manufacturing 2016年被ESCI收录，2017年成功进入SCI，并在最新的Scopus库中位于同类学科Q2区。受新闻出版专项资金资助的由中国科学院上海应用物理研究所、中国核学会主办的 Nuclear Science and Technique 在JCR报告中由同类学科期刊的Q4区跃升至Q3区。

5.3 国家社科基金资助情况

全国哲学社会科学规划办公室的数据显示，2017年国家社科基金共资助学术期刊190种，其中上海学术期刊有11种，分别为《财经研究》、《复旦学报(社会科学版)》、《社会》、《社会科学》、《探索与争鸣》、《外国语》、《学术月刊》、《音乐艺术》、《华东师范大学学报(哲社版)》、《文艺理论研究》《心理科学》,具体明细见附录6所示。

5.4 教育部"名刊""名栏"资助情况

教育部"名刊""名栏"是国家重点支持的、为进一步加强高校哲学社会科学研究、展示我国高校哲学社会科学研究成果的一个重大工程,入选期刊是展示我国高校学术水平、学科特点,并在国内外有较大影响的哲学社会科学期刊。教育部分别于2003年、2006年、2011年在全国遴选11种、8种、12种高水平哲学社会科学期刊列入名刊工程(共31种),其中《复旦学报(社会科学版)》《华东师范大学学报(哲学社会科学版)》《社会》分别在第一、二、三批次中入选。上述3种期刊的入选表明其在全国高校中属于高水平期刊。教育部分别于2004年、2011年、2014年遴选16个、24个、25个期刊栏目作为高校哲学社会科学学报"名栏"(共65种)并进行了资助,《华东师范大学学报(哲学社会科学版)》的"世界史研究"栏目第一批次入选;《上海大学学报(社会科学版)》的"影视理论研究"栏目第二批次入选;《财经研究》的"公共经济与管理"栏目和《上海交通大学学报(哲学社会科学版)》的"科学文化"栏目第三批次入选。目前教育部已公布三批次的名刊和名栏建设工程名单,上海社科类学术期刊获得资助的情况如表5-2所示。

表5-2 教育部名刊名栏

历届教育部名刊(批次)	历届教育部名栏(批次)
复旦学报(社会科学版)(一)	华东师范大学学报(哲学社会科学版)"世界史研究"(一)
华东师范大学学报(哲学社会科学版)(二)	上海大学学报(社会科学版)"影视理论研究"(二)
社会(三)	财经研究"公共经济与管理"(三)
	上海交通大学学报(哲学社会科学版)"科学文化"(三)

在教育部、全国哲社办以及上海市教委、上海市新闻出版局的指导和资助下，上海社科类学术期刊借助政策优势、区位优势、集群优势，培育出一系列品牌期刊。这些高水平社科类学术期刊作为核心期刊被国内各大数据库收录，在国内学术界具有较高的声誉和影响力，国际影响力也不断提升。部分品牌期刊先后获得"中国出版政府奖期刊奖"、"百强社科期刊"称号，如《复旦学报（社会科学版）》、《社会》、《探索与争鸣》、《学术月刊》等。一些品牌期刊也多次入选"国际影响力优秀学术期刊"教育部"名刊""名栏"，如《财经研究》、《复旦学报（社会科学版）》、《社会》等。

下编

一、上海学术期刊案例选

下编的"上海学术期刊案例选"部分,收录了《学术月刊》《社会》《复旦学报(社会科学版)》《探索与争鸣》这 4 种社科类中文学术期刊和 *Acta Pharmacologica Sinica*、*Chinese Journal of Chemistry*、*Cell Research*、*Applied Mathematics and Mechanics（English Edition）*、*Asian Journal of Andrology*、*Chinese Optics Letters*、*Journal of Molecular Cell Biology*、*Molecular Plant*、*Journal of Sport and Health Science*、*Nano-Micro Letters* 等 10 种科技类英文学术期刊的典型案例。这里的 4 种社科类中文学术期刊是在历届"中国出版政府奖"评选中,获得期刊奖或期刊奖提名奖的上海学术期刊。10 种科技类英文学术期刊则是在 2018 年 6 月第七届上海期刊论坛上发布的 10 种"上海最具国际影响力英文学术期刊"。在当时的遴选过程中,除了要求符合"拥有 CN 31 开头的刊号"、"2017 年年检合格"、"被 SCI 收录"等条件外,又以 2017 年公布的 JCR 报告中的影响因子和总被引频次的学科排名为主要评价指标,采用定性和定量相结合的方法进行筛选。大体而言,这 14 种期刊在各自的学科领域中代表了上海乃至全国学术期刊的高度。收集、发表这 14 种期刊的典型案例,既是从个案角度展示上海学术期刊的发展历程与发展水平,也希望借此为更多学术期刊的发展提供借鉴。当然,上海的学术期刊种类众多、学科各异,其中还有很多源远流长、特色鲜明的期刊此次因篇幅所限未能列选,希望能在今后以各种方式陆续推出它们的典型案例,从而更全面地展示上海学术期刊的发展水平。

坚守学术标准　推动学术创新
——《学术月刊》的固本出新战略

《学术月刊》是上海市社会科学界联合会主管、主办的综合性人文社会科学学术期刊。《学术月刊》创刊于1957年1月10日,1966年因"文革"而停刊,1979年1月复刊。自创刊以来,《学术月刊》以"扎根学术,弘扬学术,引领学术,繁荣学术"为己任,以前沿性、探索性、科学性为追求,积极贯彻"双百"方针,坚持理论联系实际,倡导理论创新,鼓励学派竞争。发稿侧重于文学、历史学、哲学、经济学等基础学科,兼及政治学、社会学、法学、教育学等,注重深刻反映国家思想文化建设与现代化建设进程的重大理论学术研究成果和学科前沿研究成果。

历任总编为:周原冰、王亚夫、章恒忠、黄迎暑、王邦佐、田卫平、金福林。

现任常务副总编辑:姜佑福。

目前《学术月刊》共有学科编辑6人,3名博士,3名硕士,形成了比较合理的编辑年龄和人才梯度结构,基本实现了编辑队伍的专业化、职业化,使《学术月刊》未来的发展有了人才队伍保障。

经过酝酿、聘约,2013年组建了学术月刊编辑委员会,来自国内外重要学府、学术机构的35名人文社科领域的著名学者、专家受聘列名。组建完成了覆盖文学、史学、哲学、经济学、政治学、法学、社会学等人文社会

图 1　常务副总编姜佑福博士

科学各学科约 400 名以中青年学者为主的审稿专家信息库。

1　期刊影响力与社会效益

据 2018 年 5 月 29 日中国知网显示,《学术月刊》总被引次数为 61 410 次,总下载次数为 3 227 790 次,(2017 版)复合影响因子为 1.179,(2017 版)综合影响因子为 0.805。

1.1　在全国各大学术期刊评价体系中名列前茅

《学术月刊》是中文社会科学引文索引(CSSCI)来源期刊,在南京大学中国社会科学研究评价中心最新公布的《CSSCI(2017—2018)来源期刊拟收目录》中,本刊列"综合性社会科学"第 3 位。在北京大学《中文核心期刊要目总览》(2017 年版)中,列"综合性人文社会科学"第 3 位(含高校学报)。在中国社科院《中国人文社会科学核心期刊要览(2015 年版)》中,《学术月刊》列"综合性人文社会科学"第 12 位(含高校学报)。2013 年,《学术月刊》被武汉大学中国科学评价研究中心评为"RCCSE 中国权威学术期刊(A+)",目前列社科综合类(2017—2018)第 2 位。

1.2 转载量持续居于高位

《学术月刊》被全国主要转摘媒体(《新华文摘》、《中国社会科学文摘》、《高等学校文科学术文摘》、人大《复印报刊资料》等)转载、转摘的文章数量连续多年名列前茅。据中国人民大学学术评价中心公布的数据,《学术月刊》连续12年在同类期刊中居转载量第一。另据中南财经政法大学图书馆期刊信息检索中心发布的2017年度《信息检索报告》,《学术月刊》所刊文章被国内各主要媒体转载、摘要的篇次继续位居全国同类期刊之首,自2006年以来连续12年排名第一。《学术月刊》是全国众多重点大学、科研机构考核与评审学术成果的重要参照刊物。

1.3 获得各项荣誉,社会效益显著

在国家新闻出版总署主办的全国第二届(2003年)、第三届(2015年)国家期刊奖评选中,两次荣获提名奖。2009年,《学术月刊》被中国期刊协会评为"新中国60年有影响力的期刊"。2012年,《学术月刊》被列入国家社科规划办首批一百家社科基金资助期刊。2016年荣获"中国期刊海外发行百强"。2017年荣获"第四届中国出版政府奖期刊奖提名奖"。2013年、2015年、2017年荣获"全国百强社科期刊"称号。连续多届被评为"华东地区优秀期刊",持续获得"社会科学期刊编校质量优秀奖"。

2 办刊举措与办刊特色

2.1 坚持正确导向,坚守学术标准

《学术月刊》始终坚持马克思主义的指导地位,关注经济、社会发展中的重大理论和现实问题,服务于改革开放和社会主义现代化建设的大局。学术质量是期刊的生命线,自创刊以来,《学术月刊》始终抱有扎根学术、弘扬学术的责任感与使命感,通过编辑部三审和专家匿名审稿等制度,严把稿件的质量关,坚持选稿的学术标准,刊发高质量的学术文章。在一代

代学术月刊人的坚守与耕耘下,刊物在学界拥有着良好的口碑和深厚的影响力。

2.2 重视选题策划,推进栏目建设

在60年的办刊过程中,《学术月刊》注重选题策划,善于发现并引领重要学术问题的探讨,如20世纪五六十年代在《学术月刊》发起的李平心关于生产力性质的系列讨论,引起了广泛的关注;八十年代文学栏目推出的关于"实践美学"大讨论,历时十余年,形成了实践美学与后实践美学的双峰对峙,在美学界产生了重要的影响。近年来,《学术月刊》在选题内容上侧重人文思想的原创性与问题导向,基础学科理论创新与现实重大问题研究并重,关注转型中国的学术思想体系构建。组织了如"边疆中国"系列专题、土地资源配置中的政府与市场、现代性与中国、生命美学等选题的专题性文章,这些选题既有延续,也有创新,有着较好的社会反响。

在栏目建设方面,《学术月刊》的传统栏目文学、历史、哲学、经济学在60年的发展中逐渐形成自己的选稿标准和栏目特色,在此基础上伴随学术研究的发展,不断开拓和策划新的选题与关注点,进一步扩大在学科领域的影响力。如文学栏目一方面继续保持在美学领域的优势地位,另一方面开拓现当代文学的选题,进一步扩大在文学领域的影响力;历史栏目近年来策划组织的"边疆中国"系列专题,引起广泛关注,得到学界充分肯定。又如,自1999年开辟的"中青年专家网页"栏目,虽几经更名,但一直坚持最初的栏目要求,延续至今已近19年,各学科的优秀学人在此园地展示他们的治学道路、治学成就与治学体悟等,成为《学术月刊》的特色栏目,在学界具有很深的影响力。

2.3 组织学术会议,提升刊物影响力

在全力办刊的同时,近年来,《学术月刊》通过策划、组织多场高端学术研讨会,促进深入的理论研讨,进一步扩大刊物的学术影响力。2013年

至今,《学术月刊》组织主办了"古代中国与东亚世界"、"国际卫生组织与医疗卫生史(1870—2012)"、"政党与国家治理"等多个高水平学术会议,在紧密联系学界、促进相关选题的深入研讨方面取得了良好成效。其中,"边疆中国论坛"已连续举办五届,凝聚了国内该领域的主要学者,为中国新边疆学的构建做出了引领性的有益探索,获得学界的广泛好评与有关机构的充分肯定。

图 2 "面向 2050 的中国哲学社会科学"高峰论坛会议现场

2.4 注重作者队伍建设,培养学术后备力量

一份好的刊物必定有一支优秀的作者队伍。《学术月刊》自创刊起,便得到学界的大力支持,刊物一方面为优秀的学术研究成果提供发表的园地,另一方面也紧密联系学界,服务好学界。创刊至今,《学术月刊》刊发了大量名家力作,与各学科领域的知名学者建立起良好的关系,同时,也极为重视对有潜力、优秀青年学者的扶持,刊发其力作,见证了优秀的

青年学者成长为各学科领域的学术中坚力量。刊物始终把建设一支老、中、青结构合理的优秀作者队伍作为办刊的重要工作,这是刊物良性健康发展的基础和保证,在薪火相传中见证学术研究的发展。

2.5 举办"十大学术热点"评选,扩大社会影响

从 2003 年开始,《学术月刊》已连续举办了十五届"年度中国十大学术热点"评选活动,引起了社会各界的关注:《人民日报》《光明日报》等各大报纸,人民网、新浪网、搜狐网等门户网站都及时进行了转载、介绍。尤其是自 2007 年起,《学术月刊》与《光明日报》理论部联合评选"年度中国十大学术热点"以来,影响进一步扩大,达到了"社会关心学术,学术走向社会,推动学术创新"之目的。近几年,编辑部还同时编辑出版《中国学术热点趋势报告》,邀请专家学者对热点趋势作出分析与解读,进一步丰富了热点评选活动的形式与内涵。

图3 2017年度中国十大学术热点发布会现场

2.6 布局新媒体建设,提升传播力

《学术月刊》于2014年启动了新媒体建设计划,现已建有独立域名官网,2016年起正式实现在线投稿、审稿功能与内容发布功能;同时注册建设了"学术月刊"新浪微博与微信公众号,定期发布更新内容,初步实现内容建设、上传与读者关注阅读的良性互动,微信公众号已成为国内较为著名的学术类新媒体终端。

在提升传播力方面,为扩大刊物学术内容的再传播,2014年起编辑出版《学术月刊丛书》,已出版《当代中国学人访谈录》四卷本、《学术月刊六十年精选集》五卷本,以及各学科策划并精选的专题性文集如《传播视野与中国研究》、《裂变与传承:儒学思想的现代诠释》等,这些书籍的出版既体现了对已刊成果的一种阶段性回顾和提炼,也促进了精品力作的进一步传播,受到学界好评。

本刊网址:www.xsyk021.com

(《学术月刊》编辑部　供稿)

创新发展　追求卓越
——《社会》的发展之路

1 发展现状

《社会》创刊于1981年,是1979年中国大陆恢复社会学学科之后创办的第一份社会学专业学术期刊。《社会》自创刊之日起到2004年,定位为普及性和学术性结合,同时面向学者和大众读者,每月出版一期。

2005年改版之后,在时任上海大学党委副书记、副校长李友梅主编的率领下,《社会》的学术影响力各个方面的指标都在短期内实现了迅速提升:2006年被CSSCI收录,2008年跻身剑桥Social Sciences Collection ProQuest(前身为CSA)数据库,2011年进入美国EBSCO host数据库。据《中国学术期刊综合引证年度报告》,《社会》2005年复合影响因子仅为0.327,改版之后的第三年即2007年就提高到了1.792。

目前,《社会》是CSSCI源刊、全国中文核心期刊、中国人文社会科学核心期刊,也是教育部"名刊工程"入选期刊、国家社科基金资助期刊、美国EBSCO host数据库源刊。近年来,《社会》的影响因子等各项指标持续稳定上升,2017年,综合影响因子跃升为3.702,复合影响因子达到4.537,两个指标双双出现大幅度提升,其中,综合影响因子更是首次超越国内社会学界的顶级刊物《社会学研究》,位列第一,实现历史性重大突破。目前,《社会》已跻身部分著名高校和科研机构的高等级学术刊物之列,许多985高校把本刊列为A类或者仅次于《中国社会科学》的B类刊物。

图1　主编李友梅教授

2011年《社会》被评为"全国高校三十佳社科期刊",并获"第二届中国出版政府奖期刊奖提名奖"。2011年跻身教育部高校哲学社会科学第三批"名刊工程"行列。2012年,进入"国家社科基金资助期刊"之列;同年,荣获"华东地区优秀期刊奖"。2013年底,《社会》过关斩将,与985高校优秀期刊同台竞技,荣获"第三届中国出版政府奖期刊奖",同年还获得中国新闻出版广电总局2013"中国百强报刊"称号。2014年,《社会》再接再厉,荣获全国高校文科学报研究会"全国高校社科名刊"称号,同时,荣列中国知网"2014中国国际影响力优秀学术期刊"之列。2015年9月,国家新闻出版广电总局公布"全国百强报刊"名单,《社会》连续第二次获此殊荣;2015年12月,《社会》再次荣获中国知网"中国国际影响力优秀学术期刊"称号,同时荣获上海市高校文科学报研究会"上海市学报名刊"称号。2016年11月,《社会》连续第三次荣获中国知网"中国国际影响力优秀学术期刊"称号。2017年,《社会》继连续三年获中国知网"中国国际影响力优秀学术期刊"之后,首次进入中国知网"中国最具国际影响力学术期刊"行列,这意味着从原来的期刊Top10%跃居Top5%;同时,再次荣获国家新闻出版广电总局"中国百强期刊"称号和"华东地区优秀期刊奖"。

在上海市文教结合项目"高水平高校学术期刊支持计划"及上海市新闻出版局版权"走出去"项目的支持和资助下,2015年3月,《社会》响应国家"文化走出去"战略,"先行先试"中国社科类学术期刊"走出去"之路,率先出版了国内第一本社会学英文刊 Chinese Journal of Sociology (CJS)。2018年4月,CJS被国际知名数据库Scopus收录,在国际化道路上迈出坚实一步。

2 发展思路:规范化、专业化、数字化、国际化

从2005年转型改版伊始,以《社会》主编、编辑部为核心的期刊团队就将《社会》的工作重点确定为4个方面,即:以"规范化"夯实期刊基础,以"专业化"引领学科发展,以"数字化"响应时代需求,以"国际化"谋求长远发展。

2.1 以"规范化"夯实期刊基础

《社会》积极借鉴国际一流期刊成功办刊经验,设计了严格的"双向匿名"审稿制度:首先通过网络投稿系统投稿;编辑收稿并初审后或退稿或对文章进行匿名化处理,根据论文选题分配给相关研究领域的工作编委;工作编委复审稿件,撰写退稿意见或提出三位匿名评审专家备选名单交编辑;编辑按顺位联系两名匿名评审专家;评审专家审稿;审稿意见经工作编委审阅后由编辑交作者;作者根据匿名评审意见修改;修改稿返回编辑,经工作编委以及原匿名评审专家认可后提交定稿会;定稿会对论文逐篇集体会商,最终做出退稿、修改或者发表等决定,形成修改意见。这种严格的全程双向匿名评审制度不仅使文章在多位审稿人

的审阅下得到客观评价,反复的修改和打磨也使文章的学术质量大幅提升,同时还能有效抵制各种关系稿,最大限度地保证用稿的客观性和公正性。目前,《社会》所实行的严格的同行双向匿名评审制度已经得到了学界众多学者的极大认可和好评,大大提升了刊物的美誉度和良好口碑。

《社会》严格执行编校过程中的"三审三校一通读"制度。在编辑过程中,对研究问题的提出、论文的逻辑性、表述的严谨性、注释规范化等方面都予以严格把关;认真查核实证材料和复杂统计模型数据与结果的真实性、文献参考资料出处的完整性与准确性,仔细斟酌术语表达的严谨性。

2.2 以"专业化"引领学科发展

在策划组稿和选稿过程中,《社会》既积极倡导具有经验感和现实关怀的理论研究,又鼓励基于中国社会的、具有理论取向的经验研究,努力超越定量研究的为方法而方法的纯技术研究路向以及理论研究完全局限于理论本身的自说自话的研究状态,力图承担起以"专业化"引领学科发展的重任。

近年来,《社会》积极组织策划高水平学术会议,推动专题研究,跟踪和培育优质稿源。2012年以来,在教育部"名刊工程"和国家社科基金的支持下,《社会》每年都会主办一至二次大型学术会议以及三至四次小型学术专题研讨会,其中,每年10月份由《社会》编辑部主办的"社会理论工作坊"已经在学界具有了相当的影响力,会议规模近百人。通过主办学术会议,《社会》将国内社会理论、质性研究、定量研究领域最优秀的学者和学术新秀聚集在《社会》周围,对于发现人才、凝聚人气、推出新作产生了明显效果。

在"关注真问题"的思想指导下,《社会》聚焦现实,积极策划重大选题。2014年以来,刊物组织了"传统中国的公共性"、"新生代农民工研究"、"社会流动与社会分层"、"国家治理与社会治理"等专题。这些专题的推出对于引导学科发展发挥了很大作用,推出后迅速在国内外社会科

一、上海学术期刊案例选 >>>

图2 第六届"社会理论工作坊"合影

学界和相关学科领域产生了积极影响,获得学界的普遍高度关注,相关论文多次被《新华文摘》、《中国社会科学文摘》、人大《复印报刊资料·社会学》等国内权威的文摘类期刊全文转载,有的还被人民论坛网、《东方早报》等权威媒体转载,产生了良好的学术与社会效应。

2.3 以"数字化"响应时代需求

《社会》很早就建立了官方网站以及网上投审稿系统。2013年底,《社会》对官网进行了全面升级与改版,改版后的网页不仅更加美观悦目,还新建立了在线优先发表系统,在纸质版期刊正式付印之前,把已经完成编校流程的稿件提前发布在期刊主页,从而有效缩短文章传播时滞,提速发表进程。此外,编辑部还搜集整理了《社会》2005年改版以来发表的所有文章,并上传到官网,供读者免费下载。

2013年,《社会》在新浪微博上建立了官方微博(@社会杂志-CJS)。2014年9月,《社会》又开通了微信公众号,充分利用移动互联网技术,为广大作者和读者服务,提高刊物的知名度。2015年6月,《社会》鼓励并支持上海大学社会学学子建立了"索骥"微信公众号,定期发表社会学类主题的趣味性文章,面向知识大众传播社会学观点,同时也刊登一些学术通讯和学人访谈。《社会》希望通过"索骥"微信公众号的建立和运作,提高《社会》在全国高校青年学生中的影响力,同时培养上海大学学生的组织能力和团队合作能力,激发学生们的学术热情和写作兴趣,为培养社会学的后继者尽绵薄之力。同时,《社会》团队还率先建立了"社会学期刊编辑交流群"和"社会学期刊编读互动群",后者在24小时之内即迅速达到微信群500人的上限。这两个群对于国内社会学期刊界的同行交流以及期刊与读者之间的交流起到了重要作用,也凸显了《社会》在国内社会学界的强大号召力和影响力。

为了提升数字资源的传播效率和引用规范,《社会》与中国知网合作,实现了对所有刊文的DOI注册。DOI(Digital Object Identifier)意为"数字对象唯一标识符",是国际数字对象识别号基金会(IDF)运营的识别数字资源的机制。DOI编码具有唯一性,一经产生就永久不变,用于标示网络环境下的信息资源实体。DOI注册有助于实现刊文的稳定传播。此外,编辑部还在百度百科、维基百科、Google搜索上建立了《社会》的词条,定期进行更新和编撰。这些都有助于《社会》期刊品牌形象的建立。

《社会》英文刊 *Chinese Journal of Sociology*(CJS)于2015年3月创刊,创刊初期即非常重视刊物的数字化工作:2015年6月初开通CJS全英文官网,7月初开通CJS官方微信订阅号;2016年10月3日,经过多次调试和试运行,CJS正式开通了国际通行的ScholarOne在线投审稿系统;同时,配合SAGE公司,运用多种手段如Facebook、Twitter等互联网社交新媒体和互动社区在全球范围内发布刊物及刊文信息,极大提升了CJS在国际范围内的可见度和影响力。

2.4 以"国际化"谋求长远发展

随着全球经济的相互融合,不同文化体之间的思想沟通变得十分重

一、上海学术期刊案例选 >>>

要。开拓更多的交流渠道和平台,有效地进行国际沟通和传播,是中国和世界共同的需要。从这个意义上讲,中宣部"走出去"战略的提出恰逢其时。在此背景下,《社会》作为一本已经具有较高品牌影响力的专业性学术期刊,有责任、有义务率先做出国际化的努力,通过英文刊的海外出版和发行,实现社科类期刊国际化发展的目标,为中国社会学成果的国际交流搭建平台。

图3　北美社会学年会书展现场

　　CJS为季刊,以"搭建中国社会学界与国际同行学术对话的平台、参与构建世界层面社会学学科发展"为办刊宗旨,由上海大学主办、国际知名出版商美国SAGE出版公司出版发行。刊物全程执行同行匿名评议,以社会学的中国研究为主,注重理论研究、定量研究与质性研究之间的平衡,旨在向世界展示中国社会学研究的最新成果,成为国际学术交流的平台。上海大学李友梅教授为CJS编委会主任,普林斯顿大学中国研究中心主任、美国国家科学院院士谢宇教授担任 CJS 海外主编。遵照国际惯例，CJS 成立了由 20 名国内国际知名社会学家（国内和国际编委的比例为 1∶1）组成的编委会，指导期刊的学术事务。

CJS 创刊三年来，充分发挥海外主编的学术引领作用和互联网社交新媒体的传播功能，迅速地建立了 CJS 在国际范围内的可见度和影响力，吸引了国际范围内一批顶尖学者的注意。目前，CJS 各项引用数据良好。根据 Web of Science 和 Google Scholar 的统计，引用 CJS 的期刊中，不仅包括社会学领域的国内外知名期刊，还包括人口学、经济学、教育学等领域的期刊。由此可见，创刊初期，CJS 在国内外社会学界以及跨学科领域已开始崭露头角。

本刊网址：http://www.society.shu.edu.cn

（《社会》编辑部　供稿）

融入国际学术　倡导学术争鸣
——《复旦学报(社会科学版)》多举措推动文化"走出去"战略

《复旦学报(社会科学版)》(以下简称"《复旦学报》")创刊于1935年,是我国最早创刊的大学学报之一。

《复旦学报》是综合性学术理论刊物,以"坚持学术本位,反映时代精神"为办刊宗旨。发文范围涵盖文学、史学、哲学、经济学、法学、政治学等人文与社科领域各个学科。

自1978年复刊以来,历届编委会主任为夏征农、蒋学模、蔡尚思、蒋孔阳、章培恒、俞吾金。现任编委会主任为葛兆光。现任编委会成员中,国内编委全部由享有盛誉的知名专家学者担纲,比如裘锡圭、葛兆光、葛剑雄、姜义华、周振鹤、朱立元、陈尚君、陈思和、汪涌豪、吴晓明、林尚立、张军、华民、彭希哲等;外籍编委则全部由国际知名学者担纲,又兼顾了不同学科。

本刊现任主编为汪涌豪。

图1　主编汪涌豪教授

1 期刊国内国际影响力日益提升

《复旦学报》坚持正确办刊方向,遵循基本学术规范,近年来推出一批具有原创性的代表作,产生了重要的学术和社会影响。《复旦学报》为全国中文核心期刊、中国人文社会科学核心期刊、中文社会科学引文索引(CSSCI)来源期刊,并被四大国际著名索引机构(EBSCO、IPSA、ProQuest Social Science、Gale)采入数据库。这些社会科学国际索引数据库几乎在西方大学图书馆都有征订,本刊在进入西方主流国际索引系统之后,西方读者将从此可以通过这些社会科学国际索引数据库或其研究机构所征订的索引数据库,对本刊发表的文章进行有效查阅和下载,从而大大增强本刊在国外学术界的流通量,扩大期刊和栏目在西方的读者群和影响力,也有利于吸引更多外国作者向本刊投稿。

根据有关机构发布的相关数据,《复旦学报》在全国综合性人文社会科学期刊和高校文科学报中均名列前茅。

(1) 按 2017 年度人大《复印报刊资料》全文转载量(率)的排名,《复旦学报》在全国高校学报"全文转载量"中排名第二,在"全文转载率"中排名第 2,在"综合指数排名"中位居第二。在全国综合性期刊中,"全文转载量"排名前十(高校学报中仅北大学报和复旦学报名列其中)。

(2) 根据《中国人文社会科学核心期刊要览》(中国社科院)提供的数据,经专家评审和对相关数据"综合值"作系数加权运算后,在全国 81 种综合性人文社会科学期刊中名列第 7 位(在高校学报中位居第 4);在具备"高被引频次"的全国 152 家综合性人文社会科学期刊中名列第 10 位(在高校学报中位居第 4)。

(3) 据中南财经政法大学期刊信息检索中心公布的数据,近五年(2013—2017)《复旦学报》在《新华文摘》、《中国社会科学文摘》、《高等学校文科学术文摘》、人大《复印报刊资料》等刊物上被转载文章的数量,在全国综合性大学学报中分别排第四位、第二位、第三位、第一位。

在新近发布的《中国学术期刊国际引证年报》(由中国知网和清华大学图书馆发布)"2017年度品牌期刊"名单中,《复旦学报》荣获"中国国际影响力优秀学术期刊"(综合性大学学报4家入选:复旦、北大、人大、北师大),更为值得一说的是,这是《复旦学报》连续六年获得此项荣誉。由于此"国际影响力品牌期刊"的遴选采用更为科学的综合评价指标——期刊影响力指数(CI),这一指数同时考虑了期刊影响因子(IF)、总被引频次(TC)两个指标,可综合反映学术期刊的学术影响力和质量水平。这充分说明,《复旦学报》不仅具有很高的国内影响力,国际影响力也在持续提升,受到了国内外读者的高度关注,成为我国学术期刊"走出去"的优秀代表之一。

2　办刊特色鲜明

2.1　坚持正确方向,倡导学术争鸣

按照习总书记繁荣发展社会科学研究、理论研究的一系列讲话精神,《复旦学报》坚持正确的理论指导,坚守学术本位,坚持基础性研究与应用性研究并举、本土研究与域外研究兼收的方针,积极促进中国特色哲学社会科学学科体系、话语体系的建设,致力于刊物质量的提升,特别强调文章的厚度、力度与贡献度,努力推出更多具有原创性的论文,以求在确保基础理论优势的同时,昌明与兼容新的学术理念与方法,最大程度地发挥高校学报在传承文明、引领学术和创新理论方面的重要作用。尤支持以马克思主义理论为指导,以科学的方法、融通和比较的新视角研究中国传统文化与当代中国和世界的学术成果。以此为基础,拓展优化特色栏目,扩充并增设新栏目,在注重深度研究的同时,倡导学术争鸣,借此打造刊物自身的学术个性和独特品格,在学界和社会都产生了广泛的影响。

2.2　精心设定特色栏目,积极融入国际学术

设立栏目主持人制度,是本刊在全国高校文科学报中最早推行的。入选教育部"名刊工程"和获得国家社科基金资助以来,我们将此制度作

为重点来抓，不仅将其覆盖至文、史、哲、经、法政全学科，主持人也延请学术专精的专家担纲，如哲学设"马克思主义哲学基础理论与前沿问题研究"栏目，由吴晓明主持；史学设"文史研究新视野"、"历史中国之内与外"栏目，由葛兆光主持；文学设"中国文学演变与实证研究"栏目，由陈思和、骆玉明主持；经济设"对外开放与金融安全"栏目，由姜波克、刘红忠、陈学彬主持；法政设"国际问题探索"栏目，由沈丁立、吴心伯主持。此外又重点建设新栏目"域外新刊"和"青年学者论坛"，前者规定作者须为外籍，后者年龄不超过45岁；且不设固定主持人，前者请与外籍学者专业对应、且有学术交往的学者主持，后者则基本上谁有新见，谁来主持，以期疏浚研究通道，激荡学者活力，最大程度地推动与促进学术在不同地域、不同年龄段中的融通与发展。

2.3 创新构思，铸就"复旦学报讲坛"品牌

此外，积累前几年的经验，"复旦学报讲坛"也越办越有影响。自2013年起，每年都邀请校内外乃至国内外五至六位知名专家学者来做讲演。既针对编辑部内部，更面向全校师生，已成功举办了二十几次讲座。例如，已邀请法国法兰西学院院士让-马利·杜朗，美国杜克大学刘康，佛罗里达大学王岗，日本神户大学釜谷武志、关西大学吾妻重二、九州大学竹村则行，韩国成均馆大学崔英辰，中国香港城市大学艾文贺、郑培凯，中国台湾"中研院"陈鸿森、台湾清华大学朱晓海和杨儒宾、台湾师范大学潘朝阳，中国社科院《文学遗产》主编刘跃进，南京大学域外汉籍研究所张伯伟等专家学者。针对学术期刊的办刊思路，也请了《高等学校文科学术文摘》总编姚申、《新华文摘》原总编张耀铭、《文史哲》主编王学典、《北京师范大学学报》主编蒋重跃作专题报告。

作为《复旦学报》打造中文世界高端期刊的重要抓手，论坛今后拟每年邀请6位知名专家学者来做讲演，其中国外专家要占一半。

2.4 "域外新刊"积极推动文化"走出去"战略

为使中国学术能更多地参与世界文化学术的交流，《复旦学报》积极

践行中国文化"走出去"的目标,努力推动刊物向高端化方向迈进,力争更深度地融入国际学术期刊界,将学报办成国际知名学术理论期刊,成为传播中华思想文化、进行国际学术交流的平台。

根据具体国情和办刊条件,我们一方面深耕细作,长程追踪学者课题进展与研究现状,及时跟进,主动约稿并迅速刊出。就近年来重点建设的"域外新刊"栏目而言,就已以鲜明的特色产生了广泛的学术影响与社会影响,并引起了国外学者的关注。另一方面这些作者在西方世界享有盛名,但多数不为国内学界所了解,所从事的方向对国内学人来说也显得有些陌生。现在,不仅他们的论文被第一时间引入中国,而且刊出后被包括人大《复印报刊资料》、《高等学校文科学术文摘》在内的各种报刊文摘转载。据统计,"域外新刊"刊发的文章,转载率高达80%。在国内学界引起广泛反响,学报也因此与他们建立了长久广泛的联系。

不仅如此,在学报的其他栏目中,也积极刊发外籍专家学者的文章。比如,美国普林斯顿大学本杰明·艾尔曼、英国哈德斯菲尔德大学贝尔纳·威尔金、德国康斯坦茨大学于尔根·奥斯特哈默、日本神户大学釜古武志,等等。此外,又充分关注校内外的各种学术活动,以合作举办规模适度的国际会议的形式,及时将最新学术动态在刊物上反映出来。

2.5 切实发挥外籍编委的组稿审稿作用

本刊外籍编委全部由国际知名学者担纲,又兼顾了不同学科:让-皮埃尔·马艾(Jean-Pierre MAHÉ):法兰西学院院士、法国亚洲学会会长;艾尔曼(Benjamin Elman):美国普林斯顿大学教授;戴维·格林威(David Greenaway):英国诺丁汉大学第六任副校长;小岛毅(KOJIMA Tsuyoshi):日本东京大学教授;王德威(David Der-wei Wang):美国哈佛大学东亚语言文明系讲座教授;傅敏怡(Michael Friedrich):德国汉堡大学亚非学院院长;谢淑丽(Susan Shirk):美国加州大学圣迭戈分校全球冲突与合作研究所所长。

未来将更充分发挥外籍编委的作用,并通过组稿、审稿与办会,将此种优势切实体现出来。

2.6 大力加强数字化建设

当今大数据时代,数字化传播前景广阔,这也是我们正在努力的方向和工作重点之一。我们投入了专门经费来完善编辑部审稿专家数据库、来稿数据库、作者数据库、读者数据库等基础设施的建设。在学校信息办的支持下,又与玛格泰克公司合作,进一步深化了网络和数字化建设,正式推出"优先出版",以期更充分地利用互联网,及时发布文章,以扩大影响、嘉惠学林。此外,学报的"微博"、"微信"等电子公众平台亦正式上线。

我们想力争达成的目标不变,即:(1)真正办出复旦特色,体现中国水平。(2)真正使学报成为发布国际汉学研究最新进展的高端平台。(3)真正成为中文世界中广有影响的学术重镇,并以此为基础,深度融入国际学术,成为国际知名的学术理论期刊。当然,实现目标的环境发生了许多变化,这决定了办刊的路径也将相应地作出调整。我们会在保持刊物既有传统和特色的前提下,团结更多的学人,共同努力,以更积极开放的心态,迈开大步走出去,为弘扬制度自信、道路自信和文化自信,作出应有的贡献。

3 取得丰硕成果

《复旦学报》为首届全国"双十佳"社科学报、第二届全国"双十佳"社科学报、国家新闻出版总署中国期刊方阵"双效"期刊,首批入选教育部"高校哲学社会科学名刊工程",首批获得国家社科基金资助,为全国社科学报名刊、上海市最佳学报、华东地区优秀期刊,又为"新中国 60 年有影响力的期刊"、"中国国际影响力优秀学术期刊"。2013 年、2015 年、2017 年连续三届获得全国"百强期刊"称号,2013 年、2017 年连续两届荣获"中国出版政府奖期刊奖提名奖"。

本刊网址:http://www.fdwkxb.fudan.edu.cn

(《复旦学报(社会科学版)》编辑部　供稿)

五位一体：构筑现代学术媒体新格局
——《探索与争鸣》的发展战略

《探索与争鸣》创刊于1985年，由上海市社会科学界联合会主管、主办，系"国家社科基金资助期刊"、"中文社会科学引文索引（CSSCI）来源期刊"、"全国中文核心期刊"、"中国人文社会科学核心期刊"。《探索与争鸣》一直坚持"思想温暖学术，学术关怀现实"的办刊理念，坚持"提倡自由探索，鼓励学术争鸣"的办刊风格，坚持"刊物、论坛、新媒体、丛书、青年"五位一体的现代学术媒体发展新格局。2013年获"第三届中国出版政府奖期刊奖提名奖"，连续多年获评"华东地区优秀期刊"。

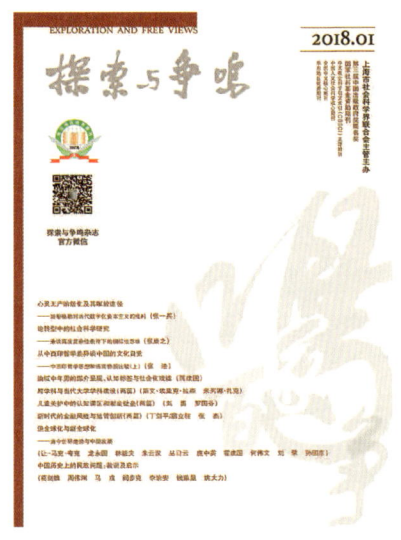

《探索与争鸣》编辑部紧紧依靠一支年轻的80后编辑团队，在以习近平同志为核心的党中央的重大决策与工作部署精神指导下，始终坚持以马克思列宁主义、毛泽东思想、邓小平理论、"三个代表"重要思想、科学发展观、习近平新时代中国特色社会主义思想为指导，认真学习习近平总书记系列重要讲话精神，特别是习近平在哲学社会科学工作座谈会上的重要讲话，坚持正确舆论导向，坚持底线意识，严把政治关，自觉承担起围绕中心、服务大局，澄清谬误、明辨是非，成风化人、凝心聚力，连接中外、沟通世界的职责和使命。在学术期刊日趋专业化的格局下，积极探索综合性学术期刊的差异化发展之道，尤其是深耕思想市场，积极介入中国现实问题，走综合性、问题性、跨学科的发

展路径,在全国同类学术期刊中独树一帜,各项指标更上层楼,取得了良好的社会效益。

在人大《复印报刊资料》和中南财经大学图书馆的统计序列中,《探索与争鸣》的转载量始终保持在社科院、社联主办的全国综合性期刊的前十位;在最新公布的CSSCI(2017—2018)南大核心目录中,《探索与争鸣》在全国综合社科期刊中排名第七位。新媒体方面,截至目前,《探索与争鸣》微信公众号粉丝量近100 000,推出多篇阅读量达到或接近10万+的原创论文,长期名列清博学术媒体指数第一位。

在组织架构上,《探索与争鸣》构建形成了刊物、论坛、新媒体、丛书、青年"五位一体"的现代学术媒体发展新格局,致力于形成"学术指导委员会+80后编辑部+五位一体的探索与争鸣+学者+读者+科研机构等"的学术共同体。

组织架构图

1 坚守舆论导向,加强选题策划,推进学术争鸣,促进学术繁荣

1.1 坚守舆论导向

舆论导向方面,一是围绕改革难点,构建学术智库。《探索与争鸣》积极介入重大现实问题,以追踪前沿问题和引领学术思潮为目标,刊发名家力作,对全面深化改革中出现的或潜在的重大问题进行理论研究,为党和政府提供决策咨询服务。比如,吴敬琏的《以深化改革确立中国经济新常态》、龙永图的《新常态下的中国对外开放战略》、夏斌的《非常时期必须采取非常政策——基于当前中国经济困局的分析》。其中,文军、吴越菲的《多域转型中的"文化抗拒"——我国社会大众精神文化生活的变迁路向及特征》被习近平总书记批示,童星的《发展社区居家养老服务以应对老龄化》和刘志彪的《重塑中国经济动力》获得李克强等中央领导批示,充分发挥了学术智库的功能。

二是围绕核心价值,深化文化反思。《探索与争鸣》紧扣重大改革变迁中产生的价值迷失、道德滑坡等精神状况,对社会主义核心价值体系的构建展开深度讨论。比如,对于时代精神状态的迷茫,《探索与争鸣》杂志继重刊冯契先生1991年的主旨演讲《价值导向的大众方向》后,又组织了"观念变革时代的社会价值导向"研讨会,同时围绕劳动观念和社会心态的基本变迁组织了"聚焦中国'劳动'之变——劳动观念的时代跃迁与劳动形态的价值转换"和"新媒体时代社会心态与情感治理"的深度研讨,在学界和社会引起强烈反响。

三是围绕话语创新,构建话语体系。《探索与争鸣》在坚持马克思主义的指导地位、坚守党的意识形态阵地的基础上,努力打造标识性的新概念、新范畴、新观点的新表述,突出中国特色、中国风格、中国气派。比如,2015年底开始筹划"中国学术话语体系创新"专栏,同时举办"人文社会科学创新与学术评价"论坛,邀请著名学者和著名学术期刊主编对话,以及

组织召开"构建中国特色哲学社会科学系列论坛",通过对他者经验的考察、归纳、提炼和借鉴,推进中国学派和中国特色哲学社会科学构建。

1.2 加强选题策划

选题策划方面,一是以前瞻性、现实性、咨政性为特色,追踪改革大潮。

第一,精心策划选题,注重前瞻性。2015年股市上演过山车,《探索与争鸣》及时组织"'股市过山车'的背后——经济转型升级下的金融改革与风险控制";迪士尼即将开园,《探索与争鸣》组织了"上海迪士尼与中西文化融合"专题,两组文章都被人大《复印报刊资料》转载。

第二,追踪重大现实问题,注重持续性。《探索与争鸣》多年从问题意识入手,寻找前沿和热点话题并作长期跟踪。比如,长期关注计划生育问题,较早呼吁人口政策的变化,刊出《人口生育政策亟待全面彻底改革——基于人力资本、创新能力的分析》;关于单独二孩实施的效果问题,推出了《意料之外与情理之中:单独二孩政策为何遇冷》、《"单独二孩"实施效果与改革策略》;普遍二孩政策刚落地,再次推出《后"计生"时代:我们如何攻克养老新难题》圆桌笔谈,整组十余篇文章被人大《复印报刊资料》转载。

第三,始终关注民生问题,注重咨政性。《探索与争鸣》长期关注社会建设和民生保障领域,特别是房地产问题、社会风险与公共治理等当下社会民众最关注的问题,以及社会发展进程中出现的新问题像"破墙开围与空间正义"的专题讨论、《劳动合同法》的重修论争,不仅引起读者的强烈反响,而且被政府有关部门采用,作为要报呈送领导参考。

二是以学术性、争鸣性、思想性为核心,致力学术争鸣。《探索与争鸣》作为全国为数不多的以学术前沿问题探索和争鸣为主要特色的人文社科类学术刊物,近年来在坚持四项基本原则、贯彻"双百"方针的前提下,围绕重大的理论和现实问题展开了有新意的、持续的争鸣,有力地促进了理论创新和学术繁荣。比如,围绕新文化运动价值重估、儒学的现代命运、中国式民主、天下主义、重识中国与世界、人工智能等话题持续展开学术争鸣,让老中青三代学者充分互动,使各个学科充分融合。这几年,我们强化议题设置能力,在全国率先提出了亚美学、微文化、后真相、别现代、佛系青年、情感治理、空间更新、乌托邦500年等话题并展开相关的讨论。与此同时,《探索与争鸣》在栏目设置上积极探索"争鸣"的新形式和新方法。

2 举办高端论坛,在服务改革大局中塑造期刊衍生品牌

《探索与争鸣》杂志高度关注中国社会重大的现实问题,依托刊物、微信公众号和名家,强化议题设置的能力,围绕全面深化改革的总话题,独立组织或者借助外脑、外力,联合高校组织高品质的国际学术会议、圆桌会议或学术工作坊,初步形成了"全面深化改革系列论坛"、"中国高等教育系列高端论坛"、"中国城市问题研究(上海)论坛"、"大数据与社会科学研究系列论坛"、"中国学术话语体系创新之他者经验(学派研究)"等衍生品牌。

比如,"全面深化改革系列论坛"长期聚焦新常态下的经济形势与民生问题,聚焦时代的伦理规范与社会心态问题,聚焦文明的前景与人类命运共同体的构建问题,聚焦学术生态与价值导向问题,高频度、高质量、跨学科地开展四个方面的研讨。每期精心策划一个当前最值得关注的话题,邀请10位左右各领域的知名专家从不同学科和不同视域召开小型座谈会,从而既保证了观点的多元性,也保证了话题的集束效应。其中,"李克强之问与胡焕庸线之破"专题、"房地产:中国经济社会的'稳定器'"专题、"塑造中国政治新生态"专题、"平衡点与突破口:法治中国何以可能"专题、"聚焦微时代的精神状况"专题等,分别从社会、经济、政治、法治、文化建设的角度,接续探讨中国社会的整体性协调发展问题。又如,《探索与争鸣》与一流的科研机构合作展开国际化交流,在中国与世界已经是一个"命运共同体"的背景下,探讨差异与共赢,其中"现代化与化现代——新文化运动百年价值重估"国际论坛,"拿来主义与文化主体性:从鲁迅传

统看中国与世界——纪念鲁迅诞辰 135 周年暨逝世 80 周年"高峰论坛，"中国与世界的双向政治理解"高峰论坛，"涂尔干逝世百年纪念"国际论坛，"乌托邦的力量：当代美学的政治转向——第五届国际马克思主义美学论坛"等产生了重要的国际影响。此外，《探索与争鸣》关注学术的长远走向，长期就学术评奖如何发挥学术共同体的作用、如何传承和接续前人学术思想、如何设计和参与学术评奖、如何突破学术评奖的权力陷阱、当代人文学术如何实现"弯道超车"等话题展开讨论。

3 创新学术传播方式，在"弯道超车"中架设沟通社会的桥梁

《探索与争鸣》牢固树立党的宣传阵地意识，积极探寻"互联网+"时代传统学术媒体的生存之道，适应互联网时代学术生产方式的新特征和新要求，深度推进学术大众化、时代化，充分利用好网站、微信、微博等新的学术传播工具，提升学术和思想的传播力，努力实现学术话语方式、传播方式的弯道超车，在全国同类学术期刊中独树一帜。

2014 年 6 月，《探索与争鸣》在全国学术期刊中率先开通微信公众号。与大部分学术期刊所办的新媒体不同，"探索与争鸣杂志"微信公众号来自母体期刊，但内容绝不是照搬期刊，而是成为适应学术新媒体传播之道的新型媒介。《探索与争鸣》微信公众号从一开始就关注网络阅读习惯和限制。在运营初期，选择适合网络阅读的篇幅不长，或择取核心观点的文章进行群发，并注意学术的接受度，使文章的要点直击读者，并提醒读者阅读全文还是要翻阅原期刊。从内容到形式上，成长中的公众号逐渐弥补了期刊所欠缺的灵活性、时效性、年轻化、个性化。比如"人工智能"和"中国佛系青年"等栏目，收获上百万的点击量，产生了持续的学界反响。

为了适应电子化办公与学术刊物发展的新形势，加强编辑与作者、读者之间的联系，《探索与争鸣》官方网站日前已正式上线，未来将形成线上线下、采编一体的规范化的编审系统。与此同时，网站的电脑端、移动端、微信端三端联动，信息在第一时间实现共享和最广泛地传播。未来，《探

索与争鸣》将打造网站、公众号、微博、企鹅号等新媒体矩阵,促进刊物、论坛和微信的相互接力和深度融合,使学术更接地气、更具生命力。

4 推出《探索丛书》,在学术场域中再造经典品牌

《探索与争鸣》注重期刊精品的二次传播,计划定期推出特色丛书,做深学术思想,形成系列学术产品。《探索与争鸣》2014年推出《探索丛书》之《先声——国内外名家谈改革》后,2015年出版《探索丛书》第二部《警钟——聚焦苏东剧变》。目前正在编辑《现代化与化现代——新文化运动100周年论文集》。

作为一份始终关注时事政治、追踪改革大潮的先锋理论期刊,从苏东剧变之日起,《探索与争鸣》便围绕其为何解体、有什么历史教训、其他社会主义国家应如何避免重蹈覆辙等问题,作为学术高地精心打造。比如,基于历史的长度与连贯性,《探索与争鸣》精心择取了20多年来刊发的关于苏东问题的优秀文章,不仅仅局限于探讨苏东剧变原因的文章,而是站在世界历史发展的高度,关注交叉研究。又如,新文化运动100年来,围绕民主与科学两大主题,展开了持续的争鸣。《探索与争鸣》积极谋划,联合上海交通大学人文艺术研究院、北京大学高等人文研究院、北京大学儒学研究院共同主办"现代化与化现代——新文化运动百年价值重估"国际学术研讨会。来自美国、澳大利亚、瑞典、中国台湾、中国澳门等国家和地区的180多位知名学者,其中12位长江学者、4名院士,围绕"新文化运动价值重估"、"儒学转型与新文化运动"、"'启蒙'的百年流变"等主题进行了深度的讨论和研究。丛书将集结刊物精品和会议精华,以崭新的编排形式呈现给读者。

5 扶持青年学人,打造学术创新平台

《探索与争鸣》杂志努力在中国思想文化领域打造一个对话和交流的

开放的学术平台。就青年学人而言,一方面,很多青年不敢争鸣,不愿争鸣,不屑争鸣,然而学术需要淬火,思想需要辩诘,没有充分的学术争鸣就没有健康的学术发展;另一方面,今天日益固化的学科体制将很多有才华的青年困厄于学科之内,守着自己的一亩三分地,失去了前辈学人所追求的经世致用的学问境界。为此,《探索与争鸣》致力于扶持青年学人,使其在坚持政治底线的同时,努力扎根学术沃土,直面中国现实问题,并将这种从现实问题出发所做的深沉的思考,内化为中道理性的学术争鸣与思想激荡,进而助推理论创新和知识创新。

《探索与争鸣》主要从五个方面扶持青年:一是厚待众多青年学子,辟有"青年论坛"栏目,每期刊发青年学子的文章。二是年度不定期举办"青年学子沙龙",进行青年的跨学科碰撞和学术联谊。三是继 2014 年被国家社科规划办评为年度优秀后,将国家社科规划办奖励的 10 万元用于培养青年学者,分别于 2014 年和 2016 年开展了两次全国青年理论创新奖征文,收到了全国各地各高校的青年教师和学生的投稿共计 1 700 余篇,评选出一、二、三等奖及提名奖共计 45 人,并将获奖论文发表在"青年理论创新征文"栏目。四是 2017 年底推出"青年学人支持计划",包括第三届(2018)全国青年理论创新奖征文、优秀青年学人支持计划和青年学人优秀论文支持计划三项系列活动,推出青年学人书评专栏和青年学子论文专评。五是 2018 年微信公众号推出"青椒心声"专栏。青年学人的踊跃参加也使得《探索与争鸣》在较短时间内凝聚了一批学术功底颇佳,理论视野开阔,具有人文情怀的青年作者队伍,成为刊物持续发展的生力军。

本刊网址:http://www.tsyzm.com/CN/1004-2229/home.shtml

(《探索与争鸣》编辑部　供稿)

立足国内　面向国际
——Acta Pharmacologica Sinica
（《中国药理学报》）的国际化进程

Acta Pharmacologica Sinica（《中国药理学报》，以下简称 APS）于 1980 年创刊，由中国药理学会主办，中国科学院上海药物研究所承办，中国科协主管。2001 年 9 月，中国科学院上海药物研究所被增补为第二主办单位。

创刊伊始，APS 是中文版，季刊。1986 年改为双月刊，1999 年改为月刊，2000 年改为英文版。经过 20 年坚持不懈的努力，APS 走过了从中文版的艰辛创刊至全英文版的过渡，并在国内外学术领域树立了良好的声誉。迈入 21 世纪，APS 加快了与国际接轨的进程，在出版网络化和国际化方面发展迅速。2005 至 2008 年同 Blackwell 出版公司合作出版，全面实现网络出版与国际发行。2009 年至今与 Nature 出版集团合作出版，借助 Nature 的知名品牌和先进的网络平台，提高期刊的国际显示度，进一步推进期刊走向国际。

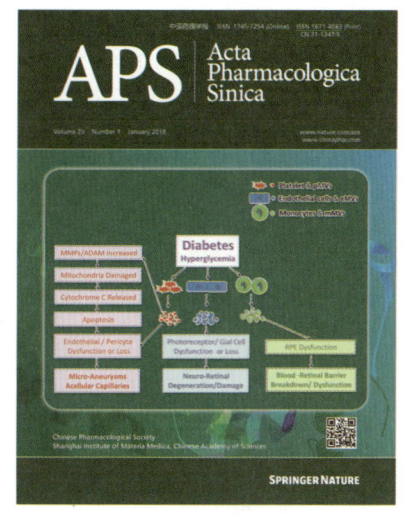

1　国内外影响力

本刊 1985 年被美国科学引文索引（Science Citation Index，SCI）收录，是我国较早被 SCI 收录的少数期刊之一。自收录以来，本刊 SCI 影响因子和总被引频次一直保持稳步增长,2017年度总被引频次8 041,影响因子为3.562,5年影响因子为3.773,影响因子位居53位/171(综合化学领域前31%,Q2区),63位/261(药理学和药学领域前24%,Q1区)。本刊还被《化学文摘》、《生物学文摘》、《医学索引》(Index Medicus/Medline)、《医学文摘》(EMBASE)、Current Contents/Life Sciences,PubMed,Research Alert,SciSearch,Scopus,Kagaku Gijutsu Bunken Sokuho以及俄国《文摘杂志》等国际著名检索系统收录。

近年来,本刊多次获得"中国最具国际影响力学术期刊"、"华东地区优秀期刊"、"百强科技期刊"等荣誉,并于2017年获得期刊业最高奖"第四届中国出版政府奖期刊奖"。此外,连续5年获得中科院科学出版基金(一等/二等)资助,连续7年获得中国科技期刊国际影响力提升计划A类资助。

2 办刊特色

APS第八届编委会由100名海内外药理学与相关学科专家组成,其中40%为国际编委。主编丁健为中科院上海药物所研究员、中国工程院院士、中国科学院大学药学院院长,长期致力于肿瘤药物的研发和国家重大新药创制平台建设。本刊编辑部目前有5名专职编辑,均为生物医药专业背景的硕士或博士。编辑团队在组织优秀稿源、优化稿件质控流程、提高出版质量、对外宣传与推广、跟踪学科前沿、期刊经营管理等方面均有丰富的办刊经验。

编辑团队也可为研究生做写作、投稿、学术诚信等方面的讲座。2006年编辑团队承办了第十五届世界药理大会的会议论文集,发放给来自五大洲的3 000多名与会代表,积极推进了刊物的国际影响力。2010年编辑团队精心策划"生日专辑",成功出版纪念专刊,为创刊30周年献礼。同时举办创刊30周年庆祝会和学术报告会,海内外编委和出版界同仁百余名出席了本次会议。大会向为本刊发展做出杰出贡献的专

图1 主编丁健院士与编辑部成员合影

家、高被引用论文作者颁奖。丁光生教授荣获终身成就奖。海外编委们做了精彩的学术报告。

本刊编辑团队一直保持国际办刊视野，较早在国内启用国际医学期刊编辑委员会统一投稿要求，形成一套科学、标准的编辑规范。同时，也积极跟进国际学术出版领域新的操作规则等，例如，APS 成为国际出版伦理委员会（COPE）成员期刊，并按照该国际组织标准操作流程处理出版过程中的学术不端行为。2005 年与英国 Blackwell 出版公司签订合作协议，实现了国际化的网络出版。2009 年与 Springer Nature 出版集团达成新的国际出版合作协议，进一步提升了本刊的国际显示度，扩大了本刊在学术界的影响力。

2005 年本刊在全国首家采用 ScholarOne Manuscript 在线投稿与审稿系统，实现全部稿件在线投稿与审稿，同时也利用该系统逐步建设国际化审稿专家库（来自 40 多个国家和地区的 4 000 多位审稿专家，其中 70% 来自海外），改变了以往主要依赖国内专家的审稿模式，建立了稿件的国际同行评议体系。

近年来,APS加强了国际稿件的约请力度,逐步改善了以国内为主的作者地域分布,发表文章约30%来自海外作者。国际作者稿件主要通过策划特约专刊的方式。以2017年为例,我们邀请本所研究员担任客座编辑,组织出版了一期纳米生物技术与抗肿瘤药物专刊,有来自中国、美国、加拿大、韩国、新加坡等国家来稿20篇。此外,邀请美国专家担任客座编辑,组织外泌体研究专题;中美专家担任客座编辑,组织方剂组学研究专题;加拿大专家担任客座编辑,组织当地药物研发稿件;美国专家担任客座编辑,组织心血管疾病与生物标记物研究专题等。出版特约专刊不仅在相关专业领域普遍受到好评,且带动期刊整体水平更上一层楼。特约专题形式也吸引一些原本对本刊陌生的作者逐步认识本刊,有的专刊作者首次在本刊发文后觉得获得意想不到的效果(高被引论文),继而成为我们的老作者和友好审稿人。

图2　编委会议合影

在宣传与推广方面,我们与学协会保持紧密联系。中国科协所属期刊大多有丰富的学会资源,学会举办国际会议越来越多,编辑可以充分利用学协会平台来推广学术期刊。2017年我们为学会提供首届中加美药理会议论文摘要的出版服务,与会议主办方紧密合作圆满完成出版任务,从而获得了宣传期刊的机会,近距离接触与会专家。此外,我们共同参与的学术会议有:皇后镇分子生物学会议、国际干细胞心肌修复转化医学论坛、中国神经科学年会、全国生化药理年会、全国心血管药理年会、全国肿瘤药理会议、中国自噬大会、心血管转化医学专题会议、表观遗传与生物医药研究国际会议等。此外,我们与美国华人心血管科学家协会合作,在美国心脏协会基础心血管年会(AHA-BCVS)期间共同举办双方冠名的小型学术会议(已举办五届),向更多的海外华人和国际专家宣传本刊,吸引海外专家来稿。定制杂志宣传品,例如:笔记本、工作月历本、圆珠笔等,邮寄给国内外编委、审稿人、作者,或在学术会议期间布展或放入会议包袋中派送。此外,我们尝试通过科睿唯安公司的"期刊国际影响力提升服务"进行电子邮件推广,根据本刊定位提取 5 000 名目标读者群,推送重点文章和介绍等,提高本刊全球推广力度。我们建立了本刊的微信公众号,定期更新和维护,推送每期目录、部分作者文章的短篇介绍、编辑与出版有关资讯等。

本刊网址:www.chinaphar.com

(《中国药理学报》编辑部 供稿)

脚踏实地 精益求精 打造世界一流期刊
——Chinese Journal of Chemistry
(《中国化学》)的开拓创新之路

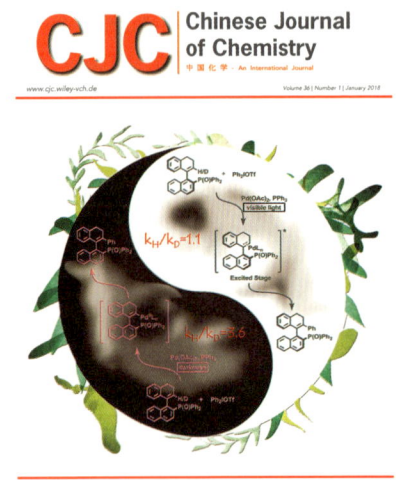

Chinese Journal of Chemistry(《中国化学》,简称 CJC)是由中国科协主管、中国化学会和中国科学院上海有机化学研究所主办,面向国内外公开发行的英文版综合性化学月刊。所载论文涉及物理化学、无机化学、有机化学和分析化学等化学各学科领域基础研究和应用基础研究的原始性研究成果。《中国化学》是国内为数不多的被美国 SCI 核心收录的期刊,曾多次荣获国内各类期刊奖,如"中国出版政府奖期刊奖提名奖"、"华东地区科技期刊奖"、"中国最具国际影响力期刊"、"上海最具国际影响力英文学术期刊"等,多次获得中国科学院出版基金、中国科技期刊国际影响力提升计划(C 类)等资助。《中国化学》坚持高标准,所有论文都须经过国内外同行评审,同时为广大作者提供优质服务,免除审稿费和版面费,发表周期控制在平均 3 个月左右。2017 年影响因子为 2.378(JCR),处于同类期刊的 Q2 区。

1 发展历程回顾

1983 年《中国化学》创刊,半年刊,首任主编是中国生物有机化学的先驱者之一汪猷院士。1985年改季刊。1990年起改用现刊名 *Chinese Journal of Chemistry*。现任主编为中科院院士麻生明。

1998年，主办单位中国科学院上海有机化学研究所对编辑部进行了改革，将原先分开的《化学学报》、《中国化学》和《有机化学》三个编辑部联合起来成立学报联合编辑室，由青年化学家、《中国化学》时任常务副主编麻生明研究员担任联合编辑室主任，领导学报工作。三刊实现了资源共享、优势互补，提高了工作效率和质量。比如当时《化学学报》已

图1　主编麻生明院士

被SCI收入，稿源比较丰富，而《中国化学》面临稿源不足的困境，《化学学报》的编辑就劝说作者将投给自己的英文稿件转给《中国化学》，同时麻生明研究员亲自投稿和组稿，缓解了《中国化学》的稿源荒。

1999年《中国化学》被SCI正式收录，从此步入快速发展通道。首先，来稿大幅度增加，从1999年的不足190篇增加到2000年的近300篇，此后两年每年增加100篇左右，《中国化学》彻底走出了稿源荒。其次，发表论文数也大幅度增加，从1999年的88篇增加到2000年的161篇，2003年突破了300篇。2001年《中国化学》从双月刊改成了月刊。此外，影响因子也快速上升。1997—1999年的影响因子在0.229～0.346之间，总被引频次在161～241之间，处于很低的水平。2000—2005年的影响因子在0.558～0.819之间，总被引频次在318～1 119之间。可见，期刊被SCI收入后国际影响力迅速扩大，被引用次数成倍增加。特别是总被引频次的上升幅度远远超过影响因子的上升幅度，这与期刊发表论文数的大幅度增加密切相关(见表1)。

表1 《中国化学》来稿、发稿、SCI影响因子、总被引频次等数据汇总

	1997	1998	1999	2000	2001	2002	2003	2004	2005	2006	2007
来稿(篇)			185	293	438	533	519	554	585	702	758
发表(篇)	79	78	88	161	235	289	336	300	318	327	343
影响因子	0.257	0.229	0.346	0.707	0.663	0.558	0.592	0.768	0.819	0.712	0.719
总被引频次		161	152	241	318	369	413	578	951	1 119	1 177	1 226

	2008	2009	2010	2011	2012	2013	2014	2015	2016	2017
来稿(篇)	805	769	855	1 231	1 279	926	904	928	933	815
发表(篇)	399	404	393	435	436	215	177	189	170	240
影响因子	0.945	0.891	0.773	0.755	0.917	1.040	1.578	1.872	1.852	2.378
总被引频次	1 503	1 780	1 666	1 873	2 438	2 740	3 066	3 069	2 952	3 335

图2 2010—2017年影响因子走势

2005年起,《中国化学》由中国科学院上海有机化学研究所和德国Wiley-VCH联合出版。在Wiley-VCH平台上,《中国化学》与众多世界一流期刊同台展示,迅速扩大了期刊的国际影响,国外来稿迅猛增加,短时间内从屈指可数到占来稿量的30%以上。随着国外来稿增多,2008年来稿量首次突破800篇,发文量也逐年增加,2009年首次突破400篇。期刊的读者群也从以国内读者为主,迅速转变为海外读者占大多数。

一、上海学术期刊案例选 >>>

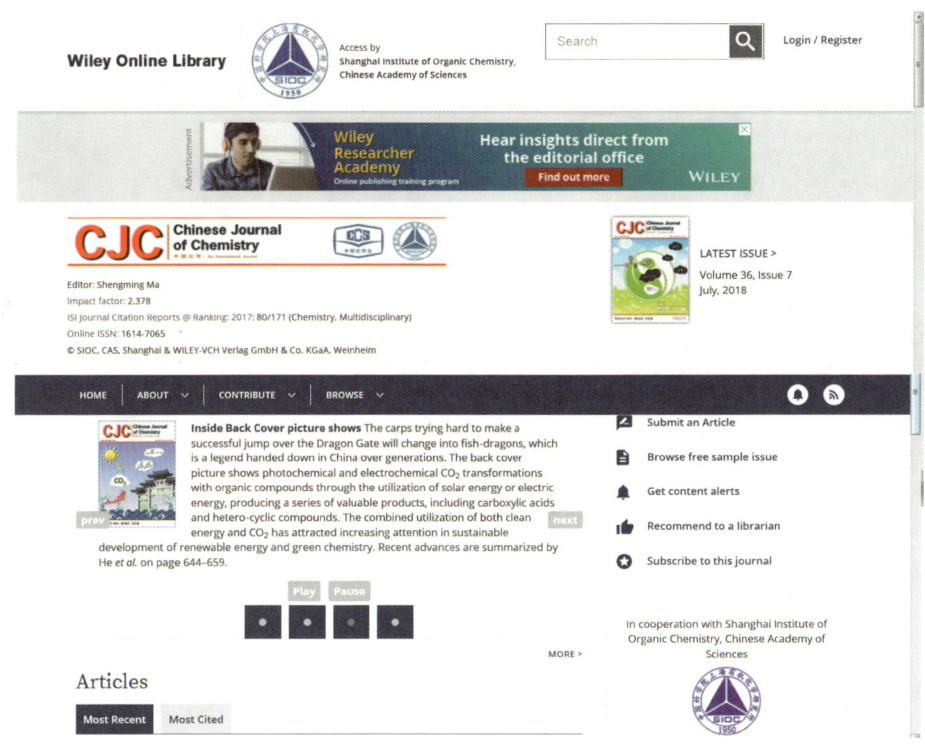

图 3　期刊网页

2006年的全文下载数比2005年增加了255%;2007年又比2006年增加了45%,其中51%来自国外。同时影响因子和总被引频次继续呈上升趋势,2006—2010年的影响因子在0.712~0.945之间,总被引频次在1 177~1 780之间。

2011年上半年,编辑部选派一位优秀编辑去Wiley-VCH公司实习3个月,与国外编辑一起工作,学习和引进了国外期刊和编辑部的先进办刊理念和方法,改进和提升了编辑部的工作方法和水平。2011年下半年,开始采用国际先进的ScholarOne稿件处理系统,方便了作者投稿和专家审稿以及编辑对稿件的处理和跟踪,来稿量迅速从每年800篇左右增加到1 100篇以上,国外来稿的比例也增加到40%以上。与此同时,编辑部的人员分工、稿件处理流程等也向国外先进做法靠拢。由于分工明确、工

图4　编辑部成员参加德国培训合影

作任务集中,提高了工作效率,稿件处理速度大大加快,发表时滞从以前的8~9个月缩短到3~4个月。

使用新系统后,审稿专家从国内为主转为国外为主,主要来自西欧、北美、日本、澳洲等国家或地区,保证了审稿质量和公正性。同时,我们提高了稿件录用标准,要求审稿人按照影响因子2.0的期刊标准进行审稿。随着录用标准和退稿率的大幅度提高,来稿和发表数量出现下降。另外,我们也很重视稿件复审工作。作者修改稿件时,必须同时提供"修改意见逐条答复"和"红笔标记修改稿"。对于"大修"和"大修后复审"稿件,邀请原审稿专家进行复审。最后,主编或副主编对稿件进行终审,决定是否录用。

其次,我们加大组稿力度,吸引优秀稿件。《中国化学》每年组织出版论文专辑4至6期,吸引了一大批质量相对较高的稿件。在组织专辑时,我们选择热点领域,邀请这些领域领衔科学家担任客座编辑,组织约稿,如"不对称合成"、"超分子自组装"等,取得了比较好的组稿效果,经统计,每月论文下载前 10 名的文章,多数来自论文专辑。随着论文质量的提高,影响因子和总被引频次也继续上升,影响因子在 2013 年首次突破了 1.0,2014 年进一步突破了 1.5,首次进入 Q2 区。2016 年起,我们又将录用标准提高到了相当于影响因子 3.0 水平,随着录用标准的提高,影响因子进一步上升,2017 年首次突破 2.0,达到 2.378。

2 新目标、新举措

为加快期刊发展,2017 年《中国化学》改组了编委会,聘请麻生明院士担任主编。麻生明院士是 Organic Chemistry Frontiers 的首任主编,熟悉国际一流期刊运作。在主办单位支持下,新主编上任伊始即对期刊进行了大刀阔斧的改革。

2.1 确立期刊发展目标

对标 *Journal of the American Chemical Society*(《美国化学会志》)/ *Angewandte Chemie International Edition*(《德国应用化学》)/ *Nature Communications*(《自然·通讯》)等三大顶尖化学期刊,《中国化学》将发展目标定为 10 年后成为影响因子超过 10 的世界一流化学期刊。

2.2 提高录用标准

主编重新设置了栏目,"Recent advances"相当于 *Angewandte Chemie International Edition* "highlight"水准,"Critical reviews"相当于美国化学会综述类期刊 *Chemical Reviews* 和英国皇家化学会综述类期刊 *Chemical Society Reviews* 论文水准,"Breaking reports"对标三大顶级期刊,"Comprehensive reports"和"Concise reports"对标一流二区期刊,"Chemistry Authors Up Close"邀请知名化学家讲述他们的化学研究工作,将中国的化学家推向世界,将国外的化学家推介给中国。

2.3 改组编委会

编委会是决定期刊学术水平的核心力量,新一届的编委会由8名在化学界非常知名和活跃的年轻化学家担任副主编,其中一名为外籍,他们与主编一起为《中国化学》的来稿把关,并积极投稿、组稿和宣传。由19位国际化学界著名化学家担任期刊的国际顾问编委,扩大期刊的国际影响力。由包含8名院士在内的21位资深化学家组成高级编委会(Senior Editorial Board),为期刊的发展出谋划策。由35位获得国家级资助、在相关学术领域非常活跃的青年化学家组成青年明星编委会(Editorial Board of Rising Stars),担当期刊发展的生力军。

2.4 改革审稿流程

为严把审稿关,《中国化学》改革了审稿流程。新稿先由科学编辑初审,通过广泛、深入的文献调研,从创新性、数据完整性、语言等方面写出初审报告并提交主编,主编亲自对每篇投稿审查,直接退掉不符合要求的稿件,剩余稿件提交相关副主编审稿。副主编审阅后还可以直接退稿,剩余稿件送外审并最后终审。对审稿流程涉及的所有表单、信函等重新进行设计,并经过主编会议讨论、修改、定稿,确保审稿质量和速度。

2.5 加大约稿、组稿力度

由于录用标准的大幅度提高,自由来稿基本都不符合发表要求,稿源不足成为严重挑战,为此,采取了以下措施:

(1) 发挥编委核心作用。我们与编委签署协议,要求每位副主编和青年编委每年为期刊贡献一篇高质量论文,并积极组稿和宣传。部分编委主动担任客座编辑组织论文专辑。

(2) 发挥主办单位支撑作用。中科院上海有机化学研究所制定支持期刊发展的特殊政策:本所投给《中国化学》的稿件,录用后年终按影响因子6.0奖励,被《中国化学》Breaking Report栏目录用的稿件,年终按影响因子10.0奖励。

（3）奖励优秀论文。新和成控股集团有限公司与中国科学院上海有机化学研究所于 2018 年 1 月签署协议，自 2018 年至 2022 年，每年捐赠人民币 20 万元，对投稿给《中国化学》原创性非常强的论文，由主编或副主编提名，经主编和副主编全体投票，获 2/3 同意的稿件授予"新和成《中国化学》创新奖"（NHU-CJC Innovation Award），每位作者均将获得证书和奖金，相关论文在 Breaking Report 栏目发表。

（4）主编亲自约稿。主编发挥在学术界的影响力，通过打电话、发邮件、开学术会议时用 ppt 宣传等方式亲自约稿。

以上措施取得了初步成效，满足了期刊在大幅提高稿件录用标准的"生存"期所必需的稿源数量。

2.6　为作者提供更好的服务

我们承诺论文录用后一周内发给作者清样，综述性论文录用后两周内发给作者清样。稿件录用后马上以 Accepted Articles 形式在网上登载。清样校对回来后一周内以 Early View 形式发表，研究性论文在 Early View 中即安排正式页码。每一期提前一个月上网出版。为原创性很强的紧急论文开辟绿色通道，加急处理，有多篇论文从投稿到录用上网不到一个月。对于专辑，不再等全部论文集齐后才正式发表，而是录用一篇发一篇，最后出虚拟网刊，加快了出版速度。我们还对期刊封面和版式重新设计，使期刊更符合现在化学家的审美标准。

2.7　利用新媒体、新手段推广期刊

文章录用后让作者提供 20 个相关专家，编辑部对文章进行有的放矢的推送。2017 年底我们建立了微信公众号，及时发布每期目录、期刊资讯，推送论文，短短半年，关注者已突破 1 200 人。我们还通过 E-mail 向 2 万多读者推送每期目录。我们的编委也在参加国内外学术会议时积极宣传期刊。我们每年都要参加 6 次以上的国内外学术会议，向与会者赠送期刊和宣传品（如年历、鼠标垫等），取得了很好的宣传效果。

经过1年的努力,无论形式还是内容,《中国化学》都已焕然一新。它的作者群在持续更替和改善中,来自著名大学和研究机构的高水平作者越来越多;它的读者群也在不断扩大中,这可以从不断增长的微信公众号关注者数量反映出来。

本刊网址:www.cjc.wiley-vch.de

(《中国化学》编辑部 供稿)

推动原始创新　引领国际科研
——*Cell Research*（《细胞研究》）的强刊策略

Cell Research（《细胞研究》）由中国科学院主管、中国科学院上海生命科学研究院生物化学与细胞生物学研究所与中国细胞生物学会共同主办，是我国细胞生物学领域以英文发表原创性研究论文、综述、快报和述评的国际性学术期刊，目前已成为我国最具代表性的学术期刊之一。

1　发展历程

改革开放初期，著名实验生物学家姚錱院士等我国老一辈细胞生物学家在出国访问归来后，深切感到我国与国际细胞生物学研究间的差距，认为有必要在多方面开展我国与国际间的学术交流，给中国科学家一个向世界展示的窗口，从而提出了"迫切需要创办我国以外文出版的学术期刊，促进我国与国际间的学术交流"的倡议和申请，获得国家新闻出版总署和科技部的大力支持。1990年，中国科学院原上海细胞生物学研究所创办了*Cell Research*，2002年起改由中国科学院上海生命科学研究院生物化学与细胞生物学研究所主办，2007年追加中国细胞生物学学会为第二主办单位。*Cell Research*是我国细胞生物学领域以英文发表原创性研究论文、综述、快报和述评的国际性学术期刊，目前已成为我国最具代表性的学术期刊之一。初创阶段为半年刊，1998年改为季刊，2002年改为双月刊,2005年改为月刊。

创刊之初,姚鑫院士在聘请国内知名编委成员的同时,也聘请了国际同行专家加入本刊编委会,设立了美国和英国的地区编辑,协助本刊开展了英、美、加、澳等地区的工作。2006年裴钢院士接手担任第二任主编,此时 Cell Research 发展陷入瓶颈,学术质量停滞不前,影响因子在2左右已经徘徊了四年。裴钢院士召开了一次重要的编委会,提出 Cell Research 下一个目标,就是要将学术水平提升至美国生化与分子生物学学会会刊 JBC 的水平。同年 Cell Research 从海外引进时任美国 Cell 杂志 Associate Editor 的李党生博士担任常务副主编,带来专业科学编辑模式,锻炼出了一支适应现代学术期刊发展的年轻科学编辑团队。同时,Cell Research 与国

图1 主编裴钢院士

际著名的自然出版集团(NPG)合作,成为其在亚洲的第一个伙伴期刊,也被其高度评价为一个"里程碑"式的合作。Cell Research 用了大概5年时间实现了主编裴钢院士的目标,即所有论文水平都达到或超过 JBC 水平。目前共有编委97人,其中中科院院士15名,国际编委63名。

2 国内外影响力

Cell Research 于1997年同时向 Medline 和 SCI 两个数据库提出申请。当年即被 Medline 收录,1999年开始制作了电子版全文(html 和 pdf 格式);2000年开通顶级域名期刊网站 http://www.cell-research.com,同年与 Pubmed 建立全文链接,提供免费阅读、下载和检索。通过在线发布全文电子版,极大地促进了 Cell Research 论文在全球的迅速传播和引

用。1999年获评收录进入SCIE,于2002年6月,首次获得汤森路透科技信息研究所(现为科睿唯安)发布的影响因子(Impact Factor,IF)2.102,在当时收录的147种细胞生物学领域期刊中排名第77位,同时也创造了中国人创办与出版的科技期刊影响因子首次突破2的历史纪录。

此后,期刊IF于2007年、2008年有显著提升,分别突破了3和4,2010年突破8后连续三年稳定在8以上。2013年越过10,此后继续上升,影响因子相继赶超国际知名学术期刊如EMBO J(《欧洲分子生物学学会会刊》)、PNAS(《美国科学院院刊》)、*Developmental Cell*(《细胞发育》)和 *PLoS Biology*(《公共图书馆·生物学》),2017年超过15,2018年最新IF是15.393,总引频次13 728,在细胞生物学分区的190种期刊中位列第10位。稳定在国际分子与细胞生物学领域杰出期刊行列,并已连续三年超过国际顶级期刊 *Nature Structural & Molecular Biology*(《自然结构与分子生物学》)和 *Molecular Cell*(《分子·细胞》)。*Cell Research* 对于中国学术界而言更多地意味着我们终于有了自己的掌握学术话语权的高端平台,让中国科学家(包括华人科学家)在同国际同行的竞争当中能处于一个相对公平公正的位置,同时对于推动我国科学家的原始创新、引领国际科研起到了相当大的作用。

由于 *Cell Research* 的高影响力,该刊于2013、2015、2017年连续三届获得百强报刊称号;2013年还荣获"第三届中国出版政府奖期刊奖",2017年获得"第四届中国出版政府奖先进出版单位",2017年第六届"华东地区优秀期刊"。此外,该刊还连续6年(2012—2017年)评为"中国最具国际影响力学术期刊"第一名,获得"国家自然科学基金重点学术期刊项目"、中国科学院科学出版基金、中国科协——"学会能力提升专项优秀国际科技期刊奖"、"中国科技期刊国际影响力提升计划"A类项目等各类资助1 500余万元。*Cell Research* 常务副主编李党生研究员2013年荣获"第三届中国出版政府奖优秀出版人奖"。*Cell Research* 编辑部主任程磊编审2015年荣获"上海出版新人奖",2016年荣获"2014—2015年度中国科学院科技出版先进个人奖"。

3 办刊特色

3.1 打造优秀职业编辑团队

裴钢主编为 Cell Research 制定的发展目标是要冲击国际一流期刊,这意味着必须不断提高文章的学术水平,因此必须采取专业的职业编辑方式。李党生博士担任常务副主编后引进了如同 Cell、Nature 这些国际顶级期刊所采用的 in house 的职业编辑方式,着手培养和锻炼一支适应高端刊发展的专业编辑队伍,至今已陆续培养了 15 个专业编辑,其中包括 5 个美国留学回来的博士后,1 个加拿大留学回来的博士后,2015 年更是引进了一位资深 PI 担任科学编辑。他指导的我国期刊界两位博士后也都已顺利出站(其中一位还是我国首位期刊界博士后)。目前 Cell Research 科学编辑全部为博士研究生学历,具有生命科学相关专业知识背景,能为作者提供优质的服务。

他们的主要工作是:1) 负责稿件审理工作。新稿件投稿后一周内完成初审(决定是退稿还是送审);一审周期一至一个半月,特殊稿件提供快至一周的一审周期;接受稿件一个月左右上网,最快两周即可上网。稿件的审稿意见由科学编辑讨论后和作者直接进行沟通,交流修改意见,对于作者非常有帮助。2) 对接受稿件进行最终的科学精准表达的修订。我们的编辑不仅专业知识扎实,而且有较强的英文功底,在常务副主编的指导下对文章语言修订的能力不断提高,接受的部分原创论文、简报和点评文章的语言修订工作均由编辑完成,使得论文在线发表的速度得到了进一步提高。同时对于我们组织的综述专刊文章,由于要快速审校,编辑在这些综述文章上要花费大量时间和精力进行精读和修改,目前这些工作由具有海外留学背景的科学编辑及常务副主编共同承担。专刊的筹备审校工作因此得到约稿专家、撰稿专家的一致好评。

3.2 约写权威综述

期刊通过约写权威综述来提高自身的影响力是国际通行的惯例。

Cell Research 从 2000 年开始尝试做综述专刊"细胞凋亡",成型于 2005 年"信号转导",此后基本上每年发表一期高水平的综述专刊。比如 2016 年"泛素信号专刊",2017 年"肿瘤免疫专刊"等。作者分布在 40 多个国家和地区,前三位是中国、美国和韩国。审稿人分布前三位是美国、中国和英国。

3.3 宣传与推广

为进一步扩大期刊在欧美等国际科学团体中的影响力,自 2012 年起,*Cell Research* 陆续在国际著名的生物医学系列会议上进行宣传,如 Gordon Research Conferences、Keystone Symposia、Cold Spring Harbor Asia、美国细胞生物学年会等,同时针对热门研究领域的权威会议进行宣传,比如国际干细胞学会的年会、国际 RNA 协会的年会等。通过这些宣传,拓展了 *Cell Research* 在国际科学团体尤其是欧美科学家中的影响力,吸引欧美科学家的优秀稿件,使期刊真正成为一本国际一流刊物。比如 2011 年 *Cell Research* 联合 Cold Spring Harbor Asia 在其表观遗传学会议上设立 CSHA-Cell Research 优秀墙报奖,共有 9 名研究生获奖;2012—2018 年连续七届国际干细胞学会的年会上 *Cell Research* 均向与会科研人员赠送了 1 000 本干细胞合辑。

为进一步扩大国际影响力,2009 年 *Cell Research* 同全球知名药企赛诺菲签署协议,联合设立"Sanofi-Cell Research 优秀论文奖",评选范围为上一年度刊登于 *Cell Research* 印刷版上的原创论文及综述论文,该奖项每年评选一次,设两个优秀原创论文奖及一个优秀综述论文奖,由赛诺菲公司分别提供 5 000 欧元及 3 000 欧元奖金,以此表彰和鼓励在 *Cell Research* 发表优秀论文的科学家。颁奖仪式由 *Cell Research* 主编裴钢院士亲自主持,同时还会同期举行小型学术研讨会,除获奖代表之外,还会邀请国内优秀科学家到场报告交流,一方面扩大期刊影响,一方面也借此机会介绍宣传中国的科学研究成果。在 2014 年的颁奖典礼上,国际顶级科学家 Rudolf Jaenisch 亲自到场领奖并作报告。

图2　第八届赛诺菲-Cell Research优秀论文奖颁奖仪式

本刊网址：www.cell-research.com；www.nature.com/cr

（《细胞研究》编辑部　供稿）

打造中国顶尖品牌期刊
——Applied Mathematics and Mechanics (English Edition)（《应用数学和力学（英文版）》）的强刊之路

Applied Mathematics and Mechanics (English Edition)（《应用数学和力学（英文版）》,以下简称 AMM）是著名科学家钱伟长先生于 1980 年创办的英文科技期刊。现为月刊，由上海大学与中国力学学会联合主办，Springer 出版公司负责全球发行。期刊主要刊登有关力学、力学中的数学方法、数学建模以及与近代力学密切相关的应用数学研究的创新性学术论文。

期刊现任编委 61 人，其中包括 22 位院士，以及来自美国、英国、法国、德国、加拿大、澳大利亚、瑞典、乌克兰和新加坡等多国国际编委。

现任主编郭兴明教授，为上海市应用数学和力学研究所负责人，上海大学教授、博导，中国力学学会理性力学与力学中的数学方法专业委员会主任、上海市力学学会副理事长，发表 SCI 论文 60 余篇，他引 600 余次，曾获上海市自然科学二等奖等。编委们在期刊的发展定位、组稿策稿等方面出谋划策、倾注全力，为期刊的发展做出了卓越贡献。

图 1　主编郭兴明教授

1　国内外影响力

创刊当年,AMM 即被荷兰《世界译文索引》WTI、俄罗斯《文摘杂志》РЖ 力学卷、俄罗斯《文摘杂志》РЖ 数学卷、美国《应用力学评论》、美国《数学评论》、美国《当代数学》、美国《力学》Mechanics、德国《数学文摘》、美国《宇航文摘》等文摘和索引收录。1990 年起刊物被 EI 数据库全文收录,1997 年起被 SCI 数据库收录,是国内最早被 SCI 和 EI 收录的应用数学和力学类期刊,也是中国高校中最早被 SCI 和 EI 收录的期刊之一。刊物为 20 多种国内外重要数据库收录,并被美国力学科学院评为 17 种国际核心力学刊物之一。

近五年来,期刊狠抓刊文质量,不断提升期刊在国内外各平台上的能见度,影响力获得很大提升。期刊在 2013 年 JCR 报告中影响因子为 0.802,总被引频次为 1 190 频次,在 251 种应用数学学科期刊中排名第 113 位,排名 Top45%,位于 Q2 区;在 2017 年 JCR 报告中,期刊影响因子上升为 1.538,总被引频次 2 089 频次,影响因子在 252 种应用数学学科期刊中排名第 54 位,排名 Top21%,上升至 Q1 区。在力学类期刊中,AMM

一直稳居 Q3 区。期刊 2013—2017 年在 JCR 报告中的影响因子和总被引频次概况见图 2 和图 3 所示。

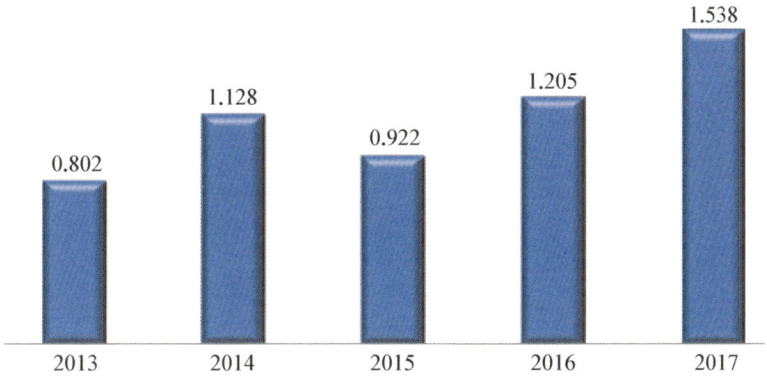

图 2　2013—2017 年在 JCR 报告中 AMM 影响因子概况

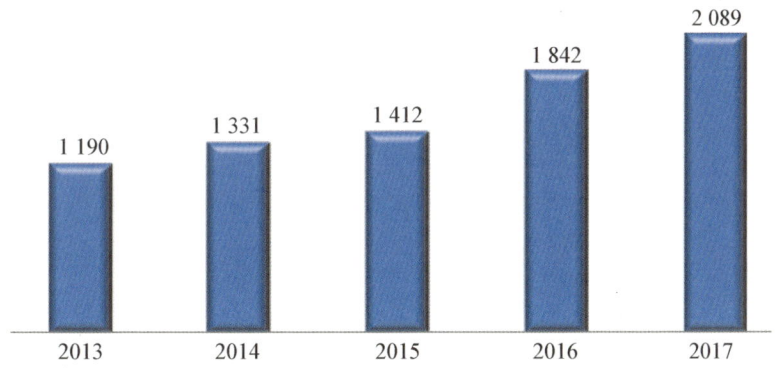

图 3　2013—2017 年 JCR 报告中 AMM 总被引频次概况

此外,经过激烈竞争和严格地筛选,AMM 获得了中国科技期刊国际影响力提升计划第一期(2013—2015 年)B 类资助、第二期(2016—2018 年)B 类资助和上海市高水平高校学术期刊支持计划 A 类资助(2016 年,2017 年,2018 年)。在这些资金的资助下,期刊在各个领域获得了全面提升,在国家、上海市和各行业评比中表现优异。2013 至 2017 年间,期刊连续五年被评为"中国最具国际影响力学术期刊",连续两届获得"中国高校精品科技期刊奖"和"中国高校科技期刊优秀网站奖",2015 年期刊入选国家新闻出版广电总局遴选出的"百强科技期刊",并在历年各类期刊编校质量检查中均获"优秀"。2017年,编辑部荣获了"中国高校科技期刊优秀团队奖",2018年入选"上海最具国际影响力英文学术期刊"。

2 办刊特色

近年来,在中国科技期刊国际影响力提升计划B类资助和上海市高水平高校学术期刊支持计划A类资助的支持下,期刊与时俱进,为打造期刊品牌,进行了一系列改革。

2.1 规范体例,优化流程,全面提升期刊的编校质量

为了进一步规范工作流程,提高编辑部工作效率,编辑部制定了《编辑部工作条例》和《AMM编校规范》,对编辑部的各项工作进行了梳理和部署,完善编校规范,保证责权分明,力争做到事前有计划、事中有监督、事后有总结,全面保证期刊工作的质量。

期刊出版严格遵守"三校一读"的编校流程。为提高编辑部的工作效率、统一整期的编校风格,期刊实行执期编辑整期责编制,即当期的执期编辑同时也担当当期所有论文的责任编辑,固定二校和三校以及通读,并在流程中穿插专家语言润色等中间环节,有效地提高了期刊的编校效率,保证了所有刊发稿件的语言表述和学术质量。近几年,期刊在各类编校质量检查中,均获"优秀"。通过这一系列的举措,编辑部成员的编校水平也获得了快速提升,在第一届和第二届上海市科技期刊编辑技能大赛中,编辑部成员均有获奖。

制定"评刊会"工作机制,期刊出版后,编辑部会集中进行审读,总结当期刊文的出版时滞、被引文献概况、作者概况、基金论文比概况等,并要求责编在论文正式出版后固定时间段采集论文的下载和被引情况,不定期进行汇总和总结,以便实时跟踪和调整期刊组稿策划的重点和方向,追踪学术前沿。

2.2 调整编委结构,明确编委职责,依靠专家编委办刊

《应用数学和力学(英文版)》创刊于1980年,编委结构老化,许多编委虽然具有很高的学术成就,但已经不在科研第一线。为了充分发挥德高望重的老一辈编委的余热,充分调动中青年编委的工作积极性,期刊进行了一系列改革。

经过缜密的调查和分析,原有的编委会分成了荣誉编委、编委、特邀编委三组,主要负责期刊的组稿策稿等,按照编委的工作特点分别安排。主编团队由原来的主编和执行副主编各1位发展成为主编1位和副主编5位,全部由目前工作在科研第一线的力学和数学专家担任,主要负责确定期刊的发展方向和刊文重点等。主编和副主编会议每半年集中召开一次,编委会不定期以各种形式召开,共谋品牌期刊发展大计(见图4)。

图4 AMM主编、副主编座谈会

编委除了全面参与期刊发展方向决策活动外,也开始全面参与期刊来稿的审阅工作。所有投稿在经过编辑部格式初审后,便由主编或副主编送到与文稿学科方向相同的编委手中,由编委指定审稿人审稿。编委的参与大大提高了论文送审的准确率,审稿周期较以前明显缩短。

编委不仅参与审稿工作,还积极进行组稿和策稿。近两年来,期刊收到编委投稿的数量越来越多。此外,编委还组织和策划了 2 期专刊和 1 期增刊,有效地提升了期刊的刊文质量和品牌。

2.3 组建专业团队,全面提高期刊在国内外专业平台上的能见度

为了打造国际化专业期刊品牌,期刊与多个国内外专业团队合作,深入新媒体融合发展,有效地扩大了期刊的影响力。

2013 年起,期刊开始采用国际通用的 ScholarOne 投审稿系统和 Crosscheck 查重系统,全面和国际接轨,有效地吸引了国际力学和数学专业领域专家的注意,期刊的国外来稿数量明显增多,国际化审稿队伍明显壮大。2017 年,期刊共收到来自全球 40 多个国家或地区的稿件 793 篇,国际审稿人数量再创历史新高。

期刊与科睿唯安信息服务(北京)有限公司、Springer、北京玛格泰克科技发展有限公司、北京仁和软件公司等国际国内出版相关的公司建立了长期合作关系,更新期刊网站,建立期刊微信公众号,并在国内外各平台上全面宣传期刊,建立了多个自动订阅信息按钮(E-mail Alert 和 RSS 等)。借助这些国际国内平台,不定期推送期刊刊登的优质学术论文,取得了很好的宣传效果。

据最新统计,在科睿唯安信息服务平台进行的期刊论文国际化推送反馈中,AMM 推出论文的平均点击率在该公司同类推送中位居前列。

本刊网址: http://www.amm.shu.edu.cn; http://link.springer.com/journal/10483

(《应用数学和力学(英文版)》编辑部 供稿)

打造亚洲男性学顶尖期刊
——Asian Journal of Andrology（《亚洲男性学杂志》）的国际化发展之路

Asian Journal of Andrology（《亚洲男性学杂志》，以下简称AJA）创刊于1999年6月，季刊，以全英文出版，由中国科学院上海药物研究所创办，2006年起变更为双月刊，2007年增补上海交通大学为第二主办单位。AJA立足亚洲、面向世界，主要刊登男性生殖健康方面的基础、临床和流行病学研究成果。

经过20年的一系列国际化办刊措施，AJA已初步成长为具有一定国际影响力的国际性学术期刊——65%国际来稿、70%国际编委、100%国际审稿、国际出版合作、开放获取出版等等。AJA还尝试举办会议与期刊互动的办刊形式，不仅创立了"亚太地区男科学论坛"的品牌学术会议，还将AJA更好地推广到全世界男科学界，为提高亚洲尤其是中国的男科学在国际上的学术地位做出了贡献。

AJA创刊主编为钱绍祯教授，现任主编为王一飞教授，目前第五届编委会由118名海内外专家组成，其中70%为国际编委。

图 1 主编王一飞(前排右),副主编夏术阶(前排左)与编辑部成员合影

1 国内外影响力

AJA 以全球范围的高质量学术论文发表、严格的审稿标准以及多方面取得的成绩赢得了国内外相关科研和临床专业人士的普遍认可和尊敬。创办第二年就被美国科学引文索引(SCI)收录,影响因子和总被引频次稳步上升。2017 年 AJA 的影响因子达到 3.259,首次突破 3,在国际男科学领域期刊中排名第 1 位(1/6 种),Q1 区;在国际泌尿与肾脏学期刊中位列第 19 位(19/76 种),Q1 区。AJA 总被引频次为 3 502,在同领域期刊中也是名列前茅。此外,AJA 还被多种国际检索系统收录:Chemical Abstracts; EMBASE/Excerpta Medica; Index Medicus/MEDLINE/PubMed; PMC; Current Contents/Clinical Medicine; Research Alert; Index Copernicus; CSA-Life Sciences; BIOSIS; CAB Abstracts; CAB Health。

近年来,AJA多次获得"中国最具国际影响力学术期刊"、"华东地区优秀期刊"、"中国最美期刊"、"上海市高校精品科技期刊"、"上海最具国际影响力英文学术期刊"等奖项,同时连续6年获得"中国科技期刊国际影响力提升计划B类"资助,连续5年获得"中国科学院科学出版基金(一等或二等)"资助。

2 办刊特色

AJA编辑部目前有4名专职编辑,均为生物医药专业背景的硕士或博士。编辑团队在组织优秀稿源、优化稿件质控、提升出版质量、对外宣传与推广、调研学科动态、期刊经营管理等各方面均有丰富的办刊经验。编辑部曾组织召开四次"亚太地区男科学论坛",并组织多次国内学术研讨会,如"不孕症诊疗临床路径与辅助生殖技术标准化国际研讨会"、"转化医学时代的不孕不育诊疗:实验研究与临床实践研讨会"。办会经历不

图2 主编王一飞、副主编夏术阶与编辑部主任吴民淑在学术会议上

仅拓宽了编辑的国际化办刊视野,还提升了综合策划能力和应变能力。自 2007 年以来,编辑部共组织特刊 30 期,共 300 余篇文章。特刊主题包括附睾、前列腺癌、性功能障碍、运动与激素、精液分析、男性不育的临床研究等。杂志专门开辟了"研究亮点"特色栏目,几年来组织国际顶级专家撰稿 200 多篇,为提高杂志国际影响力及活跃杂志学术气氛起了重要作用。

2.1 国际化的专家队伍

近年来,AJA 发表文章约 70% 来自国外,其中来自美国的稿件最多,其余以日本、意大利、巴西、韩国等国家为主。

AJA 已建立一支由 4 000 多位国际同行专家组成的审稿队伍。他们主要来自美国、德国、瑞典等男科学发达国家,他们是 AJA 稿件质量的守护者。所有初筛过关的稿件均邀请 3 个以上的同行专家评审,经过 3 人以上评审的稿件要送给分科编委进行判定,初步决定小修、大修或者退稿。修改和复审通过的稿件再送主编或副主编最终定稿。

2.2 国际化的数字平台

AJA 使用国际先进的 ScholarOne 在线投稿与审稿系统,完全与国际接轨,便于国际作者投稿和国际专家审稿,大大加快了稿件处理速度。

AJA 从创刊初期建立自己的网站,使用国际独立域名 www.asiaandro.com,发布与纸版同步的在线全文。2005 至 2013 年,AJA 先后与 Wiley-Blackwell 和 Nature Publishing Group 合作,通过国际出版商平台将期刊内容数字化、国际化。随着开放获取出版(OA 出版)成为国际学术出版的新趋势,2014 年起,AJA 毅然终止了与 Nature Publishing Group 的合作,摆脱其制约,选择了较宽松的威科公司平台,开始探索自主经营的 OA 出版建设,形成了包括 OA 定价、开放程度、版权协议在内的各类规章制度等。读者无需订阅即可免费在线阅读和下载 AJA 的 PDF 和 html 电子版。OA 出版后,AJA 文章年浏览量和下载量比之前的传统订阅模式有明显增加。

2.3 国际化的宣传团队

AJA 积极与各种学术会议和有关公司展开合作,加强杂志的宣传和推广。与美国泌尿外科学会合作,加强 AJA 在美国泌尿外科年会中的宣传。与美国 Texas Medical School 的"将才工程"项目合作,并特邀该项目的男科手术方向研究论文。与多个国际会议合作,出版特刊,提升杂志国际影响力,比如:国际附睾会议,国际前列腺癌论坛,国际精子生物学大会等。与上海市医学会男科学分会合作主办"第二届上海男性健康论坛暨亚太地区男科学论坛临床研讨会",会议期间设立展台、滚动播放 AJA 宣传片,并在会议期间召开本刊十五周年庆典,颁发优秀论文奖。积极与国内编委和专家联系,在专家们主办的各种会议上争取介绍杂志,进行论文写作与投稿培训,扩大杂志在国内的影响力,比如:上海交通大学医学院胚胎源性疾病研究所成立大会,华夏医学论坛泌尿生殖 2015,第六届长城泌尿男科转化医学论坛等。与国内外专业网站、会议等进行合作,通过网站交换广告、会包插入资料、展区放置资料等方式,加强全方位的期刊展示和宣传。开展"一张 PPT"和"PPT 滚动播放"项目。与编委、理事、熟悉的专家合作,在他们参加国内外会议做报告时,最后加一张宣传 AJA 的 PPT。或者当他们主办会议时,在会议期间滚动播放 AJA 的宣传片。与科睿唯安公司合作,进行杂志的国际推广,定期将杂志的优质内容推广到全球范围内近 5 000 名目标专家群体,提升了杂志的国际显示度。

2.4 新媒体下的期刊发展

在媒体融合出版方面,AJA 创建了微信公众平台,主要目的是为打造中国泌尿男科工作者与杂志互动交流的平台,包括但不限于杂志内容推广、封面图片展示、论文写作与投稿咨询、男科学知识传播、最新学术前沿资讯发布、临床争鸣等。开创三年多以来,已有关注用户 900 余人,发布微文100余篇,不仅传播了男科学知识和研究进展,还促进了杂志与全国男科学领域专家学者的互动,提高了杂志在学科领域内的活跃度,为杂志的可持续发展打下了良好的基础。

本刊网址:http://www.asiaandro.com

(《亚洲男性学杂志》编辑部　供稿)

打造光学研究的顶尖国际交流平台
——Chinese Optics Letters(《中国光学快报》)特色发展之路

Chinese Optics Letters(《中国光学快报》,以下简称COL)创办于2003年,由中国科学院主管,中国科学院上海光学精密机械研究所和中国光学学会主办,中国激光杂志社(CLP)与美国光学学会(OSA)共同出版,是国内光学领域的第一本英文期刊,首次为国内光学研究成果的传播提供了一个国际交流平台,以快速、全方位地报道国际光学领域中的最新理论研究、科技成果和创新技术为宗旨。

COL是英文月刊,非OA期刊,同行评议采用"单盲"形式,稿件的外审周期平均为30天,每年发表文章约250篇,是国内发表文章数量最多的SCI光学期刊,2008年被SCIE收录。

COL编委会由60位知名光学专家组成,其中国际编委31人,国际编委比例达到52%。现任主编由在国际超快强激光科学领域被授予"激光科学杰出贡献"金牌奖的著名物理学家、中国科学院院士徐至展担任,执行主编为中科院周常河研究员、美国的David Hagan教授,副主编包括"王大珩光学奖"和"饶毓泰物理奖"获得者、北京大学首批长江特聘教授、中国科学院院士龚旗煌及美国物理学会、电气与电子工程师学会和光学学会终生会员、美国罗切斯特大学教授Xi-Cheng Zhang等。十多年来,在主编、编委和编辑部同仁的共同努力下,COL 已经得到了国际光学界的广泛肯定。

1 国内外影响力

COL 2008 年被 SCIE 收录,2018 年 6 月 26 日,科睿唯安发布最新的《期刊引用报告》,COL 获得最新影响因子 1.948,排名保持在 Q2 区。近五年来,影响因子分别为 1.073,1.851,1.899,1.859,1.948;JCR 排名分别为 52/82,32/86,32/90,40/92,44/92;总被引频次分别为 1 473,2 018,2 140,2 234,2 542,基本保持稳定,学科排名位列 Q2 区。此外,COL 还被 EI,Scopus,CSCD,北大核心等知名数据库收录。

COL 于 2014 至 2017 年连续 4 年获"中国最具国际影响力学术期刊",2018 年获"上海最具国际影响力英文学术期刊",同时还连续 6 年获中国科协"中国科技期刊国际影响力提升计划 B 类"资助及上海市新闻出版局、中国科学院等的多项基金资助。

2 办刊特色

COL 编辑部目前共有 7 位专职编辑,均为光学专业硕士学历,平均年龄 36 岁,是一支年轻而富有朝气的编辑团队,思想活跃,勇于创新,学习能力和沟通能力很强。编辑部每年定期组织编辑参加英文期刊国际化培训,随时关注国际期刊出版前沿;选派编辑参加了英国 ALPSP 年会、美国 SSP 年会,以及中国英文科技期刊研讨会达几十次,及时了解国际上编辑出版的最新动态,并与国内外同行探讨和交流经验。

COL 编辑部采取中美联合编辑部的工作模式,由中国激光杂志社英文编辑部和美国光学学会共同组成,进行每月一次的电话会议,以及编辑业务的深度合作。通过美国光学学会推荐,聘用国外专业的编校公司为 COL 承担论文的后期编辑校对排版业务,提高了论文的英语表达水平,优化了工作流程。

2017年，COL新增10位专题编辑(TE)，其中三位来自海外，负责COL日常投稿的送审工作，提高了稿件的处理效率。目前平均审稿周期约30天，发表周期由4个月缩短至3个月，且国际审稿比例在50%以上。2017年还聘请了一位海外执行主编，负责稿件的初审，以及期刊的海外宣传与约稿，为期刊的国际化发展起到了大力推动作用。并且，为了加强与编委会的联系沟通，同年6月在上海召开了一次编委会，制订了专题的选题与组稿等工作计划。

COL采用国际上常用的ScholarOne投审稿系统，因为这个系统的投稿和审稿都更加便捷和国际化，尤其在邀请国外审稿人审稿方面发挥了积极的作用，使国外审稿人的比例大幅提高，达到50%以上。目前已有来自30多个国家的约7 000名专家为COL审稿，每年还有近百位海外专家主动发来简历要求担任期刊审稿人。在吸引国外作者投稿方面也起到积极作用，作者与编辑部可以通过这个系统方便实时地进行联系沟通，查询稿件处理进展等。在总结分析以往工作流程的基础上，进一步进行改进和优化，加强对TE队伍的管理和对外包公司的监督，逐步实现审稿周期30天左右，出版周期90天左右的目标。

COL持续关注热点并组织专题，2017年，由主编邀请编委专家组织了3个光学研究热点专题：1月出版"微波光子学"专题；3月出版"复杂光场"专题；9月出版"生命科学中的光学方法"专题。专题共发表论文35篇，国际论文比例在50%以上。这些专题的出版，引起了很多热点前沿领域专家的关注，进一步扩大了期刊在光学领域的影响力。

COL组织"聚焦中国光电，走进实验室"活动。由期刊主编、编委带队，走访国内知名高校研究所。自2013年底至今，分别走访了上海交通大学、清华大学、北京大学、中科院物理所、中科院西安光机所、中科院长春光机所、台湾大学、南京大学、中山大学和香港理工大学等60多个高校和研究所，通过邀请专家座谈和讨论的形式，宣传期刊，邀请专家为本刊质量的快速提升出谋划策，并通过投稿荐稿等方式切实支持本刊的发展，

图1 主编徐至展院士为获奖作者颁发"主编推荐奖"

图2 执行主编周常河研究员为获奖作者颁发"主编推荐奖"

获得了专家的认同,也约到了优秀稿件。

  COL组织高水平的国际学术会议。为快速提高期刊的国际影响力,依托COL编委的力量,于2017年3月和7月分别在上海和哈尔滨举办了两个学术会议,共有约一千人参加了会议,邀请了二百多位专家交流前沿学术进展,并在同期举办了多次编委、专家咨询活动(例如主编见面会等)。以期刊为桥梁,搭建了一个活跃的国际学术交流平台,同时也扩大了期刊影响力,并约到高质量的原创论文。

  本刊网址:http://www.col.opticsx.org/

(《中国光学快报》编辑部 供稿)

国际化发展 主题化出版 网络化传播
——Journal of Molecular Cell Biology（《分子细胞生物学报》）的办刊特色

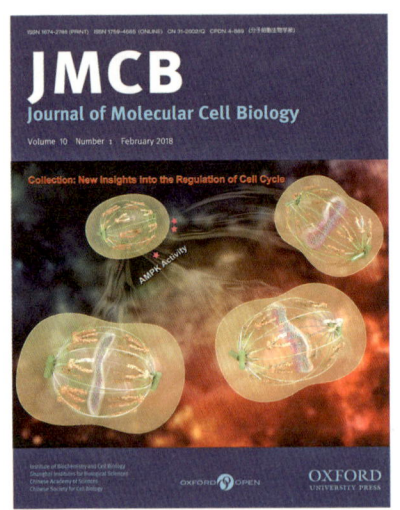

Journal of Molecular Cell Biology（《分子细胞生物学报》，以下简称JMCB），由中国科学院主管，中国科学院上海生命科学研究院生物化学与细胞生物学研究所、中国细胞生物学学会共同主办，是一本双月出版的全英文科技期刊。JMCB面向国内外高校和科研机构的一线科研人员，以促进国内和国际细胞生物学领域学术研究、学术交流、学术进步为宗旨，刊登生命科学中细胞生物学这一具有旺盛生命力的前沿学科内容，报道通过对细胞重要功能基因与蛋白质的表达、调控及其在细胞生命活动中的作用及机制的研究，来探讨与阐明动植物细胞生长、分化、发育、遗传、变异及免疫反应、神经活动、癌变与死亡控制等重大生物学问题的研究工作。

1 发展历程

JMCB的前身是创刊于1936年的《中国实验生物学杂志》（Chinese Journal of Experimental Biology），其作为我国实验生物学领域最早的一本英文科技期刊，为打开当时我国科研的局面起到了重要的作用。

图1 主编吴家睿研究员在2018年学术论坛上致辞

JMCB于2009年10月正式出版创刊号。首届编委会由来自12个国家的78位知名专家组成,大部分都是国际著名的学术权威,其中国际编委比例为73.1%。2017年换届后的编委会成员54人,主编1名,副主编11名,编委42名,来自10个国家,其中国际成员38人,占70.4%。

主编吴家睿研究员是著名的细胞生物学及系统生物学专家,获中国科学院"百人计划"、国家自然科学基金委杰出青年基金等项目资助,承担多项国家重大科研项目。

2 国内外影响力

JMCB于2010年11月被PUBMED/Medline收录,2010年底被SCI-Expanded收录,之后陆续被其它国际知名数据库收录,如2011年4月被Japan Science and Technology Agency (JST)收录,2011年5月被Scopus收录,2011年6月被EBSCO收录等。同时,JMCB被收录为中国科学引文数据库(CSCD)来源期刊。

根据最新发布的2017年《期刊引用报告》,JMCB的总被引频次为

1 877，影响因子为 5.595，在 SCI 收录的 190 种国际细胞生物学领域期刊中排名第 42 位，始终位于 Q1 区。JMCB 连续入选 2012 年、2013 年、2014 年、2015 年、2016 年、2017 年"中国最具国际影响力学术期刊"。

近年来，JMCB 获得"中国科技期刊国际影响力提升计划"(B 类，2013 至 2015 年)、"上海市新闻出版专项资金资助项目"(2016 至 2017 年)、"中国科技期刊登峰行动计划"(2016 至 2018 年)、"2017 年中国科学院科技期刊出版基金"、"2018 年中国科学院科技期刊出版基金"等项目资助。

3 办刊特色

3.1 国际化的办刊思路

JMCB 自创刊即秉承国际化的办刊思路，确保编委会、稿源与发表论文、审稿机制与审稿队伍、编辑出版、发行与数字平台等各个环节的全方位国际化。

3.1.1 国际化的编委会

JMCB 编委会现有 54 人，来自 10 个国家，其中国际成员 38 人，占 70.4%。设主编 1 名，副主编 11 名，领衔 12 个不同研究领域，主要职责包括招募本领域国际编委，全权处理本领域来稿，约请高水平稿件，组织特邀专辑，协助期刊在本领域的国际宣传等。各领域编委主要负责对本领域稿件进行同行评议、推荐高水平稿件及审稿人、协助国际宣传等。

3.1.2 国际化的来稿与审稿

JMCB 创办初期以约稿和组稿为主，经过几年的发展，已转变为自由来稿为主，其中国外来稿比例稳定在 50% 以上。为此，JMCB 采取严格的国际化审稿体制，即每篇稿件由编辑部初筛后交由该领域副主编全权处理，即进行初审、组织同行评议、做出终审决定等。JMCB 的审稿专家库中海外专家约占 70%，其中超过 50% 来自美国，而获发表论文中，海外第一作者或通讯作者所占比例也高于 50%。

3.1.3 国际化的出版与发行

为保证刊物出版质量,JMCB 严格执行符合国际标准的编辑校对质量控制体系。JMCB 与牛津大学出版社合作,充分利用其生产平台与营销网络的优势,实现国际化出版、发行。自创刊至 2012 年底,JMCB 实行电子版全球免费获取,截至 2012 年 12 月的统计数据表明,JMCB 论文的月均下载量稳定在 1 万左右,其中 60% 来自国外;通过团体订购访问 JMCB 的国际订户接近 2 500 家。2013 年起采取捆绑式订阅模式销售,论文下载量在短期减少后又逐步回升到 1 万以上,JMCB 的期刊主页(https://academic.oup.com/jmcb)已成为承载期刊多元化信息服务的国际化出版平台。

3.1.4 国际化的编辑团队

JMCB 上海编辑部现有 2 名专职编辑,编辑部主任秦宇博士具有深厚的分子、细胞、药理、病理等多学科领域研究背景及多年海外留学经历,能充分协助主编进行主题策划和稿件组织,2014 年获"上海市浦江人才计划"C 类项目资助,2016 年获"中国科学院期刊出版领域引进优秀人才计划"择优支持;李卫红编辑已从事英文科技期刊编辑工作超过 10 年,具有丰富的稿件处理、编校、出版、宣传等经验。牛津大学出版社派出资深生产编辑、出版和市场团队负责生产、营销等。

3.2 主题化的出版特色

吴家睿研究员 2011 年 1 月担任主编以来,结合 JMCB 的发展情况和生命科学领域的总体发展态势,为 JMCB 制定了以主题专刊和特邀专辑形式刊登高质量原创和综述论文、鼓励国际学术前沿及多学科交叉热点研究成果发表的个性化发展策略。

编委们积极参与了特邀专辑的组织与出版,副主编沈智渊教授组织了主题为"Genome Instability and Cancer"的专辑(2011 年 2 月出版),副主编郑颂国教授组织了主题为"Regulatory and Effector T Cells"的专辑(2012 年 2 月出版),编委陈洛南研究员与主编吴家睿研究员共同组织了

图 2　2017 年主编会议

主题为"Systems Biology for Complex Diseases"（2012 年 6 月出版）和"Bio-network Medicine"（2015 年 6 月出版）的专辑，副主编刘峰教授组织了主题为"The Adiponectin Story after Two Decades"的专辑（2016 年 4 月出版）。这些以专题综述为主的专辑不仅吸引了大量国际稿源和读者，也吸引了一些国外的知名科学家，主动请缨为 JMCB 组织热点研究领域的特邀专辑。其中，来自英国的 Kirsten Harvey 教授和来自意大利的 Bianca Marchetti 教授组织了主题为"Wnt Signalling Cascades in Neurodevelopment, Neurodegeneration and Regeneration"的专辑（2014 年 2 月出版），来自美国的 Yong Li 和 Hua Lu 教授共同组织了主题为"Noncoding RNA in the p53 Network"的专辑（2014 年 6 月出版）。2017 年，Hua Lu 教授再次为 JMCB 组织了主题为"p53 and MDM2：Their Yin-Yang Intimacy"的专辑（2017 年 2 月出版），并加入 JMCB 编委会担任肿瘤生物学领域的副

主编。

除特邀专辑以外,吴家睿主编在自由来稿的基础上,根据主题挑选相关论文组成专刊,亲自或邀请相关领域的副主编撰写 Editorial 阐述当期主题、点评入选论文。这些主题专刊,既在生命科学各学科领域均有涉及,又紧扣分子细胞生物学相关的国际前沿研究热点,主题专刊之间及其与特邀专辑之间内容多有交叉呼应,呈现系统化、网络化的特点,形成 JMCB 特有的主题化出版、网络化传播的办刊特色。

3.3 创新的学术传播方式

JMCB 一贯以促进国际细胞生物学领域的学术研究、学术交流、学术进步为办刊宗旨,致力于成为国内外生命科学领域学术交流与成果展示的平台。

3.3.1 JMCB 通过专刊主题、目录、单篇或全刊及系列的电子版推送完善对目标客户的动态服务,弥补 JMCB 容量小、双月刊出版周期长、印刷版发行受限等不足。由编辑部自主建设、面向国内外读者的独立期刊门户网站(http://www.jmcb.info/)也投入使用,并不断进行完善。

3.3.2 JMCB 近年来尝试采用多种媒体发布形式,包括在专业媒体上发布 Press Release、网络媒体如科学网博客、新媒体如微信公众号等,对出版内容进行全方位推送。JMCB 已建立名为"JMCB 科学前沿"的微信公众号,将与更广泛的读者群分享科学前沿的新发现,目前主要发布 JMCB 论文导读,随后将加入专家述评、中译全文、对话作者等栏目,力图打造一个开放、互动的生命科学前沿成果交流平台。

3.3.3 JMCB 一方面积极"走出去",通过编辑人员或编委会成员参加国际学术交流、走访科研机构等方式,极大地提高了 JMCB 在国际分子细胞生物学相关领域中的可见度。另一方面,通过组织专辑、招募编委、举办学术论坛等方式,将国外知名专家学者"请进来",促进国内外研究人员之间的交流,提升 JMCB 在专业领域中的学术影响力。

2018年6月8日至10日，JMCB在上海召开"2018分子细胞生物学国际前沿论坛"（JMCB Symposium 2018：Looking into Complex Diseases）。本次论坛以"聚焦复杂疾病的分子细胞生物学前沿"为主题，与会的国内外专家学者及研究生共300余名，围绕复杂疾病与分子系统生物学、基因组不稳定及DNA损伤应答、免疫调控、类器官模型等专题热点和前沿问题开展学术交流和讨论，极大地促进了国内外分子细胞生物学领域研究人员的交流，加强多学科领域合作及医药行业的转化应用，提升JMCB的国际影响力和学术传播能力。

图3　2018年分子细胞生物学国际前沿学术论坛部分嘉宾合影

本刊网址：https://academic.oup.com/jmcb；http://www.jmcb.info/

（《分子细胞生物学报》编辑部　供稿）

勇攀高峰　打造国际一流期刊
——Molecular Plant(《分子植物》)的探索之路

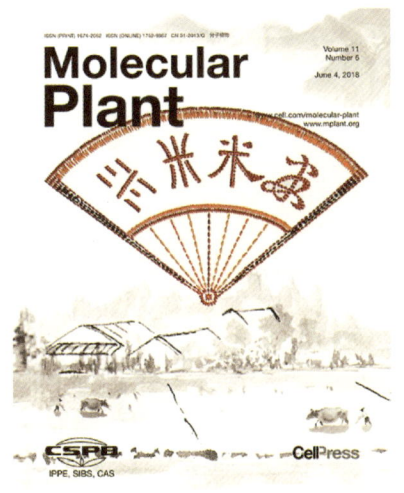

Molecular Plant(《分子植物》)创刊于 2008 年,由中国科学院主管,中科院上海生科院植物生理生态研究所和中国植物生理与植物分子生物学学会共同主办,是以全英文发表植物科学领域原创性研究论文为主的国际性学术期刊。创刊 10 年来,《分子植物》在主管和主办单位等各方面的大力支持下,学术质量和国际影响力不断提升,已跻身国际植物科学领域顶级期刊之列。2012 年 11 月 12 日,人民日报就曾对《分子植物》的办刊经验进行了重点报道,将《分子植物》称为中国科技期刊的"双子星座"之一。同时,《分子植物》获得了国家新闻出版广电总局 2013 年和 2015 年全国"百强报刊"荣誉称号,以及 2013—2017 年中国最具国际影响力学术期刊。

1 《分子植物》跻身国际植物科学领域顶级期刊之列

《分子植物》从创刊伊始就坚持国际化的发展战略和高水平办刊原则,经过 10 年的不懈努力,学术质量和影响力不断取得突破。据 2018 年公布的 2017 年度《期刊引用报告》显示,《分子植物》的 SCI 影响因子(Impact Factor)突破 9 分大关,为 9.326,再次超过美国植物生物学家学会（ASPB）主办的植物学领域顶级期刊《植物细胞》（*The Plant Cell*），在植物科学领域的所有 222 种 SCI 期刊中排名第五，在植物科学领域研究类期刊位居第二名，学科排名进入本领域 SCI 期刊的前 3‰，连续七年在同领域期刊中位列亚洲第一，标志着《分子植物》已稳定进入国际植物科学领域顶级期刊之列。

《分子植物》在国际植物生物学领域享有良好的声誉和知名度。目前全球已有超过 8 000 多个机构订购了《分子植物》的电子版，订户覆盖了全球主要的大学、研究所和图书馆，年全文下载量已超过 50 万次，高度展示了世界范围内特别是我国植物科学研究的最新成果，对促进我国植物科学的快速与高水平发展具有深远意义。

2 办刊特色

2.1 高水平国际化编委会和具有国际视野的专业编辑人才团队

从创刊伊始，《分子植物》就坚持国际化办刊理念和高水平办刊原则。目前，聘请中国科学院上海生科院植物生理生态所韩斌院士和美国加州大学伯克利分校栾升教授为主编，先后邀请了 100 余名国内外知名科学家担任编委，组建了强大的国际化编委会，并建立了编委的轮转和替换制度，根据需要定期地对编委组成调整。目前的编委会由 106 位国际植物科学领域的一流科学家组成，分布在 22 个国家，其中 27 位国内编委、79 位国外编委，包括美国科学院院士 18 人、中国科学院院士 8 人。

《分子植物》十分注重发挥专业科学编辑团队的作用。目前，《分子植物》通过引进和培养已建立了一支由 6 人组成的具有国际视野的专业编辑人才团队。团队成员中的科学编辑均具有博士学位和较为深厚的植物科学研究背景，其中 2012 年时就引进了具有美国 Purdue 大学博士后经历和多年科研训练的崔晓峰博士担任常务副主编。《分子植物》的所有科学编辑均全职为期刊工作，为稿件质量的把控提供了保证。

《分子植物》建立了高标准稿件评审制度。无论是约稿还是自由来稿,所有稿件都进入标准的评审流程。首先由科学编辑对稿件进行初评,然后邀请的一线科学家对初审通过的稿件进行同行评审,最后由主编或常务副主编终审。《分子植物》通过严格和标准的评审程序确保发表论文的创新性和高质量。

2.2 关注学科前沿和原创性研究,引领学科发展

《分子植物》密切关注植物科学的前沿领域,注重邀请和吸引前沿领域的高质量投稿。如在植物基因组编辑(Genome editing)领域,自2012年以来已发表了20多篇原创研究论文,成为发表这一领域研究成果最多的植物科学期刊和引领这一植物科学领域发展的期刊。此外,围绕学科热点领域出版了12期专辑,涉及光信号和光合、植物代谢、植物基因组学、植物表观遗传学、植物激素等多个领域,发表了一批具有重要影响力的原创研究论文,在一定程度上引领了学科的发展。

《分子植物》持续关注发表原创性、具有重要影响力的科研论文,特别是中国科学家的原创成果。例如,2015年第10期以"封面文章"的形式发表了中国农业科学院水稻研究所钱前与中国农科院遗传发育所李家洋院士团队的合作研究成果"A Rare Allele of GS2 Enhances Grain Size and Grain Yield in Rice",报道克隆了一个能显著提高超级稻产量的重要基因。水稻是我国重要的栽培作物,GS2的克隆和应用对培育超级稻高产新品种有重要意义。2017年6月以"封面文章"形式发表了中国科学院昆明植物研究所高立志团队联合云南农业大学等多家科研机构的研究成果,题为"The Tea Tree Genome Provides Insights into Tea Flavor and Independent Evolution of Caffeine Biosynthesis",报道了在国际上率先获得了高质量的中国产茶树基因组序列,并通过多组学分析深入解析了茶叶风味形成的遗传和代谢基础,发现了茶树中咖啡因的生物合成是独立进化的。这些都是具有中国特色原创性重大研究成果,通过《分子植物》这个平台发表出来,为中国科学家在国际学术舞台上夺得了话语权。

2.3 国际合作出版,打造优质出版平台

自创刊伊始,《分子植物》就与英国牛津大学出版社(OUP)建立合作关系,在国际上合作出版和发行本刊。2015年开始《分子植物》与国际著名的《细胞》出版社合作,进入国际一流科技期刊的出版和发行渠道。与《细胞》出版社的合作不仅使《分子植物》国际知名度大大提高,同时使本刊的机构订户增加到8 000多个,网站访问量和全文下载量也大大增加,显著提升了《分子植物》的显示度和国际影响力。

《分子植物》通过与《细胞》出版社密切合作,为作者提供高效和良好的服务,努力打造一个发表高水平科研成果的优质出版平台。首先,已接受发表的稿件会通过提前在线模式发表。然后,由专职的Copyeditor对稿件英语用法和格式进行检查及校对。在此基础上,由专职科学编辑对科学表述和语言作进一步润色和编校,最后由作者和专职科学编辑对样稿进行校对。从稿件接受到完成编校的整个过程可以在18天内高效和高质量的完成。此外,《分子植物》所有发表的文章在正式发表12月后均可在线免费浏览和下载,成为高效传播科研成果的优质平台。由于《分子植物》的出色表现,在上海市组织的2017年度编校质量检查中被评定为优秀。

2.4 创办国际会议,多角度宣传和推广

《分子植物》创办了以"分子植物"命名的系列国际会议,已连续举办三届。首届、第二届和第三届"分子植物"国际研讨会分别于2015年8月5—8日在上海、2016年8月11—14日在北京清华大学、2018年6月12—15日在西安成功举办(见图1),每次会议均吸引了来自全球10多个国家的300余名代表参加,不仅促进了国内外植物学科研工作者之间的交流与合作,还扩大了《分子植物》的国际影响力,使其稳固成为国际植物科学领域顶级期刊之一,有助于提升我国植物科学研究和科技期刊在国际上的影响力和话语权。

此外,《分子植物》还积极参与主办或协办国内外学术会议,如于2014年7月与中国科学院植物生理生态所和中国植物生理与植物分子生

图1 第三届"分子植物"国际研讨会于2018年6月在西安成功举办

物学学会等单位合作在厦门举办了"第三届植物代谢国际会议",2017年7月16日至21日参与主办了在大连召开的"第四届植物代谢国际会议",2017年4月17日至18日与华中农业大学联合举办了"Genome Editing: Technologies and Applications in Crops"国际学术研讨会。

《分子植物》注重通过多方式、多途径宣传和推广期刊以及发表的重要论文,打造具有高国际影响力的品牌期刊。《分子植物》从2012—2015年持续在Plant Cell 和Plant Physiology网站刊登滚动条幅广告,总显示次数超800万次,从广告链接中可直接访问本刊的主页,大大增加了《分子植物》网站的访问量。此外,《分子植物》也积极参加国内外植物科学的重要学术会议,宣传和展示本刊发表的优秀科研成果,如参加美国植物生物学会召开的ASPB2013、ASPB2014 和 ASPB2015 年会,国际拟南芥大会 ICAR 2013 和 ICAR2014 以及全国植物生物学大会等国内外会议。在会议期间,除了积极与科学家进行交流外,还通过设立展台、支持 Speaker、发放期刊、论文抽印本和宣传品等方式大力宣传和推广本刊。《分子植物》还通过多种宣传途径包括充分利用国际合作方的宣传渠道定期通过 email、网站广告和微博等方式宣传期刊,推广发表的优秀研究成果。例如,2016 年 10 月发表的"Compartmentalized Metabolic Engineering for Artemisinin Biosynthesis and Effective Malaria Treatment by Oral Delivery of Plant Cells"得到了包括 Radio Voice of America、ScienceDaily、SCINews、New York、AAAS.org、Science、The Economist 等许多国外重要媒体和网站的报道。再比如,我们将 2017 年 6 月发表的"The Tea Tree Genome Provides Insights into Tea Flavor and Independent Evolution of Caffeine Biosynthesis"这篇论文通过多种方式来宣传,众多国内外媒体包括 BBC、CNN、Wasington Post、ScienceDaily、SCINews、Discover、LONG ROOM、中央电视台、人民日报、新华网等相继进行了报道,这不仅将中国科学家的重要研究成果传播到全球,还使中国茶文化得以在世界范围内传播。

3 结束语

《分子植物》在国家、上海市相关部门和主管、主办单位的重视和大力支持下,在广大科学家、编委、读者、作者、审稿人和编辑部全体人员的共同努力下,已跻身国际植物科学领域顶级期刊之列,影响因子已连续两年超过美国主办的《植物细胞》,作为中国科技期刊的代表之一在国际上产生了巨大影响。未来,《分子植物》将继续发挥好编辑团队的作用,密切关注学科前沿领域、努力提升论文质量,力争发表更多重大原创性研究成果,稳步成为植物科学领域的顶尖期刊之一,为全世界科学家提供发表重要科研成果的优质平台,为中国科学家争夺科研成果发表话语权、为我国科技发展贡献更大力量。

本刊网址:https://www.cell.com/molecular-plant/home

(《分子植物》编辑部　供稿)

SCI/SSCI 双收录期刊是如何铸就的
——"高开高走"的 Journal of Sport and Health Science(《运动与健康科学》)

Journal of Sport and Health Science(《运动与健康科学》,以下简称 JSHS)是由上海体育学院主办的中国大陆第一本英文版体育学术期刊,于 2012 年 5 月正式创刊。

JSHS 秉承精品化、国际化的办刊思路,聚焦运动人体科学、公共健康促进、传统养生科学等体育科学领域,采用高起点的国际学术期刊规范化办刊路线,坚持编委国际化、稿源国际化、审稿国际化、出版国际化,提升国际影响力,打造国际学术制高点。

1 JSHS 的编委团队建设

高效运作的国际化编委会是 JSHS 快速健康发展的核心要素。杂志第一届编委会已召开 4 次全体会议(每年 1 次),并成功完成历史使命——将杂志在短短 3 年时间内推向国际一流体育学术期刊行列。第二届编委会由 39 名编委组成,他们分别来自中国(含中国香港、中国台湾)、美国、加拿大、英国、德国等多个国家和地区(其中外籍编委 30 名,占 77%)。杂志编委几乎都是 SCI Q1、Q2 区期刊的高产作者,他们优良的学术背景,有效提升了刊物的国际影响力。编委会成员中有不少国际一流专家,并在国内外重要体育学术组织中担任要职,例如:执行主编沃尔特教授曾任国际生物力学学会主席、加拿大卡尔加里大学副校长;美国的大卫尼曼教授曾任国际运动免疫学会主席;德国的艾伯特教授曾任欧洲体育科学学会主席;另有8位编委担任美国国家体育科学学院院士。上海体育学院院长、JSHS杂志主编陈佩杰教授2015年9月被授予美国国家体育科学院院士荣誉称号,成为中国体育科学界第一位获此殊荣的人士,这也是国际体育科学界对上海体育学院在科学研究与人才培养领域成就的高度认可。

外籍编委在为杂志献计献策、身体力行的同时,还积极投身到学校各二级学院的科研工作、学科建设中。如参与博士生的论文开题;论证相关科研课题;指导学科发展规划;接受并指导学校师生到国外高访或做博士后研究;举办学术讲座(沙龙)等。这些活动有力地推动了学校整体学科建设和博士生培养工作的"国际化"进程。另一方面,上海体育学院"体育学"和"心理学"成功入选上海市"高峰"学科和"高原"学科建设,杂志以

图1 联合主编:上海体育学院院长 陈佩杰教授;
加拿大卡尔加里大学 Walter Herzog 教授

一、上海学术期刊案例选 >>>

图 2　第二届编委会第二次会议现场

图 3　第二届编委会第二次会议合影

"高峰高原"学科发展战略为引擎,吸纳高质量研究成果,获得国际一流体育人才的智力支持和成果襄助。从而实现学术期刊国际化与学科建设国际化高度融合发展。

2　国内外影响力

　　JSHS 创刊一年半后(2014 年 1 月)即被科学引文索引(SCI)和社会科学引文索引(SSCI)两大国际数据库同时收录(追溯时间从 2012 年第 1 期——创刊号开始),成为中国体育科学第一本也是唯一一本被 SCI/SSCI 收录的学术期刊,中国大陆唯一同时被 SCI 和 SSCI 收录的综合性期刊,填补了我国体育学术期刊国际化发展"空白",具有里程碑意义。

　　2017 年期刊影响因子上升至 2.531(2016 年为 1.685),在 81 种被 SCI 收录的体育类期刊中排名第 18,较上一年上升 14 名(2016 年排名第 32),进入 Q1 区;在 45 种被 SSCI 收录的运动、休闲、旅游类期刊中排名第 11,进入 Q1 区。创刊 5 年即双入"Q1",已迈入国际一流体育学术期刊行列。另外,JSHS 还被其他国际知名数据库收录,例如 Scopus、DOAJ、EMBASE、CSA 等。

　　近 5 年来,JSHS 多次获得"中国高校优秀科技期刊"、"中国最具国际影响力学术期刊"、"中国百强科技期刊"、"高校精品科技期刊奖"、"中国高校杰出科技期刊"、"华东地区优秀期刊"、"上海市高校精品科技期刊"、"上海最具国际影响力英文学术期刊"等奖项,并于 2014—2015 年获得上海市教育委员会、上海市新闻出版局联合资助的"上海高校学术期刊质量提升计划",2016—2018 年获得《上海市文教结合工作三年行动计划(2016—2018)》"上海高水平高校学术期刊支持计划 A 类资助",2016—2018 年获得国家六部委"中国科技期刊国际影响力提升计划"B 类项目资助(全国体育期刊仅此一家)。

　　多家媒体就 JSHS 被 SCI/SSCI 收录、入选"中国百强科技期刊"等成果进行了专题报道。2017 年 JSHS 入选了"砥砺奋进的五年"大型成就展(全国 20 本英文科技期刊参展),并参加了上海市新闻出版(版权)工作会议,作为唯一的期刊界代表向市领导和全市出版界同行主题汇报办刊成果。

3 办刊特色

3.1 依托学校优势，瞄准国际学科前沿组织国际高水平"特刊"

运动人体科学是上海体育学院的优势学科，在国内外享有盛名。学科和科研优势能为期刊持续发展，提供专家资源、优质稿源和国际学术资讯。调研中我们发现，中国大陆地区有中文体育学术期刊 50 多种，但没有一本英文体育学术期刊，JSHS 的"问世"不仅填补了这项"空白"，还能拓展学校的国际化研究视野。为此，杂志前任主编章建成教授和上海体育学院院长陈佩杰教授亲自参与期刊的顶层设计，从刊名到报道内容，与各方专家反复论证，最终确定以反映国内外运动生物科学、运动健康（养生）科学、体育教育训练学等体育科学领域的最新研究成果作为刊物的主要报道特色，既紧盯国际前沿，又充分发挥本校学科优势。

JSHS 创刊至今，编辑部持续邀请国际知名专家围绕学科前沿及相关领域的最新热点话题开展"专题特刊"组稿工作。目前已出版的 27 期杂志共推出 26 期"特刊"。JSHS 曾于 2012 年和 2013 年连续刊登 2 期"特刊"，组织欧美顶尖专家探讨运动与儿童青少年健康这一国际热点问题。这 2 期"特刊"的 11 篇论文一经刊出便引起国际体育学术界热烈反响，并得到持续关注。目前已被全球学者下载阅读近 15 万次，引用近 300 次。2016 年上海体育学院"学校体育与学生体质健康研究团队"受教育部委托，独立承担全国中小学生体育健身效果评价研究，此项工作同时获 2016 年度国家社科基金重大项目立项，是首次开展全国儿童青少年体育健身指数研究，旨在打造青少年体育健身研究的"世界标准"。JSHS 抢占先机，积极筹划组稿并争分夺秒完成审稿和出版工作，在 2017 年以"特刊"形式报道这一开创性研究成果，目前该"特刊"部分论文已在 WOS 数据库中成为"高被引论文"和"热点论文"。另外，JSHS 还针对"老年痴呆症"防治这一世界性难题，由法国皮埃尔和玛丽居里大学教授、UPMC 安盛研究基金会主席、法国总统健康政策咨询顾问哈拉尔德·汉佩尔博士领衔，于 2016 年组织一期"运动与老年痴呆症预防"特刊，树立全球这一科研领域新的风向标。这些"特刊"由编委本人或邀请国际高水平学者联合担任客座主编，负责组稿和审稿等工作，从而保证同行评议的客观性、实效性与稿件的高质量。

3.2 采编和出版平台"国际化"，提升杂志国际显示度

JSHS 在办刊过程中采用"借船出海"的策略，一方面使用原汤森路透公司提供的投审稿系统 ScholarOne，在全球范围内邀请相关专业的高水平专家审稿，实现"三高"——高效率、高质量、高评价。2016 年起杂志着重加强"初筛"环节工作，使作者在投稿后 4 天（快则 48 小时）内即可获得"初筛结果"（拒稿或送审）；稿件平均审稿周期（从投稿到获得终审意见）已缩短至 55 天，处于同领域国际期刊领先水平，投稿人满意度大大增加。另一方面，杂志 2012 年创刊伊始就同全球最大的学术出版机构爱思唯尔（Elsevier）签署合作出版协议，所有发表的文章都经过爱思唯尔专业化的编辑和加工，拥有唯一的 DOI 号码；刊物无论是纸版还是网络版，在排版布局方面都达到国际水平；网络版通过全球最著名的科技医学全文数据库之一 ScienceDirect 平台发布，在文献信息检索方面达到与国际期刊无缝连接；杂志采用"开放获取"（Open Access）模式，所有文章的全文免费供全球科研人员随时下载引用。据统计，JSHS 在 ScienceDirect 平台的全文下载量已由创刊初期的 6 000 次/月提升至 5.5 万次/月，目前累计下载量已超过 200 万次，其中国际下载量占 85% 以上，彰显了期刊论文的国际显示度。

3.3 稿源"国际化"和审稿人"国际化"，提升杂志学术影响力

杂志自 2014 年进入 SCI 和 SSCI 以后，稿件数量迅速上升、连续翻番，呈现"井喷"现象。稿件来源地从创刊伊始的 6 个国家/地区扩大到 70 个国家/地区，其中来自美国、英国、德国、西班牙、澳大利亚等国的稿件比率显著上升，说明杂志的稿源国际化趋势日益明显，在全世界特别是欧

美等传统科研强国的影响力日益增强。目前国际来稿占80%以上;已录用稿件国际作者比例为86.3%;已发表文章国际被引占82%。

审稿方面严格执行"三审制",即编委初审、外审专家审稿、主编终审。通过"层层把关",拒稿率高达95%。编辑部还建成包含近1万名来自全球一流的科研院所的审稿人库。目前已有来自60个国家/地区的近3 000名专家学者为杂志审稿,其中绝大多数来自欧美等科研实力强大的国家和地区。

3.4 加强新媒体建设,拓展国际宣传平台

JSHS充分利用国际编委资源,在每年的美国运动医学年会、欧洲体育科学大会、国际生物力学年会等重要学术会议上进行宣传推广。杂志国际合作方爱思唯尔定期向会员发送"全文下载前5篇文章"信息(3 000人次/月左右)。杂志与美国科睿唯安(原汤森路透)、加拿大TrendMD等专业公司合作,进行期刊主题内容精准国际推广工作。

社交媒体这一全新的媒介形态未来将对学术期刊出版产生"颠覆性"影响。JSHS与时俱进于2016年初正式开通"微信公众号",每月推送1期"运动与健康科学论坛"原创内容,进一步促进杂志的国际化、数字化发展。2017年杂志打造Facebook、Twitter等国际社交媒体平台,更大范围提升杂志国际影响力。另外,JSHS正尝试从"技术层面"和"服务层面"拓展自身数字化和国际化发展空间。例如,2016年成功申请加入全球开放获取期刊文献检索系统(Directory of Open Access Journals),极大方便了更多全球科研人员获取杂志全文内容;并通过要求作者提供开放研究者与贡献者身份号(ORCID)、学术伦理、知情同意书、作者贡献、利益冲突等信息,完善出版伦理,促进体育科研工作者学术管理的信息化和规范化。

3.5 积极参加国际学术会议

2017年,JSHS首次尝试参加国际学术会议——欧洲体育科学大会

(ECSS)年会。杂志主编、副主编以及部分国际编委 10 余人出席会议,并亲临杂志展位与众多国际学者进行交流。发展迅速的"年轻"杂志、强大的国际编委会、快速的稿件处理流程、不断增长的影响因子以及免费 OA 发表等特征,使 JSHS 成为众多国际学者关注的焦点。2018 年 JSHS 参加美国运动医学年会(ACSM)、ECSS、国际行为营养与身体活动(ISBNPA)三大国际学术会议。通过参加国际学术会议,一方面有效增强杂志的国际显示度、影响力和知名度;另一方面进一步加强与国际编委的沟通与合作,现场邀约高质量稿件。

图 4　两位主编和编辑部成员参展第 22 届欧洲体育科学学会(ECSS)年会

3.6　参与举办国际学术会议和学术沙龙,加强学术服务

2017 年 11 月,JSHS 参与主办第八届"运动与健康"国际高层论坛暨第二届中国老年学和老年医学学会运动健康科学分会学术会议。组织 3 名国际编委参会并做大会报告,同时 JSHS 编辑部还参与"工作坊"做主题报告,向国内外学者介绍杂志发展概况以及投审稿注意事项,并积极进

行组约稿,落实2019年两期高水平"特刊"。2018年JSHS举办"首届中青年体育学者专家研讨会"和"首届国际中青年体育学者科研能力提升专题培训",切实履行学术期刊的"学术服务"功能,促进我国体育科研工作者国际学术水平提升。JSHS入选2017年中国高校科技期刊优秀团队。

3.7 打造高质量国际编辑团队

JSHS编辑部已着力打造出一支老中青结合、充满活力的国际化编辑队伍,专业背景包括医学英语和体育科学等,能熟练掌握并使用与本刊相关的科技英语,可与编委、审稿人、作者全英文沟通。为确保刊物语言质量,杂志还聘请两名母语为英语并从事体育科学研究的外籍学者对接受的稿件进行语言润色。JSHS已加入全球学术与专业出版者协会(ALPSP)和国际出版伦理委员会(COPE),定期派遣编辑参加ALPSP、COPE专业培训以及相关国际体育学术会议(如美国运动医学年会、欧洲体育科学大会等);鼓励年轻编辑申请基金课题、撰写学术论文,全方位提高编辑的语言能力和专业素养。在2013年、2015年、2017年上海市新闻出版局组织的"全市报刊编校质量检查"中,连续被评为"优秀期刊",其中2015年差错率仅为0.07/10 000。

本刊网址:www.jshs.org.cn

(《运动与健康科学》编辑部　供稿)

办好专业期刊　服务科技发展
——Nano-Micro Letters（《纳微快报》）争创"国际一流期刊"的实践与经验

Nano-Micro Letters（《纳微快报》英文版，以下简称 NML）是教育部主管、上海交通大学主办的英文学术期刊，快速报道纳米/微米科学与技术研究领域的高水平原创性科技成果、综述、快讯等，尤其注重从纳米到微米的自下而上的研究成果。期刊立足服务学术研究和科技发展，在纳/微尺度交叉学科领域，搭建高端国际学术交流平台，力争将期刊建设成为一流的国际专业学术刊物，充分发挥科技期刊在学术引领、人才培养、诚信监督等方面的重要作用，增强我国学者的话语权，促进科技创新。

1　国内外影响力

NML 创刊于 2009 年，目前已被 SCI、EI、SCOPUS、DOAJ、知网、万方等数据库收录。NML 于 2012 被 SCI 收录，2013 年获得第一个影响因子数值 2.057，同年入选"中国科技期刊影响力提升计划"（D 类），2014 年获得 CN 号，开始与世界著名出版集团 Springer 合作，自此 NML 走上了快速发展之路。2018 年影响因子（IF）达到 7.381，总被引频次较 2017 年增加了 55%。在材料综合学科、应用物理学科、纳米科技领域均居 Q1 区，已经成为国内外具有一定影响力的学术期刊,进入了良性健康发展的轨道。

NML主要报道与纳米、微米尺度相关的科研文章,涵盖材料、物理、化学、生物、医学、微电子等多个学科领域,因此,在Web of Science公布的JCR报告中NML被归入三个学科。在2013年公布的2012年JCR报告,以及2018年公布的2017年JCR报告中期刊在三个学科的排名和分区如表1所示。可见,在JCR收录的SCI期刊中,NML已经进入了三个学科的排名前列,尤其在材料综合和物理类期刊的排名进入了前10%。

表1 NML在JCR中的学科排名

学科排名 年　度	纳米科技		材料学科		应用物理学科	
	排名	JCR分区	排名	JCR分区	排名	JCR分区
2012年	33/69	Q2	62/241	Q2	36/128	Q2
2017年	17/92	Q1	29/285	Q1	14/146	Q1

由于NML知名度和引证指标方面的提升,2016年同时入选"中国科技期刊影响力提升计划"(B类)与"上海市高水平高校学术期刊支持计划(A类)"。多次获得"中国最具国际影响力学术期刊(2015—2017年)"、"中国高校百佳科技期刊奖(2016)"、"上海市高校精品科技期刊奖(2018年)"等荣誉。先后入选"中国科技期刊国际影响力提升计划"、"上海市高水平高校学术期刊支持计划(A类)"。多次获得"中国最具国际影响力学术期刊"、"中国高校百佳科技期刊奖"与"上海市高校精品科技期刊奖"等荣誉。

2　办刊特色

高水平、负责任的编委队伍是期刊发展的基础。历经9年,NML的编委队伍不断调整增补,已从创刊之初的45名增加到目前的91名。

主编张亚非教授是上海交通大学长江学者特聘教授、亚太材料科学院院士、薄膜与微细技术教育部重点实验室主任,曾在日本科技厅先端机能材料研究中心与香港城市大学作为高级研究人员从事相关工作。曾荣获国家自然科学二等奖和教育部自然科学二等奖。NML的编委在国内外纳/微米科技领域享有较高知名度和影响力,是期刊良好发展的保障,也是进一步提升国内外影响力的核心力量。

图 1　主编张亚非教授

NML的主要特色是办刊人员同时也是科研人员,不但了解纳米/微米科技领域的前沿,同时也从事相关领域的科研工作,因此,在提高期刊学术质量和宣传推广方面具有一定的便利和优势。积极争取优质稿源、严格执行专家评审、高效快速生产出版、加强数字与媒体融合出版、提升国内外知名度和影响力是期刊编委和编辑团队一贯坚持的发展之路。

2.1　积极参与科研活动,争取优质稿源

积极组织和争取优质稿源一直是NML的工作重点。首先,在期刊的报道方向和类型方面,期刊编委和编辑部会经常讨论学科热点,确定和调整报道方向,尽量选择能引起广泛关注的对未来有影响的研究成果,尤其

注重对原创性工作的快速报道,同时,邀请领域内有一定影响的专家学者撰写评论文章,使期刊发表的文章具有广泛性、引导性、原创性。其次,通过积极举办、参加国际学术会议,在会议上介绍期刊,加大约稿的可行性。近年来,期刊作为赞助者参加了"ChinaNano"、"中美纳米论坛"、"中国微米纳米技术学会"、"中国化学会"、"新加坡 2D 材料与能源会议"、"中国材料大会"等学术会议,起到了非常好的宣传推介作用。

编辑部注重加强与课题组的互动,走访并深度参与科研活动,在交流讨论科研工作的同时,介绍 NML 的优势和发展规划,充分听取大家的建议,发展潜在作者和读者。另外,充分发挥编委在约稿组稿中的作用,邀请知名度和影响力大的专家学者加入编委队伍,尤其注重吸收青年科研人员加入编委会,明确编委责权利,充分发挥编委在高质量稿件组稿中的作用。在编委和编辑部人员的共同努力下,2017 年 NML 的约稿约占总投稿的 20%,经过严格评审后,约稿占发表量的 35% 左右,约稿稿件质量普遍优于自由投稿。

图 2 "Nano-Micro Conference 2017"合影

图3　张亚非主编应邀参加"中外顶级科技期刊主编峰会"闭门会议

2.2 充分利用社交媒体,加大宣传力度

国内外学术期刊数量众多,每年发表的 SCI 论文约两百多万篇,而且学术期刊主要面向科研人员,受众面窄,大多数人可能只关注顶级期刊的原创性成果,其它期刊发表的论文则因为精力和时间有限很少被关注。因此,提升科技期刊的影响力显得尤为重要,一方面在选题上报道研究热点,提升论文的质量和水平,另一方面也需要加大宣传力度,让更多的人了解并关注期刊。

除了数字化出版与邮件沟通外,2015 年开始,NML 逐渐开发或开通了期刊 APP、微信、微博、博客、twitter、facebook 等社交媒体,将期刊的重点内容和期刊动态在这些平台发布,方便读者快速获取相关信息。同时,建立了编辑工作群和读者微信群等,方便及时沟通交流,增强亲和力和凝聚力。目前,NML 的社交媒体读者关注量超过 8 万人,已经形成了以

NML 为核心的科研发布和交流群体,为今后的发展奠定了基础。

2.3 自主开发英文网站,提升数字出版水平

NML 在充分调研了国际数字出版平台后,依托上海交通大学的软件技术背景,提出了自主开发英文数字出版平台的方案,并付诸实施。2014 年 8 月,历经 3 年的开发调试,NML 英文数字出版平台正式投入使用。平台提供基本信息、快速检索、文章发布(html 和 pdf)、数据库链接等多种交互式服务,具备投稿、审稿、编辑、在线出版等功能,并具有扩展性和灵活性,可以通过辅助模块的开发满足不同期刊的定制需求。

经过多年的不断升级更新,添加了 Article Metrics、Articles Collection、Related articles、Cited By、News、社交媒体互动等模块,目前 NML 平台已达到国际先进水平,不但可满足英文科技期刊的出版需求,而且可以根据期刊特色进行个性定制。NML 数字出版平台弥补了 Springer 的 NML 网站中无法个性化设置的需求,在 Springer 平台出版的文章,同时也在 NML 平台发布。该平台的开发不但推动了 NML 的国际化发展,也对国内其它英文学术期刊的数字化和国际化发展具有一定的参考意义。

本刊网址:http://springer.com/40820 与 http://nmletters.org

(《纳微快报》编辑部 供稿)

二、上海期刊论坛综述(2012—2018)

从 2012 年开始至今,由上海大学期刊社发起,以上海市新闻出版局和上海大学为指导单位,由上海市出版协会、上海市期刊协会、上海大学期刊社和上海新闻出版教育培训中心等单位联合主办,上海大学期刊社承办的"上海期刊论坛"已经连续举办七届。综观七届上海期刊论坛,由于其对抓取问题的敏感度及对问题讨论的深入性而使得论坛的影响力持

图 1　第四届上海期刊论坛现场

二、上海期刊论坛综述(2012—2018) >>>

图2　中国期刊协会会长石峰讲话

图3　国家新闻出版广电总局报刊司司长李军讲话

续提升,不断受到国家出版行政管理部门如国家新闻出版署的相关部门、中国期刊协会和上海市新闻出版局等的关注。新闻出版署相关部门、中国期刊协会、上海市新闻出版局等单位的领导出席期刊论坛并致辞,对每一届上海期刊论坛的主题设置、组织周到而严谨给予高度认可。"针对期刊发展的不同阶段,每届论坛均提出了不同的主题,分别是"青年编辑职业生涯规划","国际化与人才队伍建设","差异化·品牌化·国际化发展","集约·品牌·新媒体","创新驱动·融合发展·协作共享","融合创新：人才、内容与品牌","新时代·新使命·新媒体"。每届"上海期刊论坛"主题的提出，均立足期刊发展现状，聚焦期刊发展问题，把脉期刊发展前景和趋势，积极为期刊发展谋思路，提规划，进而促进我国期刊快速发展。

从历届"上海期刊论坛"设置的主题看，大致聚焦在以下几个方面：一是期刊发展的主体即期刊发展的队伍建设；二是期刊发展的内容建设，即期刊的差异化、品牌化建设；三是期刊发展的数字化建设，即新媒体及其融合发展；四是期刊管理的集约化发展趋势；五是期刊发展的国际化趋势与目标。

1　期刊发展的人才及队伍建设

1.1　期刊人才培养的重要性

任何事业的发展均离不开人，尤其离不开对事业发展发挥中流砥柱作用且具有决定性、引导性的人才。期刊发展也是如此。因此，"上海期刊论坛"正是把握住了这一关键，期刊人才队伍建设及人才培养成为三届论坛主题的关键词。

中国期刊协会会长石峰在第五届上海期刊论坛的讲话中谈到媒介融合的时候特别强调了人才的重要性，他说，在媒体融合发展中，似乎是技术决定着媒体未来的发展方向，其实，决定媒体未来发展方向的首要因素是人而不是技术，因为任何技术都是由人创造和掌控的，人是推动媒体变革的原动力。未来媒体的数字化、智能化的大趋势是无可避免的，这就提出了传统期刊出版队伍的改造更新问题，而这支队伍改造的成败，决定着期刊业的未来。改造传统期刊出版队伍是一个系统工程，需要从管理和个人两个层面着力。在管理层面，首先要大力推动传统媒体单位的人事管理制度改革，变传统的人事管理为人力资源管理。其次，要重新设计期

二、上海期刊论坛综述(2012—2018)

刊编辑出版人员的资质评价考核体系,包括考核内容、考核标准、考核方法,都要从数字化、新媒体的实际需要出发,解决考核内容陈旧,与实际工作需要"两张皮"的问题。复次,要对全员进行以数字化为主要内容的突击培训,实行数字化技能持证上岗的制度,填平做新媒体与做传统媒体的鸿沟,形成"一支队伍能从事多种产品生产,一个产品能进行多次开发,一次开发能实现多次传播"的期刊生产新模式。最后,要为"过剩出版产能"转移开辟通道,做到人尽其才,确保人人都有为社会创造财富的机会。另外,国际化意识、数字化及新媒体融合意识、规则意识、细节意识、责任意识,等等,这些都关乎期刊人才培养的重要方面,成为期刊人才素质的重要构成因素。

国家新闻出版广电总局报刊司副司长农涛在第六届上海期刊论坛的讲话中强调人才的重要性,他指出要坚持人才第一战略,办报办刊说到底人是第一要素。特别是在移动互联网全面普及的今天,期刊的核心竞争力,还是办刊人是最主要的。

上海市新闻出版局副局长陈丽在论坛致辞中从上海期刊总体发展的情况入手,强调了期刊人才培养的重要性,她认为:强调品牌和内容的建设是上海近年来期刊发展的重要抓手,为此,营造健康的学术环境和学术氛围尤其对青年人才的培养更为重要。从学术期刊出版管理者的角度,陈丽副局长强调,为了推动上海学术期刊的发展,使上海学术期刊继续保持强劲快速的发展势头,上海还需要继续努力,不断提高高级期刊人才的水平。

在第一届期刊发展论坛上,上海大学期刊社社长秦钠做了题为"聚焦目标,开拓创新,打造学者型编辑队伍"的主旨发言,以上海大学期刊社的人才发展模式为例,具体阐述了期刊人才发展的阶段性以及整体性发展规划,以办优秀刊物,创名特栏目,为学科发展和教学科研服务为宗旨,坚持编辑学术化的方向,打造学者型编辑队伍。具体做法包括:一是"营造环境,学会共事",二是"建章立规,学会做事",三是"学习培训,学会认知",四是"研究实践,学会发展"。成立"上大期刊屋"实践平台,架起了学术期刊出版和学校学科发展及教学科研之间的桥梁。经过十多年的不懈的努力，上海大学期刊社逐渐发展成为上海乃至全国高校学术期刊集约化建设与发展的典范，集约化制度管理，成为其辖下学术期刊编辑部和编辑人员成长、发展的有力保障，也为培养人才、用好人才、留住人才奠定了坚实基础。

1.2 期刊人才国际化视野的培养

人才发展是期刊发展的关键因素，期刊发展则是人才发展的基础与平台。在明确了两者之间的关系后，发展什么样的人才，建设什么样的编辑队伍，则成为重中之重。为此，第二届上海期刊论坛则对这一问题做出了详细的阐述，即将国际视野作为学术期刊编辑发展的重要职业规划风向标。

施普林格科学与商业媒体全球出版执行副总裁 Hubertus Riedesel 做了题为"国际化视野下的期刊出版与人才培养"的发言，他认为将中国引入世界先进科技的领域，将中国顶尖的科学技术引向世界，是一个非常好的宗旨，国际期刊需要非常优秀的人才。优秀人才的养成离不开有的放矢的培训。Springer 内部也有很多的培训课程和项目，比如说去年举行的年轻人的培训课程，同时也有市场学院、生产学院、出版学院，并且还有很多在线的自学工具。

新加坡国立大学机械工程系教授倪亦靖在其题为"主编视角：国际化期刊办刊之道"的发言中指出，要创办一本新的刊物，必须有好的管理团队。首先主编非常重要，一位著名的主编可以约到好的稿件，同时可以组建一个比较强的编委会。第二重要的是编委会，应该由世界上比较著名的专家组成。当然，还必须有出版商的支持。

中国科学院上海生命科学信息中心党总支书记兼副主任毛邦河在其题为"坚定实施人才强刊战略 创建国际核心期刊集群"的发言中就人才队伍建设提出了自己的看法。他提出：人才强刊战略也是实现期刊跨越发展的重要因素。要根据学术期刊发展的总体工作规划来搭建与之匹配

图 4　第二届上海期刊论坛圆桌会议

的人才梯队,也即是搭建立体的人才梯队,才能保障期刊的有序、有潜力地发展。在人才引进方面,要不拘于国界、不拘于体制约束,更注重人才引进后的培养与关怀,以人为本,营造关爱人才成长的文化环境。

2　期刊发展的内容建设(差异化、品牌化)

2.1　内容的重要性

"内容为王"永远是期刊发展的基本准则。学术期刊的内容建设是学术期刊国际化、数字化及新媒体融合等其他方面发展的基础,是学术期刊的立身之本。因此,期刊内容建设也就成为上海期刊论坛的热点议题,成为第三、第四、第五、第六届上海期刊论坛主题的重要内容。

针对期刊内容同质化的现象,第三届上海期刊论坛的将主题设定为"差异化、品牌化和国际化",目的在于强调期刊内容的差异化发展,只有建立在内容差异化的基础之上,才能够实施期刊的品牌建设,进而实现期刊的国际化,将期刊推向世界。

上海市新闻出版局局长徐炯先生在致辞中分析了上海期刊发展的基本现状、取得的成绩、产生的影响以及上海学术期刊发展的问题所在,并

图 5　上海市新闻出版局局长徐炯讲话

图 6　中宣部出版局刘建生巡视员讲话

指出：作为主管部门，即将对上海学术期刊发展采取一些支持性政策和措施。

中宣部出版局巡视员刘建生高屋建瓴地指出：差异才能百花齐放，差异化是出版物生命价值所在，也是出版单位的生命价值所在。另外论坛充分反映了上海出版界在对品牌建设方面，在出版理论引导方面不遗余力的追求。出版有品牌，期刊有品牌，论坛也可以做成著名品牌。品牌化是期刊业界的不懈追求,也是从业人员执着的追求。

Springer出版公司中国区总经理叶路就其自身经验谈到期刊品牌建设的问题。他认为,企业品牌不只是产品品牌,不只是商品品牌,而是整个企业形象高度的总结。企业品牌是通过员工来传播的。对出版企业而言,最重要的就是人,人最重要的认可价值就是品牌。Springer公司的目标是,每一位员工,包括现任的与离职的,都可以成为品牌的传播大使,品牌的口碑能够人人相传,使得公司的品牌在相应的人群当中有很好的展示与传播。从品牌角度来讲,Springer公司的口号是:"加入Springer,和我们一起探寻世界。"

2.2 品牌是内容建设的升华

期刊的内容品牌建设也同样是第四、五届上海期刊论坛的主题之一。国家新闻出版广电总局新闻报刊司期刊处处长董毅敏在第四届上海期刊论坛的讲话中指出:品牌化战略是立刊之本,强刊之要,离开了品牌,集约化和数字化无从谈起。虽然我国的期刊业近几年快速发展,涌现出一批知名的期刊品牌,包括学术类、大众生活类的,但是大家也看到了期刊整体还存在质量不高,缺少有国际影响力和国际话语权的品牌期刊,总局近几年围绕提升品牌,打造品牌做了很多的工作。

上海市新闻出版局副局长陈丽从上海期刊总体发展的情况入手,强调品牌和内容的建设是上海近年来期刊工作的重要抓手。上海入选SCI的期刊,超过全国总数的10%。内容生产是传统期刊的优势所在,期刊出版更是如此。在信息化时代,期刊出版肩负着去伪存真的把关使命。通过生产有价值的内容,在受众细分的当下,能够满足各种人群的需求。期刊在服务作者、读者的同时,还要努力倡导科学道德和良好的学风,加强学术生态的建设,成为优秀期刊荟萃和人才荟萃的净土和沃土。

2017年,第六届上海期刊论坛在综合前几届论坛主题的基础上,确定以"融合创新:人才、内容和品牌"为主题,从综合的视角来审视、讨论期刊发展中的决定性因素人才、内容、品牌及其之间相生相长的密切关系。正

图 7　上海市新闻出版局副局长陈丽讲话

图 8　上海大学党委书记、校长罗宏杰讲话

如上海大学期刊社秦钠社长在其论坛开幕式的致辞中所指出的,期刊的品牌化发展,首先是要有过硬内容,其根本就是要有过硬的人才。内容为王和人才至上,这就是对第六届期刊论坛主题的理解。

关于期刊品牌建设,全国高校文科学报研究会副理事长、《北京大学学报》原主编龙协涛在发言中指出:期刊品牌应该是研究者、读者持续稳定的关注度,有这样关注度的期刊叫品牌期刊。或者在读者心中保持毋庸置疑的信任度,这样的期刊叫品牌期刊。学术乃天下之公器,中国期刊的发展可以说现在是体量很大,数量很多。期刊质量的提高,品牌的打造这方面大家都极为关注,只有品牌期刊才是中国期刊的名片、符号。数量多、体量大那不能说明中国期刊的成绩。并以《读者》《文史哲》为例,阐发了期刊品牌建设的思路和措施。

2.3 内容评价的两难之困

论及期刊内容以及期刊品牌建设,必然涉及期刊内容与品牌的评价问题。对此,无论是学术研究界还是期刊界,无论是科技期刊,还是人文社科期刊,甚至期刊评价与学术评价机构,均有不同的评价标准,各执不同的评价理念,从而也就成为论坛上的争论焦点。

汤森路透科技信息服务(北京)有限公司业务总监宁笔先生在第五届上海期刊论坛上做了"学术期刊评价的本意与现状——从 Journal Citation Reports 视角"报告,从梳理科学引文索引(SCI)的起源与 Web of Science 的关系入手,强调了影响因子对于期刊及论文评价的价值和意义。

中国科学院文献情报中心、中国科学引文数据库研究员刘筱敏女士在题为"理性认识期刊评价"的报告中,对以影响因子为评价核心的评价行为做了客观、理性的分析,她认为定量指标可以反映期刊的现实状态。定量指标也有一定的局限性。首先,引用指标反映的是期刊的历史状况,描述的是过去的论文真正的影响力,所以它不能预测未来。其次,定量指标计算的干扰因素往往使得指标不能客观地反映期刊的影响力。尽管如此,期刊评价对我国的期刊确实起到了促进和发展的作用。同时,期刊的声誉是来自于作者的声誉,并且具有"长板效应"。期刊应该是新知识的发源地,应该具有全球的视野和较大的作者和读者群,要关注新的热点和学科增长点,这样才能使得期刊成为学者认为的优秀期刊,才会在数值上有优秀的表现。

而来自人文社科期刊的《南京大学学报》主编朱剑教授以及《新华文

摘》前总编张耀铭先生则对以影响因子为核心的期刊评价提出疑问。张耀铭从学术评价的现状入手,指出学术评价乱象及危害以及治理的思路。他认为,学术评价乱象已成为一个社会问题,事关学术研究、学术传播、学术体制、学术利益、学术生态以及社会风气诸多方面。治理学术评价乱象,必须立破并举、多管齐下、统筹协调、优化整合,才能标本兼治、扶正祛邪、鼓励创新、融合发展。第一,建立学术评价机构准入制度和退出机制。准入制度,应该是国家对评价机构主体资格的确立、审核和确认的法律制度。探讨建立学术评价机构的退出机制,不能胡评价、乱评价,甚至老少通吃、权力寻租、金钱交易。第二,加强学术评价的回避制度和监督机制。在没有产生相对独立的第三方评价机构之前,必须加强学术评价的回避制度,保障学术评价制度的程序正义。要积极开展学术批评,加大媒体曝光,对学术评价机构、学术评价程序、学术评价结果进行有效监督,形成有力制约,使之心存畏惧。第三,规范并完善同行评价制度。同行评价是国内外公认的最为合理的学术评价制度,但在引进中国之后却发生了权力支配、人情主导、标准缺失的变异。要建立和健全评价结果公示、反馈、申诉、复议等制度,对同行专家的评价行为进行有效的制约,加强评价专家信誉制度建设。第四,用"以文评刊"取代"以刊评文"。论文是组成学术期刊的最小单元,论文水平的高低决定着期刊质量的优劣。研制出针对单篇论文的评价指标体系在论文评价、期刊评价中均占有决定性的基础地位。需要社科学术期刊界和文献计量学界通力合作,共同攻克这一难题。第五,建立独立的、客观的、民主的学术评价机构。学术评价的本来意义,"在于评判学术的进展,鉴别学者的贡献,规范学术行为,激发学者的创造力,以达到推动学术发展的目的"。

《南京大学学报》主编朱剑教授在其题为"摒弃排行榜:走向科学评价的第一步"的报告中,从期刊排行榜产生、其间蕴含的各中权力关系以及造成的学术评价乱象等各种弊端入手,明确提出摒弃期刊排行榜的观点,他认为,要摒弃排行榜,建立科学的学术评价和学术期刊评价机制,管理部门、学术界、期刊界以及评价机构需要在以下几方面达成共识:首先,应该明确学术评价的专业属性,评价主体只能是学术共同体而不可能是其他。其次,评价权力回归学术共同体的过程必然是学术民主重建的过程,必须让学术民意有充分表达的平台和渠道,必须让评价权力置于有效的民主监督之下,必须让评价成为"透明的评价"。再次,定性评价和定量评价都应回归一般的评价方法,统摄于同一主体,而不是各自独立的不同评价类别。最后,对于所有评价机构来说,"明智的进路选择在于,退出学术评价,回归评价数据开发者的定位"。如此,则既有利于评价机构挖掘数据专长的发挥,又可实现数据与评价相分离并实现数据的开放和共享;至于对数据的解读和应用,则是各学术共同体的事。

3 期刊发展的数字化建设,新媒体融合

在互联网新技术的挑战下,学术期刊也经历了数字化、网络化发展,并呈现出媒介融合的发展趋势。因此,自 21 世纪以来,数字化、网络化、媒介融合成为学术期刊依托技术而发展的关键词,同样也成为上海期刊论坛的主题之一。

3.1 期刊数字化

中国期刊协会会长石峰在讲话中指出:要立足新常态,认为期刊业呈现的新常态是挑战与机遇的统一体,所以要以新作为应对新常态,提出了加大四个力度,实现四重构。第一,加大创新力度,重构经营模式。经营模式创新要实现三个转移,即:从做渠道向做平台转移,增强经营的灵活性,从做发行量向做精品内容转移,始终保持内容的优势,从单兵作战向联合作战转移,提倡多种方式的联合经营。第二,加大转型力度,重构媒体传播力。期刊转型要实现三个推进,即推进管理体制转型,增强期刊媒体的活力;推进期刊形态的转型,提升市场的占有率;推进传播机制转型,提高期刊市场渗透。第三,加大融合力度,重构媒体的新格局。传统媒体和新兴媒体的融合是优势互补,传播体系的重构必须实现全方位的深入

融合,同时提出五个大力推动,即大力推动内容融合,提升媒体公信力;大力推动渠道融合,提升媒体传播力;大力推动平台融合,提升媒体影响力;大力推动经营融合,提升媒体适应市场能力;大力推动管理融合,提升媒体综合社会服务功能。第四,加大改革力度,重构管理体制。从行政管理体制改革的角度需要实现一个转变深化,三个改革,即转变管理理念,真正树立管理就是服务的思想,管理的目标要立足于发展,管理的要求要符合基层出版单位的实际,管理的措施要与时俱进。

中宣部出版局巡视员刘建生先生在第三届上海期刊论坛中着重论述了数字化、互联网与期刊发展的关系,采取从互联网看期刊、从期刊看互联网两个角度阐述了互联网对于期刊出版的重要意义。他认为文化和出版管理的顶层设计者要关注互联网思维的六个特点,实际上互联网影响和干预期刊的传统模式也正是这六个方面:一是平等交流,互动传播;二是用户体验,个性多样;三是即时传播,海量传播;四是抢占先机,首播首发;五是充分开放,充分竞争;六是全球视野,市场品牌。

全国高校文科学报研究会理事长蒋重跃认为,进入数字媒体时代,就是进入了一个新的时代,必然要面对各种新的挑战。无论是在私人空间中,还是在公共领域的许多情况下,数字阅读量已经大大超过了纸本。期刊的编辑、出版、发行、传播越来越呈现数字化的样态。在这种情况下期刊品牌的含义有没有变化,对于期刊品牌将会有哪些新的认识和理解,原来的管理和工作机制能否适应新的数字化发展。哪些适应,哪些已经过时,如果有过时的怎么样调整才是顺应发展的需要,这些问题都必须认真对待和回应,所以才称之为挑战。他以全国高校学报研究会与中国知网合作推出的专业刊以及上海大学期刊社、中国人民大学学报、浙江大学学报等单位为例,阐述了高校学报数字化、集约化发展的模式、存在的问题等。

中国学术期刊电子杂志社副社长汪新红在同届论坛中对学术期刊的数字化、新媒体融合等内容做了详细的阐述。她认为出版与技术的融合是关键,期刊出版也要关注技术平台,建构先进的传播模式,过去办刊得经过8年的不懈努力才能创造出一本品牌期刊,现在在移动互联网,社会化网络和互联网的技术支撑下,只要把提高刊物质量、发展品牌、市场启动的策略做好,借助现代化的传媒手段顺势而为最迟三个月就可以家喻户晓。媒体形态开始移动化了,对期刊提出了转型和升级要求。她理解的转型就是从体制内往体制外,从事业单位往市场走,升级就是从平面的往多媒体方向升。在互联网还没来得及转过来的时候,社会化网络交互又出现了,交互出来以后,现在比较多的形态,像APP、微信杂志等,是一个非常巨大的挑战。

3.2 媒体融合发展

《新华文摘》原总编张耀铭先生在第七届上海期刊论坛上就学术期刊与新媒体融合的几个问题做了深刻阐述。他认为,学术期刊与新媒体融合的关键是必须看清楚学术期刊与新媒体未来发展的趋势,才能求新的生存与发展的空间,由此,当前学术期刊人要重点关注以下三个问题:第一,从数字化、集约化到分众化、个性化的转变,现在一般的学术期刊已经完成了数字化的转型,学术期刊虽然完成了数字化、集约化转型,但是在推动媒体融合方面还存在很多的问题,缺乏互联网思维,被制度圈养,享

图9 期刊融合出版实验室签约仪式

受着政策红利,导致几乎所有的学术期刊只重视内容,从而失去了媒体在融合当中充分把握自己命运的机会。第二、从内容+渠道到内容+平台的转变。

《故事会》杂志社原社长、总编辑何承伟则从媒体时代的变与不变出发,阐述了新媒体时代必须变的观念、技术以及不能变的期刊质量、文化理念、精神坚守等。就变与不变的侧重点而言:首先要认识到演变规律非变不可,变是正常;其次是互联网时代思维方式的变化,不是简单做"互联网+",而是互联网思维本质是一种链接的思维,是信息共享的思维;最后,不变的内容永远不能变,即出版工作的本质是为读者选择内容的观念不能变,强调出版物的影响力不能变,这个行业盈利模式是数量经营加上知识产权经营的意识不能变。

在第七届上海期刊论坛的"海纳百川——上海英文学术期刊经验交流"专场,来自本市高校和科研院所的英文期刊编辑部负责人畅谈期刊数字化、媒介融合方面的一些有益做法。*Applied Mathematics and Mechanics (English Edition)* 编辑部负责人介绍了在期刊数字化建设方面的一些做法:第一,关于门户网站的改版,包括利用先进技术和二维码、手机微信平台等等,力求在速度、范围、质量、实效方面都有较大的进步;第二,加强国际国内的宣传和推广力度,对内以上海大学期刊社和学力学研究所平台,包括和力学学会的期刊网、国内外的知名数据库开展联动,对外同国际知名的出版商合作,包括借助科睿唯安、Springer 等出版集团力量和国际平台拓展刊物的能见度;第三,采用了国际主流的审稿系统,缩短了刊物的出版时间,提升速度,投稿同比提升了 1.5 倍;第四,从搭建平台,举办相关的学术沙龙,依托上海大学和中国力学会开展活动,包括国际国内的学术活动。

从现有学术期刊数字化发展的现状而言,基于网络及多种移动媒介终端的媒体融合应该是学术期刊发展的主要趋势。但是,如何对媒介融合加以监管,则是面临的新挑战。

4 国际化：学术期刊发展的未来

国际化是学术期刊发展的重要趋势，何谓学术期刊国际化以及如何实现学术期刊的国际化等问题，不仅成为全国期刊界及理论界研究的主要问题，也是上海期刊论坛的主要议题。上海期刊人对此提出了自己的看法。

在第一届上海期刊论坛上，中国科学院上海生命科学院 *Cell Research* 常务副主编李党生作"期刊国际化发展的前景与思路"的报告。*Cell Research* 是在国际上有一定影响的专业性英文期刊，李党生认为，国家的科学发展战略目标是期刊国际化发展的主要基础，也是推动学术期刊国际化的重要依据；另外，还要根据学术期刊的性质，来确定是否设立国际化的发展目标，对于前沿的基础学科杂志而言，由于其所刊登的科研成果具有无国界的特点，也即是说科学研究无国界，那么设立国际化发展的战略目标就是必须的，否则，很难引起世界范围内科学研究界的关注，其它还牵涉到语言问题等等，这些都是学术期刊国际化发展的主要因素。

自然出版集团大中华区总经理、*Nature* 杂志执行主编 Nick Campbell 指出：学术期刊国际化的根本是质量，而质量的提高必须走国际化的道路。

《全国高校文科学报文摘》总编姚申在第三届上海期刊论坛上就期刊国际化，中国人文期刊如何走向世界提出了自己独到的见解。姚申认为，学术期刊走向世界必须设定短期目标、中期目标、最终目标或者说是长期目标。短期目标要使文章配备英语三件套，即英文要目、英文摘要和关键词；中期目标是要创办一批精品的英文刊；长期目标是要办好双语学术期刊，进而在国内召开的国际学术会议上要提倡讲中文，做好国际汉语的推广工作，实现中文期刊的国际化存在。姚申最后强调：作为一种光荣与梦想，真心期待我国的人文社会科学学术期刊有朝一日能够在国际上大声地说出所有人都能听得懂的中国话，他认为这就是国际化的终极目标。

图10　施普林格全球出版执行副总裁 Hubertus Riedesel 发言

中国学术期刊电子杂志社副社长汪新红就学术期刊数字化、新媒体发展问题发言。她认为,在媒介融合的情况下,期刊的国际发展策略包括以下方面:一是质量要与国际看齐;二是期刊出版要与技术融合,不要割裂,要与技术互相借力;三是期刊经营与国际接轨。就第一点而言,如果要提高期刊的国际影响力,首先刊物的质量要达到国际一流的水准:首先作者就是国际化的作者,来自不同国家学术的观点肯定是创新的或者先进的,所以它不受国内的限制;其次,选题又反映了国际前沿;编辑组成国际化;刊物定位国际化;审稿国际化。

科睿唯安业务总监宁笔则从一些细节讲述了提升期刊影响力的对策与思考,比如使期刊进入国际数据库,由此而使得刊发的文章进入到国际学者的研究视野,等等。

在第七届上海期刊论坛的"海纳百川——上海英文学术期刊经验交流"专场,*Journal of Sport and Health Science* 编辑部负责人介绍了期刊国际化的一些具体做法:首先他们打造了一个国际化的编委会;其次出版国际化,他们现在也被 DOAJ 收录。利用这些国际出版平台和技术,他们在国际上的曝光度显著增加,创刊 6 年来累计全文下载量已经接近 200 万次,其中海外比例高达 95%,而且主要是以英国和美国为主,这两个国家占50%;复次,稿源的国际化。现在每年大概收到一千篇左右稿件,海外论文占比85%,也体现出国际化的程度;最后是审稿国际化,目前国际审稿人占93%,而且以美国、澳洲和加拿大等体育科研发达的国家和地区的审稿人为主,同时有组织地发布代表中国体育科研领域的顶级科研成果,向世界介绍中国体育科研的成果,其中比较典型的就是刚刚发布的中国儿童青少年体质与健康研究成果,这个成果一发布就引起了世界的轰动。另外,在国内主要采取微信平台推送,在国外也建立了Facebook和Twitter这样的平台进行推送。

学术期刊国际化发展的要求与发展趋势,所体现的不仅仅是学术期刊的问题,更是我国学术研究发展的要求和趋势。当然,客观而言,作为发展中国家,无论是学术研究,还是学术期刊,其国际化发展的程度都还不容乐观,国际化发展的道路依然漫长,学术期刊界的编辑同仁依然面临巨大的挑战。

5 未来期刊发展的新趋势

近年来,上海英文学术期刊全面贯彻落实"走出去"战略,在上海市新闻出版局的领导下,办刊质量取得了长足的进步。为了鼓励英文学术期刊加快"走出去"步伐,提升在国际学术界的能见度,受上海市新闻出版局、上海市教委委托,上海市出版协会、上海市期刊协会组织开展了"上海最具国际影响力英文学术期刊"、"上海最具潜力英文学术期刊"遴选活动。并将遴选结果在第七届上海期刊论坛上发布(具体名单见表1和2)。此次遴选坚持以刊物质量为本,以2017年公布的JCR报告中的影响因子和总被引频次的学科排名为主要评价指标,按照公平、公开、公正的原则,采用定性与定量相结合的方法,在已经被国家新闻出版广电总局认定的上海英文学术期刊中进行遴选,以期全面提升上海英文学术期刊的学术质量,扩大期刊的国际影响力。此次发布已成为引领上海学术期刊发展的风向标,也成为第七届上海期刊论坛的精彩亮点。

表 1　上海最具国际影响力英文学术期刊名单（按 CN 号排序）

上海最具国际影响力英文学术期刊
Acta Pharmacologica Sinica（中国药理学报）
Chinese Journal of Chemistry（中国化学）
Cell Research（细胞研究）
Applied Mathematics and Mechanics（English Edition）（应用数学和力学 英文版）
Asian Journal of Andrology（亚洲男性学杂志）
Chinese Optics Letters（中国光学快报）
Journal of Molecular Cell Biology（分子细胞生物学）
Molecular Plant（分子植物）
Journal of Sport and Health Science（运动与健康科学）
Nano-Micro Letters（纳微快报）

表 2　上海最具潜力英文学术期刊名单（按 CN 号排序）

上海最具潜力英文学术期刊名单
Chinese Annals of Mathematics，Series B（数学年刊 B 辑 英文版）
Nuclear Science and Technique（核技术 英文版）
Journal of Hydrodynamics（水动力学研究与进展 B 辑）
Acta Biochimica et Biophysica Sinica（生物化学与生物物理学报）
Neuroscience Bulletin（神经科学通报）
Advances in Manufacturing（先进制造进展）
High Power Laser Science and Engineering（高功率激光科学与工程）

附 录

上海学术期刊一览表

附表1-1 上海科技类学术期刊一览表（按中文刊名拼音排序）

期 刊 名 称	CN号	ISSN号	创办时间	主 办 单 位	主 管 单 位
宝钢技术	31-1499/TF	1008-0716	1988	宝钢集团有限公司	宝钢集团有限公司
Baosteel Technical Research（宝钢技术研究）	31-2001/TF	1674-3458	2007	宝钢集团有限公司	宝钢集团有限公司
柴油机	31-1261/TK	1001-4357	1979	中国船舶重工集团公司七一一研究所	中国船舶重工集团公司
柴油机设计与制造	31-1430/TH	1671-0614	1979	上海柴油机股份有限公司	上海汽车工业(集团)总公司
产业用纺织品	31-1595/TS	1004-7093	1983	东华大学、全国产业用纺织品科技情报站	教育部
城市道桥与防洪	31-1602/U	1009-7716	1984	上海市政工程设计研究总院(集团)有限公司	住房和城乡建设部

续表

期刊名称	CN 号	ISSN 号	创办时间	主办单位	主管单位
城市规划学刊	31-1938/TU	1000-3363	1958	同济大学	教育部
城市轨道交通研究	31-1749/U	1007-869X	1998	同济大学	教育部
出版与印刷	31-1643/TS	1007-1938	1990	上海出版印刷高等专科学校	上海市教育委员会
传动技术	31-1596/TP	1006-8244	1987	上海交通大学	教育部
船舶	31-1561/U	1001-9855	1990	中国船舶及海洋工程设计研究院	中国船舶工业集团公司
船舶标准化工程师	31-1981/U	1005-7560	1957	中国船舶重工集团公司第七〇四研究所	中国船舶重工集团公司
船舶工程	31-1281/U	1000-6982	1979	中国造船工程学会	中国船舶重工集团公司
船舶设计通讯	31-1397/U	1001-4624	1972	上海船舶研究设计院	中国船舶工业集团公司
船舶与海洋工程	31-2076/U	2095-4069	1985	中国船舶与海洋工程学会	上海市科学技术协会
创意设计源	31-2021/TS	1674-5159	2009	上海工艺美术职业学院	上海国盛(集团)有限公司
地下工程与隧道*	31-1591/U	1108-0910	1991	上海市隧道工程轨道交通设计研究院、上海市地铁总公司和上海隧道工程股份有限公司	—
电动工具	31-1433/TM	1674-2796	1972	上海电动工具研究所(集团)有限公司	上海市国有资产监督管理委员会
电镀与环保	31-1507/X	1000-4742	1981	上海市轻工业科技情报研究所	中国轻工业联合会

续表

期刊名称	CN号	ISSN号	创办时间	主办单位	主管单位
电机技术	31-1288/TM	1006-2807	1980	上海电气(集团)总公司	上海电气(集团)总公司
电机与控制应用	31-1959/TM	1673-6540	1959	上海电器科学研究所(集团)有限公司	上海市经济和信息化委员会
电力与能源	31-2051/TK	2095-1256	1980	上海市能源研究所、上海市电力公司、上海市工程热物理学会	上海科学院
电气自动化	31-1376/TM	1000-3886	1979	上海电气自动化设计研究所有限公司、上海市自动化学会	上海电气(集团)总公司
电器与能效管理技术	31-2099/TM	2095-8188	1959	上海电器科学研究所(集团)有限公司	上海市经济和信息化委员会
电世界	31-1327/TM	1000-1344	1946	上海电气(集团)总公司、上海市电机工程学会	上海电气(集团)总公司
电线电缆	31-1392/TM	1672-6901	1958	上海电缆研究所	上海市国有资产监督管理委员会
电信快报	31-1273/TN	1006-1339	1963	电信科学技术第一研究所、上海市互联网协会	电信科学技术研究院
电站辅机	31-1505/TM	1672-0210	1984	上海电站辅机厂有限公司	上海电气(集团)总公司
电子技术*	31-1323/TN	1000-0755	1963	上海市电子学会、上海市通信学会	上海市科学协会

续表

期刊名称	CN 号	ISSN 号	创办时间	主办单位	主管单位
Journal of Donghua University, English Edition（东华大学学报 英文版）	31-1920/TS	1672-5220	1984	东华大学	教育部
东华大学学报（自然科学版）	31-1865/N	1671-0444	1956	东华大学	教育部
动力工程学报	31-2041/TK	1674-7607	1981	上海上发院发电成套设备工程有限公司，中国动力工程学会	上海发电设备成套设计研究院
发电设备	31-1391/TN	1671-086X	1987	上海上发院发电成套设备工程有限公司	上海发电设备成套设计研究院
法医学杂志	31-1472/R	1004-5619	1985	司法部司法鉴定科学技术研究所	司法部
纺织检测与标准	31-2117/TQ	1001-7046	2015	上海市纺织科学研究院	上海纺织控股（集团）公司
纺织文摘*	31-1241/TS	—	—	—	—
Journal of Molecular Cell Biology（分子细胞生物学报）	31-2002/Q	1674-2788	2009	中国科学院上海生命科学研究院生物化学与细胞生物学研究所，中国细胞生物学学会	中国科学院
Molecular Plant（分子植物）	31-2013/Q	1674-2052	1964	中国科学院上海生命科学研究院植物生理生态研究所，中国植物生理与植物分子生物学学会	中国科学院
粉煤灰*	31-1715/TQ	1007-046X	1989	中国城乡建设粉煤灰利用技术开发中心，上海市建筑科学研究院	住房和城乡建设部

附录1 上海学术期刊一览表

续表

期 刊 名 称	CN 号	ISSN 号	创办时间	主 办 单 位	主 管 单 位
辐射研究与辐射工艺学报	31-1258/TL	1000-3436	1982	中国科学院上海应用物理研究所	中国科学院
腐蚀与防护	31-1456/TQ	1005-748X	1980	上海市腐蚀科学技术学会、上海材料研究所	上海市科学技术协会
复旦学报（医学版）	31-1885/R	1672-8467	1956	复旦大学	教育部
复旦学报（自然科学版）	31-1330/N	0427-7104	1955	复旦大学	教育部
复杂油气藏	31-2019/TQ	1674-4667	2008	中国石油化工股份有限公司上海海洋油气分公司,中国石油化工股份有限公司江苏油田分公司	中国石油化工集团公司
肝脏	31-1775/R	1008-1704	1992	上海市医学会	上海市卫生和计划生育委员会
High Power Laser Science and Engineering（高功率激光科学与工程）	31-2078/O4	2095-4719	2013	中国科学院上海光学精密机械研究所,中国光学学会	中国科学院
工业工程与管理	31-1738/T	1007-5429	1996	上海交通大学	教育部
工业锅炉	31-1400/TK	1004-8774	1985	上海工业锅炉研究所	上海电气(集团)总公司
工业微生物	31-1438/Q	1001-6678	1971	全国工业微生物信息中心,上海市工业微生物研究所	中国轻工业联合会
功能高分子学报	31-1633/O6	1008-9357	1988	华东理工大学	教育部

· 229 ·

续表

期刊名称	CN号	ISSN号	创办时间	主办单位	主管单位
供用电	31-1467/TM	1006-6537	1984	英大传媒（上海）有限公司,上海市电力公司	国家电网公司
光纤与电缆及其应用技术	31-1480/TN	1006-1908	1967	中国电子科技集团公司第二十三研究所	中国电子科技集团公司
光学学报	31-1252/O4	0253-2239	1981	中国科学院上海光学精密机械研究所,中国光学学会	中国科学技术协会
光学仪器	31-1504/TH	1005-5630	1979	中国仪器仪表学会,上海光学仪器研究所,中国光学学会工程光学专业委员会	中国科学技术协会
光源与照明	31-1519/TB	—	1988	上海市照明学会	上海市科学技术协会
锅炉技术	31-1508/TK	1672-4763	1970	上海锅炉厂有限公司	上海电气(集团)总公司
国际纺织导报	31-1743/TS	1007-6867	1973	东华大学	教育部
国际骨科学杂志	31-1952/R	1673-0783	1964	上海市医科学技术情报研究所	上海市卫生和计划生育委员会
国际生物制品学杂志	31-1962/R	1673-4211	1978	中华医学会,上海生物制品研究所有限责任公司	国家卫生和计划生育委员会
国际消化病杂志	31-1953/R	1673-543X	1980	上海市医科学技术情报研究所	上海市卫生和计划生育委员会

续 表

期刊名称	CN号	ISSN号	创办时间	主办单位	主管单位
国际心血管病杂志	31-1951/R	1673-6583	1961	上海市医学科学技术情报研究所	上海市卫生和计划生育委员会
国际医学寄生虫病杂志*	31-1961/R	1673-4122	1973	中华医学会,中国疾病预防控制中心寄生虫病预防控制所	卫生部
国外畜牧学-猪与禽	31-1277/S	1001-0769	1983	上海市农业科学院畜牧兽医研究所,上海申丰畜牧兽医科技有限公司	中国农业科学院农业信息研究所
国外内燃机	31-1254/TK	1000-3797	1969	上海内燃机研究所	上海内燃机研究所
海关与经贸研究	31-2093/F	2095-7475	1999	上海海关学院	海关总署
海洋工程装备与技术	31-2088/P	2095-7297	2014	上海交通大学出版社有限公司	上海交通大学
海洋石油	31-1760/TE	1008-2336	1981	中国石油化工股份有限公司上海海洋油气分公司	中国石油化工集团公司
海洋渔业	31-1341/S	1004-2490	1979	中国水产学会,中国水产科学研究院东海水产研究所,中国科技出版传媒股份有限公司	中国科学技术协会
航海技术	31-1251/U	1006-1738	1979	中国航海学会,中国海运(集团)总公司	中国科学技术协会
航空电子技术	31-1381/TN	1006-141X	1970	中国航空无线电电子研究所	中国航空工业集团公司

续表

期刊名称	CN号	ISSN号	创办时间	主办单位	主管单位
合成纤维	31-1361/TQ	1001-7054	1972	上海市合成纤维研究所	上海纺织控股(集团)公司
核技术	31-1342/TL	0253-3219	1978	中国科学院上海应用物理研究所,中国核学会	中国科学院
Nuclear Science and Techniques(核技术 英文版)	31-1559/TL	1001-8042	1989	中国科学院上海应用物理研究所,中国核学会	中国科学院
红外	31-1304/TN	1672-8785	1980	中国科学院上海技术物理研究所,中国遥感应用协会	中国科学院
红外与毫米波学报	31-1577/O4	1001-9014	1982	中国科学院上海技术物理研究所,中国光学学会	中国科学院
华东电力***	31-1479/TM	1001-9529	1972	华东电力试验研究院有限公司	国家电网公司
华东理工大学学报(自然科学版)	31-1691/TQ	1006-3080	1957	华东理工大学	教育部
华东师范大学学报(自然科学版)	31-1298/N	1000-5641	1955	华东师范大学	教育部
化肥工业	31-1308/TQ	1006-7779	1974	上海化工研究院	上海市国有资产监督管理委员会
化工设备与管道	31-1833/TQ	1009-3281	1964	中石化上海工程有限公司	中国石油化工集团公司
化工与医药工程	31-2101/TQ	2095-817X	2014	中石化上海工程有限公司	中国石油化工集团公司

续表

期刊名称	CN 号	ISSN 号	创办时间	主办单位	主管单位
化纤文摘*	31-1362/TQ	1001-7046	—	—	—
化学世界	31-1274/TQ	0367-6358	1946	上海市化学化工学会	上海华谊(集团)公司
化学学报	31-1320/O6	0567-7351	1933	中国科学院上海有机化学研究所,中国化学会	中国科学院
环境与职业医学	31-1879/R	2095-9982	1984	上海市疾病预防控制中心、中华预防医学会	上海市卫生和计划生育委员会
机电设备	31-1420/TM	1005-8354	1985	上海船舶设备研究所(704所)	中国船舶重工集团公司
机电一体化	31-1714/TM	1007-080x	1995	上海科学技术文献出版社	上海图书馆上海科学技术情报研究所
机械工程材料	31-1336/TB	1000-3738	1977	上海材料研究所	上海科学院
机械设计与研究	31-1382/TH	1006-2343	1984	上海交通大学	教育部
机械制造	31-1378/TH	1000-4988	1950	上海市机械工程学会	上海电气(集团)总公司
激光与光电子学进展	31-1690/TN	1006-4125	1964	中国科学院上海光学精密机械研究所	中国科学院
Advances in Polar Science(极地科学进展 英文版)	31-2050/P	1674-9928	1990	中国极地研究中心、国家海洋局极地考察办公室	国家海洋局
极地研究	31-1744/P	1007-7073	1988	中国极地研究中心、国家海洋局极地考察办公室	国家海洋局

续表

期刊名称	CN 号	ISSN 号	创办时间	主办单位	主管单位
集成电路应用	31-1325/TN	1674-2583	1984	上海贝岭股份有限公司	中国电子信息产业集团有限公司
集装箱化	31-1665/U	1005-5339	1990	上海海事大学	上海海事大学
脊柱外科杂志	31-1907/R	1672-2957	2003	中华医学会上海分会	上海市卫生和计划生育委员会
计算机辅助工程	31-1679/TP	1006-0871	1992	上海海事大学	上海海事大学
计算机工程	31-1289/TP	1000-3428	1975	华东计算技术研究所、上海市计算机学会	中国电子科技集团公司
计算机应用与软件	31-1260/TP	1000-386X	1984	上海市计算技术研究所、上海计算机软件技术开发中心	上海科学院
检验医学	31-1915/R	1673-8640	1986	上海市临床检验中心	上海市卫生和计划生育委员会
建设监理	31-1656/TU	1007-4104	1993	上海市建筑科学研究院(集团)有限公司	上海市住房和城乡建设管理委员会
建筑材料学报	31-1764/TU	1007-9629	1998	同济大学	教育部
建筑钢结构进展	31-1893/TU	1671-9379	2002	同济大学	教育部
建筑施工	31-1334/TU	1004-1001	1979	上海建工(集团)总公司	上海市国有资产监督管理委员会

续表

期 刊 名 称	CN 号	ISSN 号	创办时间	主 办 单 位	主 管 单 位
健康教育与健康促进	31-1974/R	1673-6192	2006	上海市健康促进中心	上海市卫生和计划生育委员会
交通与港航	31-2096/TU	2095-7491	2014	上海市交通港航发展研究中心	上海市城乡建设和交通委员会
教育生物学杂志	31-2079/R	2095-4301	2013	上海交通大学医学院附属新华医院	上海交通大学
结构工程师	31-1358/TU	1005-0159	1985	同济大学	教育部
Journal of Integrative Medicine（结合医学学报）	31-2083/R	2095-4964	2003	上海市中西医结合学会、上海长海医院	上海市卫生和计划生育委员会
解剖学杂志	31-1285/R	1001-1633	1964	中国解剖学会	中国科学技术协会
介入放射学杂志	31-1796/R	1008-794X	1992	上海市医学会	上海市卫生和计划生育委员会
精密制造与自动化	31-1858/TP	1009-962X	1965	上海磨床研究所	上海电气（集团）总公司
净水技术	31-1513/TQ	1009-0177	1982	上海市净水技术学会、上海城市水资源开发利用国家工程中心有限公司	上海市科学技术协会
科学教育与博物馆	31-2111/N	2096-0115	2015	上海科技馆	上海市科学技术委员会
口腔颌面外科杂志	31-1671/R	1005-4979	1991	同济大学	教育部
老年医学与保健	31-1798/R	1008-8296	1995	华东医院	上海市卫生和计划生育委员会

续表

期刊名称	CN 号	ISSN 号	创办时间	主办单位	主管单位
理化检验-化学分册	31-1337/TB	1001-4020	1963	上海材料研究所	上海科学院
理化检验-物理分册	31-1338/TB	1001-4012	1963	上海材料研究所	上海科学院
力学季刊	31-1829/O3	0254-0053	1980	上海市力学学会,同济大学,上海交通大学,中国力学学会	上海市科学技术协会
粮食与油脂	31-1235/TS	1008-9578	1988	上海市粮食科学研究所	上海良友(集团)有限公司
临床儿科杂志	31-1377/R	1000-3606	1982	上海市儿科医学研究所、上海交通大学医学院附属新华医院	上海市卫生和计划生育委员会
流体传动与控制*	31-1921/TH	1672-8904	2003	上海液压气动总公司、上海市机械工程学会	上海电气(集团)总公司
绿色建筑	31-2040/TU	1674-814X	2009	上海市建筑科学研究院(集团)有限公司	上海市建筑科学研究院(集团)有限公司
煤矿机电	31-1509/TD	1001-0874	1980	中煤科工集团上海研究院	中国煤炭科工集团有限公司
民用飞机设计与研究	31-1614/V	1674-9804	1987	中国商用飞机有限责任公司上海飞机设计研究院	中国商用飞机有限责任公司
模具技术	31-1297/TG	1001-4934	1983	上海交通大学	教育部
Nano-Micro Letters(纳微快报)	31-2103/TB	2311-6706	2014	上海交通大学	教育部

附录1 上海学术期刊一览表 >>>

续表

期刊名称	CN号	ISSN号	创办时间	主办单位	主管单位
内科理论与实践	31-1978/R	1673-6087	2006	上海交通大学医学院附属瑞金医院	教育部
内燃机工程	31-1255/TK	1000-0925	1979	中国内燃机学会	中国科学技术协会
热处理	31-1768/TG	1008-1690	1979	上海市机械制造工艺研究所有限公司	上海电气(集团)总公司
能源研究与信息	31-1410/TK	1008-8857	1985	上海理工大学、上海市能源研究会,上海电气(集团)总公司	上海市教育委员会
热力透平	31-1922/TH	1672-5549	1972	上海汽轮机厂有限公司	上海电气(集团)总公司
软件产业与工程*	31-2042/TN	1674-7933	2008	上海科技教育出版社	上海世纪出版股份有限公司
上海城市规划	31-1706/TU	1673-8985	1991	上海市城市规划设计研究院	上海市规划和国土资源管理局
上海畜牧兽医通讯	31-1278/S	1000-7725	1956	上海市农业科学院畜牧兽医研究所	上海市农业科学院
上海船舶运输科学研究所学报	31-2023/U	1674-5949	1978	上海船舶运输科学研究所	上海船舶运输科学研究所
上海大学学报(自然科学版)	31-1718/N	1007-2861	1995	上海大学	上海市教育委员会
上海大中型电机	31-1868/TM	1674-1811	1958	上海电气集团上海电机厂有限公司	上海电气(集团)总公司

· 237 ·

续表

期刊名称	CN 号	ISSN 号	创办时间	主办单位	主管单位
上海第二工业大学学报	31-1496/T	1001-4543	1984	上海第二工业大学	上海市教育委员会
上海电机学院学报	31-1996/Z	2095-0020	1987	上海电机学院	上海市教育委员会
上海电力学院学报	31-1518/TM	1006-4729	1980	上海电力学院	上海市教育委员会
上海电气技术	31-1989/TM	1674-540X	2008	上海电气(集团)总公司	上海电气(集团)总公司
上海纺织科技	31-1272/TS	1001-2044	1973	上海市纺织科学研究院	上海纺织控股(集团)公司
上海工程技术大学学报	31-1598/T	1009-444X	1987	上海工程技术大学	上海市教育委员会
上海公路	31-1712/U	1007-0109	1982	上海市路政局、上海市公路学会	上海市交通委员会
上海国土资源	31-2062/P	2095-1329	1980	上海市地质调查研究院、上海市地质学会	上海市规划和国土资源管理局
上海海事大学学报	31-1968/U	1672-9498	1979	上海海事大学	上海市教育委员会
上海海洋大学学报	31-2024/S	1674-5566	1992	上海海洋大学	上海市教育委员会
上海航天	31-1481/V	1006-1630	1984	上海航天技术研究院	中国航天科技集团公司
上海护理	31-1846/R	1009-8399	2001	上海市护理学会	上海市卫生和计划生育委员会
上海计量测试	31-1424/TB	1673-2335	1973	上海市计量测试技术研究院、上海市计量测试学会、上海市计量协会	上海市质量技术监督局

续表

期刊名称	CN 号	ISSN 号	创办时间	主办单位	主管单位
上海建材	31-1498/TU	1006-1177	1982	上海市建材科技情报研究所	上海建筑材料(集团)总公司
上海建设科技	31-1541/TU	1005-6637	1980	上海市城乡建设和管理委员会科学技术委员会办公室、上海市建筑科学研究院(集团)有限公司	上海市住房和城乡建设管理委员会
上海交通大学学报	31-1466/U	1006-2467	1956	上海交通大学	教育部
上海交通大学学报(农业科学版)	31-1837/S	1671-9964	1983	上海交通大学	教育部
上海交通大学学报(医学版)	31-2045/R	1674-8115	1958	上海交通大学	上海交通大学
Journal of Shanghai Jiaotong University (Science)(上海交通大学学报英文版)	31-1943/U	1007-1172	1996	上海交通大学	教育部
上海节能	31-1500/TK	2095-705X	1982	上海市节能协会、上海市节能监察中心	上海市经济和信息化委员会
上海金属	31-1558/TF	1001-7208	1979	上海市金属学会	上海市科学技术协会
上海精神医学	31-1564/R	1002-0829	1989	上海市精神卫生中心	上海市卫生和计划生育委员会
上海口腔医学	31-1705/R	1006-7248	1992	上海交通大学医学院附属第九人民医院	上海交通大学
上海理工大学学报	31-1739/T	1007-6735	1979	上海理工大学	上海市教育委员会

续表

期刊名称	CN号	ISSN号	创办时间	主办单位	主管单位
上海农业科技	31-1240/S	1001-0106	1971	上海市农学会、上海市农业科学院	上海市农业委员会
上海农业学报	31-1405/S	1000-3924	1985	上海市农业科学院、上海市农学会	上海市农业委员会
上海师范大学学报（自然科学版）	31-1416/N	1000-5137	1958	上海师范大学	上海市教育委员会
上海蔬菜	31-1588/S	1002-1469	1987	上海市农业科学院、上海蔬菜经济研究所	上海市农业委员会
上海塑料	31-1770/TQ	1009-5993	1973	上海市塑料工程技术学会、上海化工研究院有限公司	上海市科学技术协会
上海医学	31-1366/R	0253-9934	1978	上海市医学会	上海市卫生和计划生育委员会
上海医药	31-1663/R	1006-1533	1979	上海市医药行业协会、上海市医药股份有限公司	上海市经济和信息化委员会
上海应用技术学院学报（自然科学版）	31-1880/N	1671-7333	2001	上海应用技术学院	上海市教育委员会
上海有色金属	31-1646/TF	2096-2983	1979	上海有色金属学会、上海理工大学	上海市科学技术协会
上海预防医学	31-1635/R	1004-9231	1989	上海市预防医学会	上海市卫生和计划生育委员会

续表

期刊名称	CN 号	ISSN 号	创办时间	主办单位	主管单位
上海针灸杂志	31-1317/R	1005-0957	1982	上海市针灸学会，上海市中医药研究院	上海市卫生和计划生育委员会
上海中医药大学学报	31-1788/R	1008-861X	1999	上海中医药大学，上海市中医药研究院	上海市教育委员会
上海中医药杂志	31-1276/R	1007-1334	1955	上海中医药大学，上海市中医药学会	上海市教育委员会
神经病学与神经康复学杂志	31-1927/R	1672-7061	2004	上海市中西医结合学会，上海交通大学医学院附属仁济医院	上海市卫生和计划生育委员会
Neuroscience Bulletin（神经科学通报）	31-1975/R	1673-7067	1985	中国科学院上海生命科学研究院，中国神经科学学会，中国人民解放军第二军医大学	中国科学院
生理学报	31-1352/Q	0371-0874	1927	中国科学院上海生命科学研究院，中国生理学会	中国科学院
生命的化学	31-1384/Q	1000-1336	1980	中国生物化学与分子生物学会	中国科学技术协会
生命科学	31-1600/Q	1004-0374	1988	中国科学院上海生命科学研究院，国家自然科学基金委员会生命科学部，中国科学院生命科学与生物技术局	中国科学院
Acta Biochimica et Biophysica Sinica（生物化学与生物物理学报）	31-1940/Q	1672-9145	1953	中国科学院上海生命科学研究院生物化学与细胞生物学研究所	中国科学院

续表

期刊名称	CN 号	ISSN 号	创办时间	主办单位	主管单位
生物医学工程学进展	31-1999/R	1674-1242	1980	上海市生物医学工程学会	上海市科学技术协会
生殖与避孕(英文版)	31-1555/R	1001-7844	1989	上海市计划生育科学研究所	国家人口与计划生育委员会
生殖与避孕**	31-1344/R	0253-357X	1979	上海市计划生育科学研究所	国家人口与计划生育委员会
声学技术	31-1449/TB	1000-3630	1982	中国科学院声学研究所东海研究站、同济大学声学研究所、上海市声学学会、中国船舶重工集团公司第726研究所	中国科学院
石油化工技术与经济	31-2004/TE	1674-1099	1984	中国石化上海石油化工股份有限公司	中国石化上海石油化工股份有限公司
石油商技*	31-1412/TE	1006-1479	1983	石油化工科学研究院、上海石油商品应用研究所	上海市科委
时代建筑	31-1359/TU	1005-684X	1984	同济大学	教育部
实验动物与比较医学	31-1954/Q	1674-5817	1981	上海市实验动物学会、上海实验动物研究中心	上海科学院
实验室研究与探索	31-1707/T	1006-7167	1982	上海交通大学	教育部
食品工业	31-1532/TS	1004-471X	1979	上海市食品工业研究所	光明食品(集团)有限公司
食用菌	31-1257/S	1000-8357	1979	上海市农业科学院	上海市农业委员会

续表

期刊名称	CN号	ISSN号	创办时间	主办单位	主管单位
食用菌学报	31-1683/Q	1005-9873	1994	上海市农业科学院食用菌研究所,中国农学会(核实内网主办单位发文信息)	上海市农业科学院
世界地理研究	31-1626/P	1004-9479	1992	中国地理学会	中国科学技术协会
世界钢铁	31-1836/TF	1672-9587	2001	宝钢集团有限公司	宝钢集团有限公司
世界临床药物	31-1939/R	1672-9188	1980	上海医药工业研究院、中国药学会	上海医药工业研究院
世界农药	31-1827/TQ	1009-6485	1979	上海市农药研究所	上海医药(集团)有限公司
世界橡胶工业	31-1740/TQ	1671-8232	1979	上海橡胶制品研究所	上海华谊(集团)公司
市政设施管理	31-1604/TU	1007-6352	1987	上海市路政局	中华人民共和国住房和城乡建设部
数学年刊A辑(中文版)	31-1328/O1	1000-8314	1980	复旦大学	教育部
Chinese Annals of Mathematics, Series B (数学年刊B辑)	31-1329/O1	0252-9599	1980	复旦大学	教育部
水产科技情报	31-1250/S	1001-1994	1973	上海市水产研究所、上海市水产学会	上海市农业委员会
水产学报	31-1283/S	1000-0615	1964	中国水产学会	中国科学技术协会

续表

期 刊 名 称	CN 号	ISSN 号	创办时间	主 办 单 位	主 管 单 位
水动力学研究与进展	31-1399/TK	1000-4874	1986	中国船舶科学研究中心	中国船舶重工集团公司
Journal of Hydrodynamics（水动力学研究与进展 B辑）	31-1563/T	1001-6058	1989	中国船舶科学研究中心	中国船舶重工集团公司
水运管理	31-1233/U	1000-8799	1979	上海海事大学	上海海事大学
天文学进展	31-1340/P	1000-8349	1983	中国科学院上海天文台、中国天文学会	中国科学院
同济大学学报（医学版）	31-1901/R	1008-0392	1980	同济大学	教育部
同济大学学报（自然科学版）	31-1267/N	0253-374X	1959	同济大学	教育部
外科理论与实践	31-1758/R	1007-9610	1996	上海交通大学医学院附属瑞金医院	上海交通大学
外科研究与新技术	31-2073/R	2095-378X	2012	同济大学	教育部
微生物与感染	31-1966/R	1673-6184	2006	复旦大学	教育部
微特电机	31-1428/TM	1004-7018	1973	中国电子科技集团公司第二十一研究所	中国电子科技集团公司
微型电脑应用	31-1634/TP	1007-757X	1985	上海市微型电脑应用学会	上海市科学技术协会
胃肠病学	31-1797/R	1008-7125	1996	上海交通大学医学院附属仁济医院	教育部

附录1 上海学术期刊一览表

续表

期刊名称	CN号	ISSN号	创办时间	主办单位	主管单位
无机材料学报	31-1363/TQ	1000-324X	1986	中国科学院上海硅酸盐研究所	中国科学院
无损检测	31-1335/TG	1000-6556	1979	中国机械工程学会,上海材料研究所	中国科学技术协会
系统仿真技术	31-1945/TP	1673-1964	2005	同济大学	教育部
系统管理学报	31-1977/N	1005-2542	1992	上海交通大学	教育部
Cell Research（细胞研究）	31-1568/Q	1001-0602	1990	中国科学院上海生命科学研究院生物化学与细胞生物学研究所,中国细胞生物学学会	中国科学院
Advances in Manufacturing（先进制造进展）	31-2069/TB	2095-3127	2012	上海大学	上海市教育委员会
现代建筑电气	31-2037/TM	674-8417	2010	上海电器科学研究所(集团)有限公司	上海市经济和信息化委员会
现代免疫学	31-1899/R	1001-2478	1981	上海市免疫学研究所,上海市免疫学会	上海市教育委员会
香料香精化妆品	31-1470/TQ	1000-4475	1973	上海香料研究所	中国轻工业联合会
信息网络安全	31-1859/TN	1671-1122	2001	公安部第三研究所,中国计算机学会	公安部
Asian Journal of Andrology（亚洲男性学杂志）	31-1795/R	1008-682X	1999	中国科学院上海药物研究所,上海交通大学	中国科学院

· 245 ·

续表

期刊名称	CN 号	ISSN 号	创办时间	主办单位	主管单位
医用生物力学	31-1624/R	1004-7220	1986	上海交通大学	教育部
仪表技术	31-1266/TH	1006-2394	1972	上海仪器仪表研究所,上海市仪器仪表学会	上海科学院
印染	31-1245/TS	1000-4017	1975	上海市纺织科学研究院,全国印染科技信息中心	上海纺织控股(集团)公司
印刷杂志	31-1402/TS	1004-6267	1972	上海印刷技术研究所	上海文艺出版总社
印制电路信息	31-1791/TN	1009-0096	1999	上海印制电路行业协会	上海市经济和信息化委员会
应用概率统计	31-1256/O1	1001-4268	1985	中国数学会概率统计学会	中国科学技术协会
应用激光	31-1375/T	1000-372X	1981	上海市激光技术研究所	上海科学院
应用科学学报	31-1404/N	0255-8297	1983	上海大学,中国科学院上海技术物理研究所	上海市教育委员会
Applied Mathematics and Mechanics (English Edition)(应用数学和力学 英文版)	31-1650/O1	0253-4827	1980	上海大学,中国力学学会	上海市教育委员会
应用数学与计算数学学报	31-1436/O1	1006-6330	1987	上海大学	上海市教育委员会
有机氟工业	31-1631/TQ	1671-671X	1992	上海市有机氟材料研究所,化工部有机氟材料技术开发中心,中国氟硅有机材料工业协会	上海华谊(集团)公司

附录1 上海学术期刊一览表

续 表

期刊名称	CN 号	ISSN 号	创办时间	主办单位	主管单位
有机化学	31-1321/O6	0253-2786	1980	中国化学会,中国科学院上海有机化学研究所	中国科学院
渔业现代化	31-1737/S	1007-9580	1973	中国水产科学研究院渔业机械仪器研究所	农业部
渔业信息与战略	31-2072/S	2095-3666	2012	中国水产科学研究院东海水产研究所	农业部办公厅
运筹学学报	31-1732/O1	1007-6093	1997	中国运筹学会	中国科学技术协会
造船技术	31-1247/U	1000-3878	1973	中国船舶工业集团公司第十一研究所	中国船舶工业集团公司
噪声与振动控制	31-1346/TB	1006-1355	1984	中国声学学会	中国科学技术协会
Journal of Acupuncture and Tuina Science(针灸推拿医学)	31-1908/R	1672-3597	2003	上海市针灸经络研究所	上海市卫生和计划生育委员会
诊断学理论与实践	31-1876/R	1671-2870	2002	上海交通大学医学院附属瑞金医院	上海交通大学
振动与冲击	31-1316/TU	1000-3835	1982	中国振动工程学会,上海交通大学,上海市振动工程学会	中国科学技术协会
职业卫生与应急救援	31-1719/R	1007-1326	1984	上海市化工职业病防治院,上海市职业安全健康研究院	上海市安全生产监督管理局

续表

期刊名称	CN 号	ISSN 号	创办时间	主办单位	主管单位
植物生理学报	31-2055/Q	2095-1108	1951	中国植物生理学会、中国科学院上海生命科学研究院植物生理生态研究所	中国科学技术协会
制导与引信	31-1373/TN	1671-0576	1979	上海航天技术研究院第802研究所	中国航天科技集团公司
制冷技术	31-1492/TB	2095-4468	1981	上海市制冷学会、中国制冷学会	上海市科学技术协会
中成药	31-1368/R	1001-1528	1978	国家药品监督管理局信息中心中成药信息站、上海中药行业协会	上海市卫生和计划生育委员会
中国癌症杂志	31-1727/R	1007-3639	1991	复旦大学附属肿瘤医院	教育部
中国动物传染病学报	31-2031/S	1674-6422	1993	中国农业科学院上海兽医研究所	中华人民共和国农业部
中国感染与化疗杂志	31-1965/R	1009-7708	2001	复旦大学附属华山医院	教育部
中国工程机械学报	31-1926/TH	1672-5581	2003	中国工程机械学会	中国科学技术协会
Chinese Optics Letters（中国光学快报）	31-1890/O4	1671-7694	2003	中国科学院上海光学精密机械研究所、中国光学学会	中国科学院
中国海洋平台	31-1546/TE	1001-4500	1986	中国船舶工业集团公司第十一研究所	中国船舶工业集团公司
中国航海	31-1388/U	1000-4653	1965	中国航海学会	中国科学技术协会

续表

期刊名称	CN 号	ISSN 号	创办时间	主办单位	主管单位
Chinese Journal of Chemistry（中国化学）	31-1547/O6	1001-604X	1983	中国化学会、中国科学院上海有机化学研究所	中国科学技术协会
中国激光	31-1339/TN	0258-7025	1974	中国科学院上海光学精密机械研究所、中国光学学会	中国科学院
中国寄生虫学与寄生虫病杂志	31-1248/R	1000-7423	1983	中华预防医学会、中国疾病预防控制中心寄生虫病预防控制所	国家卫生和计划生育委员会
中国胶粘剂	31-1601/TQ	1004-2849	1986	上海市合成树脂研究所、中国胶粘剂和胶粘带工业协会、全国粘合剂信息站	上海华谊（集团）公司
中国临床神经科学	31-1752/R	1008-0678	1993	复旦大学附属华山医院、复旦大学神经病学研究所	教育部
中国临床药学杂志	31-1726/R	1007-4406	1992	中国药学会	中国科学技术协会
中国临床医学	31-1794/R	1008-6358	1998	复旦大学附属中山医院	教育部
中国男科学杂志	31-1762/R	1008-0848	1986	上海交通大学医学院附属仁济医院	教育部
中国生物学文摘	31-1394/Q	1001-1900	1987	中国科学院上海生命科学研究院、中国科学院文献情报中心、中科学院生物学文献情报网	中国科学院

续表

期刊名称	CN号	ISSN号	创办时间	主办单位	主管单位
中国市政工程	31-1523/TU	31-1523	1976	上海市城市建设设计研究院	上海市城乡建设和交通委员会
中国司法鉴定	31-1863/N	1671-2072	2001	司法部司法鉴定科学技术研究所	司法部
中国卫生资源	31-1751/R	1007-953X	1998	中国卫生经济学会、中国卫生资源杂志社	国家卫生和计划生育委员会
中国细胞生物学学报	31-2035/Q	1674-7666	1979	中国科学院上海生命科学研究院生物化学与细胞生物学研究所、中国细胞生物学学会	中国科学院
中国新药与临床杂志	31-1746/R	1007-7669	1982	中国药学会、上海市食品药品监督管理局科技情报研究所	中国科学技术协会
中国循证儿科杂志	31-1969/R	1673-5501	2006	复旦大学	教育部
中国眼耳鼻喉科杂志	31-1875/R	1671-2420	2001	复旦大学附属眼耳鼻喉科医院	教育部
Acta Pharmacologica Sinica（中国药理学报）	31-1347/R	1671-4083	1980	中国药理学会、中国科学院上海药物研究所	中国科学技术协会
中国医疗器械杂志	31-1319/R	1671-1704	1979	上海市医疗器械检测所	上海市食品药品监督管理局
中国医学计算机成像杂志	31-1700/TH	1006-5741	1995	复旦大学附属华山医院	教育部
中国医药工业杂志	31-1243/R	1001-8255	1970	上海医药工业研究院、中国药学会、中国化学制药工业协会	上海医药工业研究院

附录1 上海学术期刊一览表 >>>

续 表

期刊名称	CN号	ISSN号	创办时间	主办单位	主管单位
中国造船	31-1497/U	1000-4882	1948	中国造船工程学会	中国船舶重工集团公司
中国肿瘤生物治疗杂志	31-1725/R	1007-385X	1994	中国免疫学会、中国抗癌协会	中国科学技术协会
中华传染病杂志	31-1365/R	1000-6680	1983	中华医学会	中国科学技术协会
中华航海医学与高气压医学杂志	31-1847/R	1009-6906	1994	中华医学会	中国科学技术协会
中华内分泌代谢杂志	31-1282/R	1000-6699	1985	中华医学会	中国科学技术协会
中华手外科杂志	31-1653/R	1005-054X	1985	中华医学会	中国科学技术协会
中华消化杂志	31-1367/R	0254-1432	1980	中华医学会	中国科学技术协会
中西医结合护理	31-2114/R	2096-0867	2015	上海交通大学	上海交通大学
中医文献杂志	31-1682/R	1006-4737	1983	上海市中医文献馆、中华中医药学会	上海市卫生和计划生育委员会
中医药文化	31-1971/R	1673-6281	2006	上海中医药大学、中华中医药学会	上海市教育委员会
肿瘤	31-1372/R	1000-7431	1981	上海交通大学医学院附属仁济医院、上海市肿瘤研究所	教育部
肿瘤影像学	31-2087/R	1008-617X	1992	复旦大学附属肿瘤医院	复旦大学

· 251 ·

续 表

期刊名称	CN 号	ISSN 号	创办时间	主办单位	主管单位
住宅科技	31-1407/TU	1002-0454	1980	住房和城乡建设部住宅产业化促进中心、上海市房地产科学研究院	住房和城乡建设部
铸造工程	31-1950/TG	1673-3320	1977	上海市机械制造工艺研究所有限公司,中国铸造协会	上海电气(集团)总公司
装备机械	31-1892/TH	1672-0555	1971	上海电气(集团)总公司	上海电气(集团)总公司
自动化仪表	31-1501/TH	1000-0380	1957	中国仪器仪表学会、上海工业自动化仪表研究院有限公司	中国科学技术协会
自然杂志	31-1418/N	0253-9608	1978	上海大学	上海市教育委员会
组织工程与重建外科	31-1946/R	1673-0364	2005	上海交通大学医学院附属第九人民医院	上海交通大学

* 期刊调整；** 刊号、刊名调整；*** 停刊

附录1 上海学术期刊一览表

附表1-2 上海市社科类学术期刊一览表(按中文刊名拼音排序)

期刊名称	CN号	ISSN号	创办时间	主办单位	主管单位
阿拉伯世界研究	31-1973/C	1673-5161	1981	上海外国语大学	教育部
编辑学刊	31-1116/G2	1007-3884	1986	上海市编辑学会、上海文艺出版(集团)有限公司	上海市新闻出版局
财经研究	31-1012/F	1001-9952	1956	上海财经大学	教育部
辞书研究	31-1997/G2	1000-6125	1979	上海辞书出版社有限公司	上海世纪出版(集团)有限公司
当代青年研究	31-1221/C	1006-1789	1981	上海社会科学院社会学研究所	上海社会科学院
当代外语研究	31-2039/H	1674-8921	2010	上海交通大学	教育部
当代修辞学	31-2043/H	1647-8026	1982	复旦大学	教育部
德国研究	31-2032/C	1005-4871	1986	同济大学	教育部
地理教学	31-1022/G4	1000-078X	1959	华东师范大学	教育部
电影新作	31-1145/J	1005-6777	1979	上海电影艺术研究所、上海电影家协会	上海文化广播影视集团
东方法学	31-2008/D	1674-4039	2008	上海人民出版社有限责任公司、上海市法学会	上海世纪出版股份有限公司
东方翻译	31-2025/H	1674-6686	2009	上海市文艺期刊中心	上海市文学艺术界联合会
东华大学学报(社科版)	31-1848/C	1009-9034	2001	东华大学	教育部

续表

期刊名称	CN 号	ISSN 号	创办时间	主办单位	主管单位
俄罗斯研究	31-1843/D	1009-721/X	2000	华东师范大学	教育部
法学	31-1050/D	1000-4238	1956	华东政法大学	上海市教育委员会
犯罪研究	31-1809/D	1671-1130	1981	上海市犯罪学学会	上海市社会科学界联合会
纺织服装教育	31-2077/G4	2095-3860	1986	东华大学、中国纺织服装教育学会	教育部
复旦教育论坛	31-1891/G4	1672-0059	2003	复旦大学	教育部
Fudan Journal of the Humanities and Social Sciences（复旦人文社会科学论丛）	31-2000/C	1674-0750	2008	复旦大学	教育部
复旦学报（社会科学版）	31-1142/C	0257-0289	1935	复旦大学	教育部
高等学校文科学术文摘	31-1889/C	1000-4246	1984	上海师范大学	上海市教育委员会
工会理论研究	31-2048/D	1008-7753	1987	上海工会管理职业学院	上海市总工会
公共艺术	31-2033/J	1674-7038	2009	上海书画出版社	上海文艺出版总社
国际关系研究	31-2085/D	2095-5715	2013	上海社会科学院国际关系研究所、上海社会科学院出版社有限公司	上海社会科学院
国际观察	31-1642/D	1005-4812	1993	上海外国语大学	教育部

· 254 ·

续表

期刊名称	CN 号	ISSN 号	创办时间	主办单位	主管单位
国际商务研究	31-1049/F	1006-1894	1980	上海对外经贸大学	上海市教育委员会
国际展望	31-1041/D	1066-1568	1987	上海国际问题研究院	上海市人民政府外事办公室
国外社会科学文摘	31-1813/C	1009-3923	1958	上海社会科学院信息研究所	上海社会科学院
华东理工大学学报(社会科学版)	31-1779/C	1008-7672	1986	华东理工大学	教育部
华东师范大学学报(教育科学版)	31-1007/G4	1000-5560	1983	华东师范大学	教育部
华东师范大学学报(哲学社会科学版)	31-1010/C	1000-5579	1955	华东师范大学	教育部
华东政法大学学报	31-2005/D	1008-4622	1998	华东政法大学	上海市教育委员会
化工高等教育	31-1043/G4	1000-6168	1984	华东理工大学	教育部
化学教学	31-1006/G4	1005-6629	1979	华东师范大学	教育部
会计与经济研究	31-2074/F	1009-6701	1987	上海立信会计金融学院	上海市教育委员会
基础教育	31-1914/G4	1005-2232	2004	华东师范大学	教育部
交大法学	31-2075/D	2095-3925	2012	上海交通大学	上海交通大学
教育参考	31-2091/G4	2096-0859	1980	上海教育出版社有限公司	上海世纪出版(集团)有限公司

续表

期刊名称	CN号	ISSN号	创办时间	主办单位	主管单位
教育发展研究	31-1772/G4	1008-3855	1999	上海市教育科学研究院、上海市高等教育学会	上海市教育委员会
开放教育研究	31-1724/G4	1007-2179	1982	上海开放大学	上海市教育委员会
科学发展	31-2017/C	1674-6171	2008	上海市人民政府发展研究中心	上海市人民政府发展研究中心
历史教学问题	31-1016/G4	1006-5636	1957	华东师范大学	教育部
旅游科学	31-1693/K	1006-575X	1987	上海旅游高等专科学校(上海师范大学旅游学院)	上海市教育委员会
毛泽东邓小平理论研究	31-1672/A	1005-8273	1994	上海社会科学院	上海社会科学院
青年学报	31-2092/D	2095-7947	1999	上海青年管理干部学院	共青团上海市委员会
青少年犯罪问题	31-1193/D	1006-1509	1982	华东政法大学	上海市教育委员会
全球教育展望	31-1842/G4	1009-9670	1972	华东师范大学	教育部
上海保险	31-1226/F	1006-1320	1984	上海《上海保险》杂志社	上海市保险学会
上海财经大学学报	31-1817/C	1009-0150	1999	上海财经大学	教育部
上海城市管理	31-2044/Z	1674-7739	1998	上海城市管理职业技术学院	上海市城乡建设和交通委员会
上海大学学报(社会科学版)	31-1223/C	1007-6522	1984	上海大学	上海市教育委员会

续表

期刊名称	CN 号	ISSN 号	创办时间	主办单位	主管单位
上海党史与党建	31-1856/K	1009-928X	1982	上海党史报刊社	中共上海市委党史研究室
上海对外经贸大学学报	31-2089/F	2095-8072	1994	上海对外经贸大学	上海市教育委员会
上海翻译	31-1937/H	1672-9358	1986	上海市科技翻译学会	上海市教育委员会
上海工艺美术	31-1198/J	1005-0710X	1984	上海工艺美术有限公司	上海工艺美术有限公司
上海公安高等专科学校学报	31-1784/D	1008-5750	1987	上海公安高等专科学校	上海市公安局
上海管理科学	31-1515/C	1005-9679	1979	上海市管理科学学会	上海市科学技术协会
上海行政学院学报	31-1815/G4	1009-3176	2000	上海行政学院	上海行政学院
上海交通大学学报(哲学社会科学版)	31-1778/C	1008-7095	1993	上海交通大学	教育部
上海教育科研	31-1059/G4	1007-2020	1981	上海市教育科学研究院普通教育研究所	上海市教育委员会
上海教育评估研究	31-2070/G4	2095-3380	2012	上海市教育评估院	上海市教育委员会
上海金融	31-1160/F	1006-1428	1984	上海市金融学会	中国人民银行上海分行
上海金融学院学报*	31-1980/F	1673-680X	1989	上海金融学院	上海市教育委员会
上海经济研究	31-1163/F	1005-1390	1985	上海社会科学院经济研究所	上海社会科学院

续表

期刊名称	CN号	ISSN号	创办时间	主办单位	主管单位
上海课程教学研究	31-2112/G4	2096-0875	2015	上海科技教育出版社有限公司、上海市教育委员会教学研究室	上海世纪出版(集团)有限公司
上海理工大学学报(社科版)	31-1853/C	1009-895X	1980	上海理工大学	上海市教育委员会
上海农村经济	31-1224/F	1671-6485	1981	上海市农村经济学会	上海市农业委员会
上海商学院学报	31-1957/F	1673-324X	2001	上海商学院	上海市教育委员会
上海师范大学学报(哲学社会科学)	31-1120/C	1004-8634	1958	上海师范大学	上海市教育委员会
上海市经济管理干部学院学报	31-1913/Z	1672-3988	2003	上海市经济管理干部学院	中国共产党上海市委员会党校
上海市社会主义学院学报	31-1903/C	1672-0911	2003	上海市社会主义学院	中共上海市委统战部
上海体育学院学报	31-1005/G8	1000-5498	1959	上海体育学院	上海市教育委员会
上海文化	31-1655/G0	1005-989X	1993	上海市作家协会、上海社会科学院文学研究所、上海世纪出版集团上海教育出版社	上海市作家协会
上海政法学院学报	31-2011/D	1674-9502	1986	上海政法学院	上海市教育委员会
上海中学数学	31-1572/G4	1672-7495	1979	上海师范大学	上海市教育委员会
社会	31-1123/C	1004-8804	1981	上海大学	上海市教育委员会

续表

期刊名称	CN 号	ISSN 号	创办时间	主办单位	主管单位
社会科学	31-1112/Z	0257-5883	1979	上海社会科学院	上海社会科学院
生物学教学	31-1009/G4	1004-7549	1958	华东师范大学	教育部
史林	31-1105/K	1007-1873	1986	上海社会科学院历史研究所	上海社会科学院
世界经济文汇	31-1139/F	0488-6364	1957	复旦大学	教育部
世界经济研究	31-1048/F	1007-6964	1985	上海社会科学院世界经济研究所	上海社会科学院
书法	31-1067/J	1000-6036	1977	上海书画出版社	上海文艺出版总社
书法研究	31-2115/J	1000-6044	1980	上海中西书局有限公司	上海世纪出版集团
数学教学	31-1024/G4	0488-7387	1955	华东师范大学	教育部
思想理论教育	31-1220/G4	1007-192X	1985	上海市高等学校思想理论教育研究会，上海市教育科学研究院	上海市教育委员会
思想政治课研究	31-1771/G4	1674-0505	1978	华东师范大学	教育部
台海研究	31-2086/D	2095-6908	2013	上海台湾研究所，上海社会科学院出版社有限公司	中共上海市委台湾工作办公室
探索与争鸣	31-1208/C	1004-2229	1985	上海市社会科学界联合会	上海市社会科学界联合会
体育科研	31-1194/G8	1006-1207	1962	上海体育科学研究所	上海市体育局
同济大学学报（社会科学版）	31-1777/C	1009-3060	1990	同济大学	教育部

续表

期刊名称	CN 号	ISSN 号	创办时间	主办单位	主管单位
图书馆杂志	31-1108/G2	1000-4254	1982	上海图书馆上海科学技术情报研究所、上海市图书馆学会	上海图书馆 上海科学技术情报研究所
外国经济与管理	31-1063/F	1001-4950	1979	上海财经大学	教育部
外国语	31-1038/H	1004-5139	1978	上海外国语大学	教育部
外国中小学教育	31-1037/G4	1007-8495	1980	上海师范大学	上海市教育委员会
外语测试与教学	31-2047/G4	2095-1167	2011	上海外国语大学	教育部
外语电化教学	31-1036/G4	1001-5795	1981	上海外国语大学	教育部
外语教学理论与实践	31-1964/H	1674-1234	1981	华东师范大学	教育部
外语界	31-1040/H	1004-5112	1980	上海外国语大学	教育部
文物保护与考古科学	31-1652/K	1005-1538	1989	上海博物馆	上海市文化广播影视管理局（上海市文物局）
文艺理论研究	31-1152/I	0257-0254	1980	中国文艺理论学会、华东师范大学	教育部
物理教学	31-1033/G4	1002-0748	1978	中国物理学会	中国科学技术协会
戏剧艺术	31-1140/J	0527-943X	1978	上海戏剧学院	上海市教育委员会
现代中文学刊	31-2026/G4	1674-7704	2009	全国高等教育自学考试指导委员会中文专业委员会、华东师范大学	教育部

续表

期刊名称	CN号	ISSN号	创办时间	主办单位	主管单位
小学数学教师	31-1071/G4	1006-1606	1981	上海教育出版社有限公司	上海世纪出版(集团)有限公司
心理科学	31-1582/B	1671-6981	1964	中国心理学会	中国科学技术协会
新会计	31-2022/F	1674-5434	2009	上海科技教育出版社有限公司	上海世纪出版(集团)有限公司
新金融	31-1560/F	1006-1770	1990	交通银行股份有限公司	交通银行股份有限公司
新闻大学	31-1157/G2	1006-1406	1981	复旦大学	教育部
新闻记者	31-1171/G2	1006-3277	1983	上海报业集团、上海社会科学院新闻研究所	上海报业集团
学术月刊	31-1096/C	0439-8041	1957	上海市社会科学界联合会	上海市社会科学界联合会
研究与发展管理	31-1599/G3	1008-8308	1989	复旦大学	教育部
艺术当代	31-1918/J	1672-4402	2001	上海书画出版社	上海文艺出版总社
音乐艺术	31-1004/J	1000-4270	1979	上海音乐学院	上海市教育委员会
语文学习	31-1070/H	1001-8468	1979	上海教育出版社有限公司	上海世纪出版(集团)有限公司
Journal of Sport and Health Science (运动与健康科学)	31-2066/G8	2095-2546	2012	上海体育学院	上海市教育委员会

续表

期刊名称	CN号	ISSN号	创办时间	主办单位	主管单位
哲学分析	31-2054/C	2095-0047	2010	上海人民出版社有限责任公司	上海世纪出版集团
政治与法律	31-1106/D	1005-9512	1981	上海社会科学院法学研究所	上海社会科学院
质量与标准化	31-2058/G3	2095-0918	1982	上海市标准化研究院、上海市标准化协会、上海市质量检测协会	上海市质量技术监督局
中国比较文学	31-1694/I	1006-6101	1994	上海外国语大学、中国比较文学学会	教育部
中国货币市场	31-1873/F	1671-4180	2001	中国外汇交易中心	中国人民银行
中国浦东干部学院学报	31-1998/C	1674-0995	2007	中国浦东干部学院	中共中央组织部
中国体育教练员	31-1644/G8	1006-8732	1993	上海体育学院、中华全国体育总会科教部	上海市教育委员会
中华文史论丛	31-1984/K	1002-0039	2006	上海古籍出版社有限公司	上海世纪出版(集团)有限公司
中小学英语教学与研究	31-1122/G4	1006-4036	1978	华东师范大学	教育部

* 期刊调整

附录 2

上海历届政府奖获奖学术期刊名单

附表 2-1 第四届中国出版政府奖期刊奖入选获奖名单

刊　名	刊　号	主　办　单　位
Acta Pharmacologica Sinica（中国药理学报）	31-1347/R	中国药理学会、中国科学院上海药物研究所

附表 2-2 第四届中国出版政府奖提名奖入选获奖名单（按 CN 号排序）

刊　名	刊　号	主　办　单　位
学术月刊	31-1096/C	上海市社会科学界联合会
复旦学报（社会科学版）	31-1142/C	复旦大学

附表 2-3 第三届中国出版政府奖期刊奖入选获奖名单（按 CN 号排序）

刊　名	刊　号	主　办　单　位
社会	31-1123/C	上海大学
Cell Research（细胞研究）	31-1568/Q	中国科学院上海生命科学研究院生物化学与细胞生物学研究所、中国细胞生物学会

附表 2-4 第三届中国出版政府奖提名奖入选获奖名单（按 CN 号排序）

刊　名	刊　号	主　办　单　位
复旦学报（社会科学版）	31-1142/C	复旦大学
探索与争鸣	31-1208/C	上海市社会科学界联合会

附表 2-5　第二届中国出版政府奖期刊奖提名奖入选获奖名单（按 CN 号排序）

刊　名	刊　号	主　办　单　位
社会	31-1123/C	上海大学
化学学报	31-1320/O6	中国科学院上海有机化学研究所、中国化学会
Cell Research（细胞研究）	31-1568/Q	中国科学院上海生命科学研究院生物化学与细胞生物学研究所、中国细胞生物学会

附录 3

上海历年入选全国"百强报刊"的学术期刊名单

附表 3-1　2017 年百强科技期刊（按 CN 号排序）

刊　名	CN 号	主　办　单　位
光学学报	31-1252/O4	中国科学院上海光学精密机械研究所、中国光学学会
印染	31-1245/TS	上海市纺织科学研究院、全国印染科技信息中心
水产学报	31-1283/S	中国水产学会
Acta Pharmacologica Sinica（中国药理学报）	31-1347/R	中国药理学会、中国科学院上海药物研究所
无机材料学报	31-1363/TQ	中国科学院上海硅酸盐研究所
Cell Research（细胞研究）	31-1568/Q	中国科学院上海生命科学研究院生物化学与细胞生物学研究所、中国细胞生物学学会
上海大学学报（自然科学版）	31-1718/N	上海大学

附表 3-2　2017 年百强社科期刊（按 CN 号排序）

刊　名	CN 号	主　办　单　位
书法	31-1067/J	上海书画出版社
学术月刊	31-1096/C	上海市社会科学界联合会
社会	31-1123/C	上海大学
复旦学报（社会科学版）	31-1142/C	复旦大学

附表 3-3　2015 年百强科技期刊（按 CN 号排序）

刊　名	CN 号	主　办　单　位
印染	31-1245/TS	上海市纺织科学研究院、全国印染科技信息中心
水产学报	31-1283/S	中国水产学会
化学学报	31-1320/O6	中国科学院上海有机化学研究所、中国化学会
中国激光	31-1339/TN	中国科学院上海光学精密机械研究所、中国光学学会
Acta Pharmacologica Sinica（中国药理学报）	31-1347/R	中国药理学会、中国科学院上海药物研究所
无机材料学报	31-1363/TQ	中国科学院上海硅酸盐研究所
Cell Research（细胞研究）	31-1568/Q	中国科学院上海生命科学研究院生物化学与细胞生物学研究所、中国细胞生物学学会
Applied Mathematics and Mechanics（English Edition）（应用数学和力学 英文版）	31-1650/O1	上海大学、中国力学学会
Molecular Plant（分子植物）	31-2013/Q	中国科学院上海生命科学研究院植物生理生态研究所、中国植物生理与植物分子生物学学会
Journal of Sport and Health Science（运动与健康科学）	31-2066/G8	上海体育学院

附表 3-4　2015 年百强社科期刊（按 CN 号排序）

刊　名	CN 号	主　办　单　位
财经研究	31-1012/F	上海财经大学
学术月刊	31-1096/C	上海市社会科学界联合会
社会	31-1123/C	上海大学
复旦学报（社会科学版）	31-1142/C	复旦大学

附表3-5 2013年百强科技期刊(按CN号排序)

刊　名	CN号	主　办　单　位
同济大学学报(自然科学版)	31-1267/N	同济大学
印染	31-1245/TS	上海市纺织科学研究院、全国印染科技信息中心
化学学报	31-1320/O6	中国科学院上海有机化学研究所、中国化学会
中国激光	31-1339/TN	中国科学院上海光学精密机械研究所、中国光学学会
Acta Pharmacologica Sinica（中国药理学报）	31-1347/R	中国药理学会、中国科学院上海药物研究所
无机材料学报	31-1363/TQ	中国科学院上海硅酸盐研究所
Cell Research（细胞研究）	31-1568/Q	中国科学院上海生命科学研究院生物化学与细胞生物学研究所、中国细胞生物学学会
Molecular Plant（分子植物）	31-2013/Q	中国科学院上海生命科学研究院植物生理生态研究所、中国植物生理与植物分子生物学学会

附表3-6 2013年百强社科期刊(按CN号排序)

刊　名	CN号	主　办　单　位
学术月刊	31-1096/C	上海市社会科学界联合会
社会	31-1123/C	上海大学
复旦学报(社会科学版)	31-1142/C	复旦大学

附录 4

获"中国科技期刊国际影响力提升计划"资助的上海学术期刊一览表

附表 4-1 第一期资助期刊名单(2013 年至 2015 年)(同类按 CN 号排序)

类别	刊 名	主 办 单 位
B 类	Chinese Journal of Chemistry（中国化学）	中国化学会、中国科学院上海有机化学研究所
	Applied Mathematics and Mechanics (English Edition)（应用数学和力学英文版）	上海大学、中国力学学会
	Asian Journal of Andrology（亚洲男性学杂志）	中国科学院上海药物研究所、上海交通大学
	Chinese Optics Letters（中国光学快报）	中国科学院上海光学精密机械研究所、中国光学学会
	Journal of Molecular Cell Biology（分子细胞生物学报）	中国科学院上海生命科学研究院生物化学与细胞生物学研究所、中国细胞生物学学会
C 类	Acta Biochimica et Biophysica Sinica（生物化学与生物物理学报）	中国科学院上海生命科学研究院生物化学与细胞生物学研究所
	Journal of Integrative Medicine（结合医学学报）	上海市中西医结合学会、上海长海医院
D 类	Nano-Micro Letters（纳微快报）	上海交通大学

附录4 获"中国科技期刊国际影响力提升计划"资助的上海学术期刊一览表

附表4-2 第二期资助期刊名单(2016年至2018年)(同类按CN号排序)

类别	刊　　名	主　办　单　位
A类	Acta Pharmacologica Sinica（中国药理学报）	中国药理学会、中国科学院上海药物研究所
	Cell Research（细胞研究）	中国科学院上海生命科学研究院生物化学与细胞生物学研究所、中国细胞生物学学会
	Molecular Plant（分子植物）	中国科学院上海生命科学研究院植物生理生态研究所、中国植物生理与植物分子生物学学会
B类	Applied Mathematics and Mechanics (English Edition)（应用数学和力学英文版）	上海大学、中国力学学会
	Asian Journal of Andrology（亚洲男性学杂志）	中国科学院上海药物研究所、上海交通大学
	Chinese Optics Letters（中国光学快报）	中国科学院上海光学精密机械研究所、中国光学学会
	Journal of Sport and Health Science（运动与健康科学）	上海体育学院
	Nano-Micro Letters（纳微快报）	上海交通大学
C类	Chinese Journal of Chemistry（中国化学）	中国化学会、中国科学院上海有机化学研究所
	Acta Biochimica et Biophysica Sinica（生物化学与生物物理学报）	中国科学院上海生命科学研究院生物化学与细胞生物学研究所
	Neuroscience Bulletin（神经科学通报）	中国科学院上海生命科学研究院、中国神经科学学会、中国人民解放军第二军医大学
	High Power Laser Science and Engineering（高功率激光科学与工程）	中国科学院上海光学精密机械研究所、中国光学学会
	Journal of Integrative Medicine（结合医学学报）	上海市中西医结合学会、上海长海医院

附录 5

被 SCI/SSCI 收录的上海学术期刊

附表 5　被 SCI/SSCI 收录的上海市学术期刊一览表（按 CN 号排序）

刊　　名	CN 号	主　办　单　位
化学学报	31-1320/O6	中国科学院上海有机化学研究所、中国化学会
Acta Biochimica et Biophysica Sinica（生物化学与生物物理学报）	31-1940/Q	中国科学院上海生命科学研究院生物化学与细胞生物学研究所
Molecular Plant（分子植物）	31-2013/Q	中国科学院上海生命科学研究院植物生理生态研究所、中国植物生理与植物分子生物学学会
Chinese Annals of Mathematics, Series B（数学年刊 B 辑）	31-1329/O1	复旦大学
Applied Mathematics and Mechanics（English Edition）（应用数学和力学 英文版）	31-1650/O1	上海大学、中国力学学会
Acta Pharmacologica Sinica（中国药理学报）	31-1347/R	中国药理学会、中国科学院上海药物研究所
红外与毫米波学报	31-1577/O4	中国科学院上海技术物理研究所、中国光学学会
Chinese Journal of Chemistry（中国化学）	31-1547/O6	中国化学会、中国科学院上海有机化学研究所

续　表

刊　　名	CN号	主　办　单　位
Neuroscience Bulletin（神经科学通报）	31-1975/R	中国科学院上海生命科学研究院、中国神经科学学会、中国人民解放军第二军医大学
Nuclear Science and Techniques（核技术 英文版）	31-1559/TL	中国科学院上海应用物理研究所、中国核学会
Journal of Hydrodynamics（水动力学研究与进展 B辑）	31-1563/T	中国船舶科学研究中心
Cell Research（细胞研究）	31-1568/Q	中国科学院上海生命科学研究院生物化学与细胞生物学研究所、中国细胞生物学学会
Asian Journal of Andrology（亚洲男性学杂志）	31-1795/R	中国科学院上海药物研究所、上海交通大学
Chinese Optics Letters（中国光学快报）	31-1890/O4	中国科学院上海光学精密机械研究所、中国光学学会
Journal of Molecular Cell Biology（分子细胞生物学报）	31-2002/Q	中国科学院上海生命科学研究院生物化学与细胞生物学研究所、中国细胞生物学学会
Advances in Manufacturing（先进制造进展）	31-2069/TB	上海大学
Journal of Sport and Health Science（运动与健康科学）	31-2066/G8	上海体育学院
High Power Laser Science and Engineering（高功率激光科学与工程）	31-2078/O4	中国科学院上海光学精密机械研究所、中国光学学会
Nano-Micro Letters（纳微快报）	31-2103/TB	上海交通大学

附录 6

2017 年上海入选"国家社科基金资助学术期刊"名单

2017 年上海入选"国家社科基金资助学术期刊"名单（按 CN 号排序）

刊 名	CN 号	主 办 单 位
音乐艺术	31-1004/J	上海音乐学院
华东师范大学学报（哲学社会科学版）	31-1010/C	华东师范大学
财经研究	31-1012/F	上海财经大学
外国语	31-1038/H	上海外国语大学
学术月刊	31-1096/C	上海市社会科学界联合会
社会科学	31-1112/Z	上海社会科学院
社会	31-1123/C	上海大学
复旦学报（社会科学版）	31-1142/C	复旦大学
文艺理论研究	31-1152/I	中国文艺理论学会、华东师范大学
探索与争鸣	31-1208/C	上海市社会科学界联合会
心理科学	31-1582/B	中国心理学会

附录 7

入选"教育部高校哲学社会科学名刊工程"的上海学术期刊

附表 7　历届入选教育部"名刊"的上海学术期刊

届	刊　名	主办单位
首届	复旦学报(社会科学版)	复旦大学
第二届	华东师范大学学报(哲学社会科学版)	华东师范大学
第三届	社会	上海大学

附录 8

入选"教育部高校哲学社会科学学报名栏建设"的上海学术期刊

附表 8　历届入选教育部"名栏"的上海学术期刊（同届按 CN 号排序）

届	刊　名	栏　目	主办单位
首届	华东师范大学学报（哲学社会科学版）	世界史研究	华东师范大学
第二届	上海大学学报（社会科学版）	影视理论研究	上海大学
第三届	财经研究	公共经济与管理	上海财经大学
	上海交通大学学报（哲学社会科学版）	科学文化	上海交通大学

后　　记

　　编写这本《砥砺奋进——上海学术期刊发展报告(2018)》的计划，源于2018年年初筹备第七届上海期刊论坛时的一个设想。

　　由上海市期刊协会与上海市出版协会、上海大学联合主办的上海期刊论坛，此前已连续举办6届。本届论坛筹备组在讨论论坛议程时，回想起近几年反复听到上海又有新的英文学术期刊创刊，或者被SCI/SSCI等权威数据库收录的消息，明显感觉到英文学术期刊的崛起已然成为上海期刊发展的一个新亮点，于是提出在第七届上海期刊论坛上设置一个发布"上海最具国际影响力英文学术期刊"和"上海最具潜力英文学术期刊"的议程。这既是对上海英文学术期刊发展成就的一次检阅和宣传，也是从期刊业的角度对于中国文化"走出去"战略和上海市建设具有全球影响力的科创中心、打造上海文化品牌行动的响应。随后，论坛筹备组向市新闻出版局有关领导汇报这一设想，得到了他们的大力支持，并希望借此机会全面梳理上海市学术期刊的整体状况和发展水平，作为今后政府部门进行学术期刊规划、管理和资助的重要参考。

　　接到这一任务后，上海市期刊协会等几家论坛主办单位迅速组织研究团队，着手遴选"上海最具国际影响力英文学术期刊"和"上海最具潜力英文学术期刊"，同时开始编写《上海学术期刊发展报告2018(简版)》。经过近三个月的努力，上述两项成果在6月初举办的第七届上海期刊论坛上均得以成功发布。论坛结束后，研究团队马不停蹄，继续进行本书的编写工作。经过前后五个月的潜心研究和辛勤工作,我们终于如期完成了《砥砺奋进——上海学术期刊发展报告(2018)》一书的编写工作。在上海期刊发展史上,本书第一次对所有学术期刊作了较为全面的分析和描述,并对其中最具代表性的14种期刊进行了深度剖析。从此,占上海期刊总数三分之二以上的学术期刊有了较为系统、翔实的发展档案。这将为相关政府部门、行业协会和期刊主办单位开展工作提供切实参考,为学界进行学术期刊研究提供权威数据,为所有关心上海学术期刊发展的人士提供翔实资料。这是我们感到欣慰的地方。

当然,我们毕竟是第一次组织开展这样的研究和编写工作,经验的欠缺、能力的不足以及时间的仓促等,都使本书存在种种遗憾。除此之外,在研究和编写过程中还有些令人深感困扰的地方。第一是基础数据不理想。综合各方面的意见,我们把研究范围确定在原国家新闻广电总局于2014年和2017年两次认定的学术期刊中刊号由CN 31打头的期刊。即使界定如此清晰,具体统计时依然觉得原始数据存在种种不足。至于各刊的具体数据,来自2017年的期刊年检数据,其填报质量更觉参差不齐。第二是评价指标难统一。根据语种和学科大类的不同,本书对不同期刊的分析和描述,分别采用了国内外权威数据库新近发布的数据。但是,一方面各个数据库的统计标准不一、口径不同,另一方面没有发现任何一个数据库能够囊括上海的420种学术期刊。这就导致对各刊的具体分析详略不同、取舍困难。由于以上主客观方面的原因,本书必然存在这样那样的疏漏,甚至有些数据可能与各刊所采信的数据有所出入,这些都是恳请有关期刊主办、编辑单位以及广大读者予以谅解之处。好在今后我们还将持续开展这一报告的研究、编写工作,我们有信心把这项工作越做越好。

最后,要特别感谢上海市新闻出版局徐炯局长百忙之中为本书撰写序言,感谢陈丽副局长和报刊处各位领导的悉心指导和大力支持,感谢上海市出版协会等兄弟单位及部分期刊主办、编辑单位的大力协作,感谢本书编委团队和研究、编写团队的精心策划与辛勤劳动,感谢本书出版单位

后　记 >>>

上海大学出版社的高效工作。

　　富有成效的合作总能给人留下深刻的印象,我们期待着下一次合作的到来。

上海市期刊协会

2018 年 8 月 15 日

图书在版编目(CIP)数据

砥砺奋进：上海学术期刊发展报告(2018)/上海市期刊协会编.—上海：上海大学出版社，2018.8
ISBN 978-7-5671-3205-4

Ⅰ.①砥… Ⅱ.①上… Ⅲ.①学术期刊-编辑工作-研究报告-上海-2018 Ⅳ.①G237.5

中国版本图书馆 CIP 数据核字(2018)第 191930 号

责任编辑　姜红莉
封面设计　陈　酌
技术编辑　金　鑫

砥砺奋进
——上海学术期刊发展报告(2018)

上海市期刊协会　编

上海大学出版社出版发行
(上海市上大路 99 号　邮政编码 200444)
(http://www.press.shu.edu.cn　发行热线 021-66135112)
出版人　戴骏豪

*

南京展望文化发展有限公司排版
江阴金马印刷有限公司印刷　各地新华书店经销
开本 720 mm×1 000 mm　1/16　印张 18.5　字数 243,000
2018 年 8 月第 1 版　2018 年 8 月第 1 次印刷
ISBN 978-7-5671-3205-4/G·2774　定价　88.00 元